Mobilität von Jugendlichen

Marcel Hunecke
Claus J. Tully
Doris Bäumer (Hrsg.)

Mobilität von Jugendlichen
Psychologische, soziologische und
umweltbezogene Ergebnisse
und Gestaltungsempfehlungen

Leske + Budrich, Opladen 2002

Das diesem Bericht zugrundeliegende Vorhaben wurde mit Mitteln des Bundesministeriums für Bildung und Forschung unter dem Förderkennzeichen 19 M 9822A 1-7 im Forschungsschwerpunkt „Mobilität besser verstehen" gefördert. Die Verantwortung für den Inhalt dieser Veröffentlichung liegt bei den Autoren.

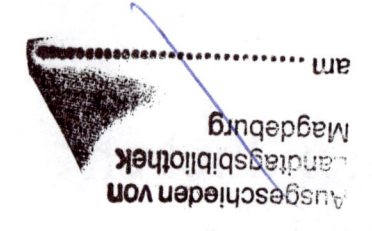

Gedruckt auf säurefreiem und alterungsbeständigem Papier.

Die Deutsche Bibliothek – CIP-Einheitsaufnahme
Ein Titeldatensatz für die Publikation ist bei Der Deutschen Bibliothek erhältlich

ISBN 3-8100-3672-2

© 2002 Leske + Budrich, Opladen

Das Werk einschließlich aller seiner Teile ist urheberrechtlich geschützt. Jede Verwertung außerhalb der engen Grenzen des Urheberrechtsgesetzes ist ohne Zustimmung des Verlages unzulässig und strafbar. Das gilt insbesondere für Vervielfältigungen, Übersetzungen, Mikroverfilmungen und die Einspeicherung und Verarbeitung in elektronischen Systemen.

Druck: DruckPartner Rübelmann, Hemsbach
Printed in Germany

Vorwort

Der Forschungsrahmen für das Themenfeld Mobilität wurde unter Federführung des Bundesministeriums für Bildung und Forschung (BMBF) im Dezember 1996 von der Bundesregierung neu definiert; dabei sind auch die „Eckwerte einer zukunftsorientierten Mobilitätsforschung" formuliert worden. Neben der Entwicklung neuer Technologien ist in ihnen eine stärkere Berücksichtigung personenbezogener Einflussgrößen auf das Mobilitätsverhalten gefordert, um bei der Umsetzung verkehrspolitischer Maßnahmen eine stärkere Zielgruppenorientierung zu ermöglichen. Vor allem in dem Schwerpunkt „Mobilität besser verstehen" (Zielfeld Nr. 5) geht es um die Erforschung von individuellen, mobilitätsbestimmenden Momenten. Das Projekt „U.Move. Jugend und Mobilität. Mobilitätsstilforschung zur Entwicklung zielgruppenspezifischer intermodaler Mobilitätsdienstleistungen für Jugendliche." ist eines von sechs Projekten, das in der ersten Ausschreibung im Zielfeld 5 berücksichtigt und in den Jahren 1998 bis 2001 durchgeführt worden ist.

Die vorliegende Veröffentlichung dokumentiert die zentralen Ergebnisse des Projekts. Im Mittelpunkt steht hierbei die Erforschung der personenbezogenen und situativen Determinanten des Mobilitätsverhaltens von Jugendlichen und jungen Erwachsenen. U.Move möchte einen Beitrag dazu leisten, dass dieser Zielgruppe unter dem Leitbild der Multimodalität neue Mobilitätschancen und Verkehrsalternativen jenseits der ausschließlichen Nutzung des eigenen Pkw angeboten werden können.

Hierzu wird in U.Move eine detaillierte Analyse des Mobilitätsverhaltens von Jugendlichen und jungen Erwachsenen unter Berücksichtigung der unterschiedlichen Formen von Jugendalltag durchgeführt. Kernstück der Studie ist die Entwicklung einer Mobilitäts-Typologie, die auf handlungstheoretisch fundierten Einstellungen zum Mobilitätsverhalten sowie auf allgemeinen und mobilitätsspezifischen Lebensstil-Indikatoren basiert. Aus der Differenzierung unterschiedlicher Mobilitätstypen, die in den Kontext jugendkultureller Praktiken und Alltagsrealitäten vor dem Hintergrund globaler Welten, dem Fortschreiten der kommunikationstechnologischen Entwicklung und der damit einhergehenden Umformung des Raum-Zeit-Gefüges gestellt werden, lassen sich Hinweise auf zielgruppengemäße Strategien in verschiedenen räumlichen Kontexten ableiten – die beispielsweise im Rahmen der Umweltpädagogik, aber auch im Kontext des Marketing von Mobilitätsdienstleistungen genutzt werden können. Hilfreich sind in diesem Zusammenhang auch die in U.Move gewonnenen Erkenntnisse über den Bekanntheitsgrad, die Nutzungshäufigkeit und die Nutzungsbereitschaft multi- und intermodaler Mobilitätsangebote.

Dass eine derart umfangreiche Analyse gelingen konnte, ist nicht zuletzt der Zusammensetzung des Projektkonsortiums zu verdanken. Projektkonzeption und Durchführung erfolgten, wie vom Projektträger ausdrücklich begrüßt, in interdisziplinärer Zusammenarbeit verschiedener wissenschaftlicher Disziplinen und unterschiedlicher Partner aus der Praxis. Für die wissenschaftliche Bearbeitung des Projektes zeichnen das Deutsche Jugendinstitut e.V., München (Dr. Claus J. Tully und Ulrike Schulz), das Instituts für Landes- und Stadtentwicklungsforschung des Landes Nordrhein-Westfalen, Dortmund (Dr. Herbert Kemming, Doris Bäumer und Gernot Miller) und das Sekretariat für Zukunftsforschung, Gelsenkirchen (Dr. Marcel Hunecke, Christian Klöckner und Christian Trapp, der auch dieses Buch redigierte) verantwortlich. Aus der Praxis erhielt das Projekt Unterstützung von der Dortmunder Stadtwerke AG (Andrea Engelke), der Verkehrsbetrieb Potsdam GmbH (Volkmar Wagner) und der Deutschen Bahn Reise & Touristik AG (Klaus Klyssek). Darüber hinaus waren die Forschungsgesellschaft Mobilität, Berlin (Gabriele Schafarik) sowie die Planungsbüros plan-lokal, Dortmund (Ute Jansen und Alfred Körbel) und VIA, Berlin (Kai Lorenz) an U.Move beteiligt.

Unser besonderer Dank geht an den Projektträger Mobilität & Verkehr beim TÜV-Rheinland/ Berlin-Brandenburg, namentlich an Frau Nicole Ankelin und Herrn Thomas Richter, die das Projektkonsortium stets wohlwollend und engagiert auf organisatorische und fachliche Weise begleitet haben.

Marcel Hunecke	Gelsenkirchen	
Claus J. Tully	München	
Doris Bäumer	Dortmund	im Juli 2002

Inhaltsverzeichnis

1	**BEWEGTE JUGEND – KOMMUNIKATIV UND MOBIL** *Claus J. Tully*	13
1.1	Bewegte Jugend – Der Untersuchungsgegenstand von „U.Move"	16
1.2	Jugendalltag und Jugendmobilität – ausgewählte Befunde der Untersuchung	20
1.2.1	Qualifizierung und Vorbereitung auf eine Beschäftigung	21
1.2.2	Ökonomische Eigenständigkeit	22
1.2.3	Jugendkulturelle Praxis	25
1.2.3.1	Jugendliche Freizeit vollzieht sich in Gruppen	26
1.2.3.2	Jugendliche sind hochmobil	30
1.2.4	Partnerschaft und Ablösung von der Herkunftsfamilie	32
1.2.5	Politik – Partizipation, Interesse und Engagement	33
1.2.6	Soziale Differenzierung	35
1.3	Fazit	37
2	**DAS PROJEKTDESIGN VON U.MOVE** *Sebastian Rabe, Doris Bäumer, Claus J. Tully & Marcel Hunecke*	39
2.1	Ein Wegweiser durch das Projekt	40
2.1.1	Bausein 1: Erfassung des Mobilitätsverhaltens und seiner Einflußfaktoren	41
2.1.2	Baustein 2: Analyse der Angebotslandschaft	42
2.1.3	Baustein 3: Praxisprojekte und Szenarien	42
2.2	Instrumente, Stichprobengrößen und Erhebungszeitpunkte	43
3	**UMWELTBEWUSSTSEIN, SYMBOLISCHE BEWERTUNG DER MOBILITÄT UND MOBILITÄTSVERHALTEN** *Marcel Hunecke*	47
3.1	Umweltbewusstsein	48

3.2	Symbolischen Dimensionen der Mobilität	50
3.3	Die Messung der ökologiebezogenen Einstellungen und der symbolischen Dimensionen der Mobilität	52
3.4	Deskriptive Ergebnisse zu den ökologiebezogenen Einstellungen und den symbolischen Dimensionen der Mobilität	54
3.5	Die Erklärung des Mobilitätsverhaltens durch individuumsinterne und individuumsexterne Einflussfaktoren	57
3.6	Bewertung der Ergebnisse für die Entwicklung von jugendspezifischen Mobilitätsdienstleistungen	61

4 TECHNIK IM JUGENDALLTAG
Claus J. Tully 65

4.1	Das Verhältnis von Technik, Mobilität und Umwelt theoretisch betrachtet	67
4.2	Technikaffinität Jugendlicher – erste empirische Annäherungen	70
4.3	Technik im Dienste der Mobilität im Jugendalltag – weitere empirische Befunde	75
4.3.1	Verfügung über Technik	76
4.3.2	Technikinteresse	77
4.4	Die Verbindung von Technikinteresse und Umweltbewußtsein	82
4.5	Technikaffinität und soziale Bezugssysteme	86

5 MOBILITÄTSTYPEN VON JUGENDLICHEN UND JUNGEN ERWACHSENEN 89

5.1	Lebensstile, Mobilitätsstile und Mobilitätstypen *Marcel Hunecke*	89
5.2	Beschreibung der Mobilitätstypen *Christian Klöckner*	97
5.2.1	Unter-18jährige	98
5.2.2	Ab-18jährige	100
5.3	Betrachtung der ermittelten Mobilitätsstiltypen im Hinblick auf Stadt und Land *Ulrike Schulz*	103
5.4	Technik und Kommunikation – I+K aus der Sicht Jugendlicher *Claus J. Tully*	111
5.4.1	Informations- und Kommunikationstechnik im Jugendalltag – Ergebnisse aus qualitativen Interviews	113

5.4.2	Informations- und Kommunikationstechnik im Jugendalltag – Ausgewählte statistische Befunde	117
5.4.3	Ausgewählte Entwicklungslinien und abschließende Thesen	119
5.5	Umweltbewußtsein im Jugendalltag – Ergebnisse aus qualitativen Interviews *Marcel Hunecke & Christian Klöckner*	120
5.5.1	Wie kann die verkehrsbedingte Umweltbelastung reduziert werden?– Differenzierung der Argumentationsweisen	121
5.5.2	Einschätzung des Handlungspotentials des Einzelnen bzw. des eigenen Verhaltens	123
5.5.3	Bedeutung technischer Innovationen	124
5.5.4	„Umsteigen?" – Bewertung der Alternative ÖPNV	125
5.5.5	Externe Verantwortungsträger – Staat, Industrie und Umweltschützer	126
5.5.6	Zusammenfassung und Fazit	129
5.6	Altersabhängigkeit der Mobilitätsstile *Christian Klöckner*	130
6	**MOBILITÄTSMUSTER UND -VERHALTEN VON JUGENDLICHEN UND JUNGEN ERWACHSENEN** *Sebastian Rabe, Gernot Miller & Shi-cheng Lien*	141
6.1	Erfassung des Verkehrsverhaltens: Zur Methode	142
6.2	Umfang der Verkehrsbeteiligung	144
6.2.1	Wegeanzahl	144
6.2.2	Wegezwecke	146
6.2.3	Wegeketten	147
6.3	Die Verkehrsmittelwahl von Jugendlichen und jungen Erwachsenen	149
6.3.1	Welche Verkehrsmittel werden genutzt	149
6.3.2	Verkehrsmittelwahl im städtisch und ländlich geprägten Raum: Wer fährt wo und wie?	151
6.3.3	Verkehrsmittelwahl nach Altersgruppen: Wer fährt wie?	152
6.3.4	Am Stichtag erhobene und retrospektiv abgefragte Wege als Abbild des Alltags?	154
6.3.5	„Verkehrsmittel-Hopper" oder „Auto-Autisten"?	157
6.4	Verkehrsmittelwahl nach Mobilitätstypen	158
6.4.1	Technik- und Autoorientierte unter 18 Jahren	158
6.4.2	Ökosensibilisierte unter 18 Jahren	159

6.4.3	Technikfans unter 18 Jahren	161
6.4.4	Unauffällige unter 18 Jahren	162
6.4.5	Distanzierte unter 18 Jahren	163
6.4.6	Technik- und Autoorientierte über 18 Jahren	165
6.4.7	Etablierte über 18 Jahren	166
6.4.8	Ökosensibilisierte über 18 Jahren	167
6.4.9	Ab-18jährige in einer Übergangsphase	169
6.4.10	Distanzierte über 18 Jahren	171
6.5	Fazit	172
7	**DIE ANWENDERSEITE: MOBILITÄTSANGEBOTE IM SPIEGEL DER NUTZER**	175
7.1	Intermodale Mobilitätsangebote. Gegenwärtige Nutzungshäufigkeiten und zukünftige Nutzungsbereitschaft *Gernot Miller & Sebastian Rabe*	176
7.1.1	Bekanntheitsgrad und Nutzungshäufigkeit	177
7.1.2	Nutzungsbereitschaft	179
7.1.3	Bekanntheitsgrad und gegenwärtige Nutzungshäufigkeit in Abhängigkeit der Mobilitätstypen	180
7.1.4	Nutzungsbereitschaft in Abhängigkeit der Mobilitätstypen	181
7.1.5	Fazit: Weiterentwicklung intermodaler Mobilitätsangebote	182
7.2	Nachtverkehr in Potsdam: Der Nightrider und andere Angebote des ViP für junge Leute in Potsdam *Kai Lorenz & Claus J. Tully*	183
7.2.1	Potsdamer Jugendliche im Vergleich zu den vier Untersuchungsräumen	185
7.2.2	Nutzer und Nicht-Nutzer beurteilen den Nachverkehr des ViP	186
7.2.3	Nutzerpräferenzen: Wie es die Befragten gerne hätten	187
7.2.4	Nachtbus nutzen – wann und warum?	188
7.2.5	Unkonventionelle Angebote zur Nutzung von Bus und Bahn – wer will das?	189
7.3	Nachtverkehr in Dortmund: Auf dem Weg zu jugendspezifischen Angeboten am Beispiel Heiligabend und Silvester *Andrea Engelke & Christian Trapp*	191
7.4	Berwertung und Nutzung der Mobilitätsdienstleistungen der Deutschen Bahn AG durch Jugendliche und junge Erwachsene *Susanne Endrulat & Marcel Hunecke*	198
7.4.1	Soziodemografie jugendlicher BahnnutzerInnen	198

7.4.2	Nutzungsverhalten der Jugendlichen bei Tagesausflügen und Fahrten in den Urlaub sowie der Einfluss des Umweltbewusstseins	200
7.4.3	Nutzung verschiedener Medien zur Gewinnung von Informationen über die Angebote der Deutschen Bahn AG	204

8	**MOBILITÄT VON JUGENDLICHEN UND JUNGEN ERWACHSENEN** *Marcel Hunecke, Claus J. Tully & Sebastian Rabe*	209
8.1	Alltägliche Mobilitätspraxis	209
8.2	Einfluss von umweltbezogenen Einstellungen auf das Mobilitätsverhalten	212
8.3	Technikorientierung und Mobilitätsverhalten	214
8.4	Akzeptanz und Nutzung von Mobilitätsdienstleistungen	216
8.5	Methodische Empfehlungen für die zukünftige Mobilitätsforschung	219
8.6	Eine abschließende Hypothese: Vom „jungen Technikfan" zum „Ökosensibilisierten über 18 Jahre"	221

ANHANG: DIE BILDUNG DER MOBILITÄTSTYPEN
Christian Klöckner & Marcel Hunecke 223

LITERATURVERZEICHNIS 241

AUTORENVERZEICHNIS 251

1 Bewegte Jugend – kommunikativ und mobil
Ein Kommentar aus jugendsoziologischer Sicht

Claus J. Tully

Bevor in den folgenden Kapiteln dieses Buches einzelne Befunde der Untersuchung präsentiert werden sollen, stehen im folgenden einleitende Bemerkungen zum Jugendbegriff und zum Alltag von Jugendlichen im Vordergrund. Die Jugendphase gilt infolge sozialstruktureller und kultureller Veränderungen als entstrukturiert (Münchmeier 1998), was in der Sozialwissenschaft auch entlang der Begriffe Individualisierung und Pluralisierung (Beck 1986: 205f) beschrieben wird. Die plurale Teilhabe an ganz unterschiedlichen Kulturen und sozialen Bezügen setzt Mobilität voraus. Es werden für die Darstellung sechs Dimensionen vorgeschlagen, entlang derer der polymorphe Jugendalltag strukturiert und dargestellt werden kann. Mit diesem Raster wird der Lebensalltag Jugendlicher von heute beschrieben und mit den in U.Move gewonnenen Ergebnissen verbunden.

Im Zentrum der Untersuchung steht das Zusammenspiel von Mobilität, Kommunikation und Lebensführung zu Beginn des neuen Jahrtausends. Und da Gesellschaft immer in sozialen Räumen stattfindet, ist Aufwachsen notwendig mit Orten und dem Pendeln zwischen Orten verbunden[1] (vgl. Simmel 1968: 460 ff; Läpple 1991a; Läpple 1991b). Sozialisation, d.h. Hineinwachsen in eine Gesellschaft, bedeutet deshalb immer auch „Erziehung zur Mobilität" (Tully 1999). Was die Bewegung Jugendlicher betrifft, so haben sie aufgrund ihrer biographischen Situation andere Mobilitätsbedürfnisse als Erwachsene.[2] Unterwegssein verkörpert für sie Freiheit, Unabhängigkeit und Selbstbestimmung und ist nur ausnahmsweise auf notwendige Verrichtungen hin orientiert.[3] Was jungen Fahrern Spaß macht sind nicht die schönen Landschaften, sondern Musik hören, freie Fahrt, das Gefühl von

---

1 Vgl. zu Raum und Zeit als gesellschaftliche Konstituenzien. u.a. Giddens (1997: 161ff),.
2 Vgl. dazu Nissen 1998, Muchow/ Muchow 1935, Flade/ Limburg 1999, Schulze 1999, Tully 1999, Zeiher/ Zeiher 1993.
3 Insofern mag es bei Jugendlichen auch zutreffen, dass der Stau als Event akzeptiert wird. Im Sinne des Mallorqua-Syndroms ist „[d]er Anteil der jungen Leute, die geradezu erlebnishungrig dem Stau und Schlangestehen entgegensehen („Wo was los ist, erlebt man auch viel"), [..] mehr als viermal so hoch (26 %) wie bei der älteren Generation" (Opaschowski 1999: 9).

Freiheit und schneller zu sein als die anderen, Geschwindigkeit, technische Finessen und sich auf kurvenreichen Strecken auszutoben (vgl. auch Opaschowski 1999: 29)

Der Alltag junger Menschen ist von Bewegung geprägt[4] (vgl. Abb. 1), was unschwer dem zeitgemäßem Jugendjargon zu entnehmen ist: Dort ist von Abspacen, Party machen, Drive usw. (Tully 1998: 97) die Rede. Vielfach sind (öffentliche) *Räume für Heranwachsende sowohl Mittel als auch Ziel.* Wege zur Schule, zum Ausbildungsplatz oder Vereinshaus führen notwendig über Straßen und Plätze, öffentliche Räume sind also Mittel; zugleich geben sie Gelegenheit zur Selbstdarstellung, sind sie Ziel der sich bewegenden Jugendlichen. Bewegung findet fortgesetzt statt, auch innerhalb von Organisationen und Institutionen (Betrieb, Schulen etc.). Relativ neu, aber für viele Jugendliche bedeutsam, sind virtuelle Räume, die via Kommunikationstechnik (Handy und ‚SMS-Kult' sowie Internet) erschlossen werden. Die historische Entwicklung belegt, Kommunikationstechnik substituiert Unterwegssein nicht, sondern zieht Mobilität nach sich (vgl. Maurer 2000: 122).

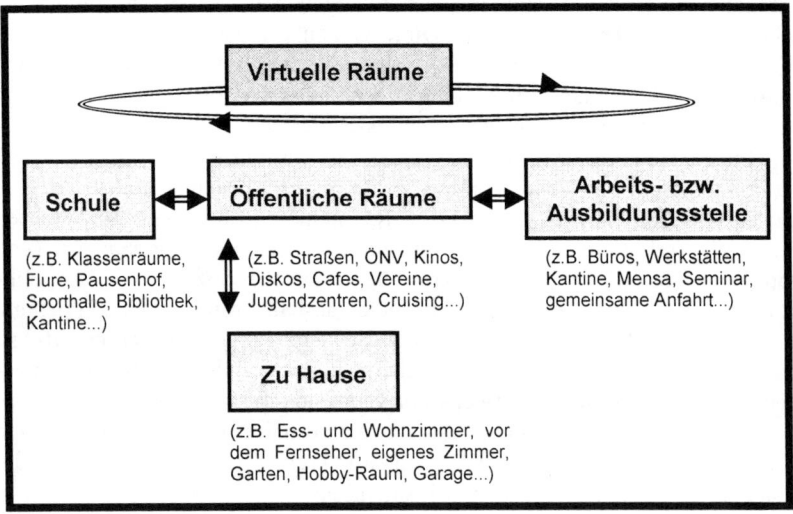

Abbildung 1.1: Mobiler Jugendalltag

Jugendliche von heute leben in einer ausdifferenzierten Gesellschaft mit hochgradig ausdifferenzierten räumlichen Umwelten, die zu Aktivitäten und Kommunikationen (Schäfers 1994: 102ff) auffordern. Trotz gewachsener

---

4   Vgl. zum vermessenen Alltag Jugendlicher Fend (2000: 216), wo ausgeführt wird, für welche Aktivitäten unterschiedliche Räume für Adoleszente bedeutsam sind.

Bedeutung technischer Hilfen (Fahrzeuge, Kommunikationstechnik) bleibt die Raumnutzung – worauf für die Stadtsoziologie Bahrdt (1974: 20) hinweist – kulturell und sozial geformt. Die Räume, in denen sich junge Menschen heute bewegen, sind extensiv, Verkehrs- und Nachrichtentechnik hilft dabei auch an Ereignissen, die fern ab stattfinden, teilzunehmen. Anthony Giddens zentraler Begriff in seinem Buch „Konsequenzen der Moderne" ist der des „disembedding". Gemeint ist das Herauslösen sozialen Handelns aus abgegrenzten sozialen und räumlichen Interaktionszusammenhängen.

Bei Jugendlichen kommt noch eine Eigentümlichkeit hinzu: Aufwachsen ist mit dem Bedürfnis nach selbstbestimmter Bewegung verschränkt. *Die Lebensphase Jugend ist geprägt von aufwendiger und mobilitätsintensiver Suche nach Kontakten und Freunden.* Nur ausnahmsweise geht es ihnen um die schlichte Wegbewältigung (Fahrt zur Schule oder zum Sportplatz), wichtig ist Unterwegssein an sich. Die Räume, in denen sich junge Menschen heute bewegen, sind solche von großen kommunikativen Reichweiten – dank Internet, Fax, der gewachsenen Entfernungen von Wohnung und Arbeit sowie zu den Freizeitorten. Das Bedürfnis nach selbstbestimmter Bewegung, die nur den eigenen Maßstäben unterworfen ist, macht das hohe Kommunikationsbedürfnis und die herausragende Bedeutung des zügigen Erwerbs der Fahrberechtigung nachvollziehbar. *Jugend ist eine Lebensphase*, in der, wie Schulze (1995) notiert, die „aufwendige und mobilitätsintensive Suche nach Kontakten, Freunden, die nicht mehr im unmittelbaren sozialen Umfeld", also nicht mehr in einem klar abzugrenzenden Raum angetroffen werden, biographische Notwendigkeit wird. Sie zeigt sich in der *breitflächigen 'Suche nach Eindeutigkeit' und 'kognitiver Sicherheit in einer ansonsten unsicheren Situation'* (vgl. Schulze 1995: 464; Hervh. C.J.T.). Mobilität spielt bei der Ausgestaltung dieses Alltags notwendig eine herausgehobene Rolle.

Böhnisch und Münchmeier beschreiben *aus sozialpädagogischer Sicht* die Entwicklung von der Kindheit zum Erwachsenwerden als sukzessive Ablösung von räumlichen Bedingungen: Der zunächst äußerst begrenzte „räumliche Aktionsraum von Kindern" ist im „Übergang von der Kindheit in die Jugend" durch immer „größere Radien von räumlicher Durchdringung und räumlicher Bewegung" gekennzeichnet. In „der Jugendzeit [wird] der [...] Raum zu einer Quelle von Gefahren und Devianz, so daß die Aufgabe der Jugend darin besteht, Kompetenzen zur Beherrschung und Gestaltung des sozialen Lebensraums zu entwickeln [...] Für die menschliche Biographie tritt deshalb [...] die Beherrschung des Raumes in den Vordergrund". (Böhnisch/ Münchmeier 1993: 22)

Raumbeherrschung ist notwendig für eine eigenständige Lebensführung. Auch wenn Jugend gemeinhin entlang von Bildung, Entfaltung eigener Identität, Ablösung von primären Sozialisationsinstanzen (Familie, Schule) und der Etablierung eigener sozialer Beziehungen im Rahmen von Gleichaltrigengruppen und Partnerschaften (‚Beziehungsarbeit') gedacht wird, so begründet sie sich letztlich auf Mobilität. Die Verortung Jugendlicher in der Gesellschaft ist ein umfassender Prozess, geprägt vom Unterwegssein als Suche nach dem Selbst.[5] Unterwegssein ist Ergebnis individueller Präferenzen im Rahmen gesellschaftlicher und biographischer Möglichkeiten (vgl. Tully 1998: 13ff). Auf der einen Seite existieren objektive soziale Vorgaben, die relativ unabhängig von jugendkulturellen Bedürfnissen ausgebildet werden, und auf der anderen Seite stehen die individuellen Umgangsweisen als spezifische Ausformungen von Mobilitätsdiensten und -strukturen, da Jugendliche auf diese Weise ihre Umwelt mitgestalten.[6] Vorgefundene öffentliche Räume werden transformiert, d.h. Straßen, Plätze, Tankstellen oder Bahnhöfe werden, fallweise eigenwillig, als Trefforte genutzt. Heranwachsende beziehen sich dabei auf vorhandene Angebote, bauen diese jedoch in besonderer Weise in ihren Alltag ein.

1.1 Bewegte Jugend – Der Untersuchungsgegenstand von „U.Move"

Der auf den ersten Blick kryptisch anmutende Projekttitel „U.Move" ist jugendkultureller Jargon. Unter dem Einfluß neuer Kommunikationstechnologien werden vermehrt Anglizismen benutzt und diese jenseits orthographischer Regeln lautmalerisch in die Alltagssprache integriert. Die Ausgangsfrage des Projektes lautete: „Wie bewegen sich junge Leute?" und wurde schließlich in „How do You (U) Move?" (= „Wie bewegst du dich?") übersetzt. Zur Beantwortung dieser Fragestellung wurde ein sich aus qualitativen und quantitativen Methoden zusammengesetztes Vorgehen gewählt und wurden nahezu 4.500 Jugendliche im Alter von 15 bis 26 Jahren zu Mobilitätseinstellungen und -verhalten befragt. Gefördert wurde das Vorhaben vom Bundesministerium für Bildung und Forschung innerhalb des Rahmenprogramms „Mobilität besser verstehen". Anliegen dieses Förderschwer-

---

5 Das Thema von Roadmovies (von „Easy Rider" bis „Crash") und entsprechende Musik-Genres (von „How many roads must a man go down .." von Bob Dylan bis „move your body" im Technosound und ganz ohne Text) ist die Suche nach dem Selbst (vgl. Tully 1999).

6 Dies meint Giddens, wenn er von der „Dualität der Struktur" spricht (1997: 7ff). Strukturen verhindern Handlungen und ermöglichen sie; Strukturen sind gleichzeitig den Handlungen äußerliche Vorgabe wie auch Ergebnis dieser.

punktes ist es, die Ursachen individueller Mobilität in verschiedenen Bereichen zu lokalisieren. Faktische Mobilität entsteht aus dem Zusammenspiel subjektiver Motive und Einstellungen und objektiver Gegebenheiten (wozu z.b. das Geschlecht, der Beschäftigungsstatus oder die Milieuzugehörigkeit zählt). Beides findet in Situationen statt und zieht spezifische Formen der Mobilität nach sich. Nur zielgruppenspezifische, mikroanalytisch orientierte Erhebungs- und Analyseverfahren sind dazu geeignet, diese Interaktionen aufzudecken, zu ordnen und in neuen theoretischen Erklärungsansätzen zu integrieren. U.Move ist Teil der revidierten und sozialwissenschaftlich fundierten Mobilitätsforschung. Sichtbar wird dies an dem der Erhebung zugrundeliegenden Vorgehen. Es wird nicht allein auf quantitative Datensammlung vertraut, sondern versucht, über die Kombination qualitativer und quantitativer Methoden mehr über die Mobilitätsstile Heranwachsender in Erfahrung zu bringen. Deshalb wurden u.a. an den vier Erhebungstandorten zunächst Gruppendiskussionen durchgeführt, deren Ergebnisse in der Erstellung eines Fragebogens Berücksichtigung fanden. Parallel zur quantitativen Erhebung wurden zur Validierung der Ergebnisse weitere qualitative Interviews durchgeführt, time-budget-Analysen ausgewertet usw. (vgl. Kap. 2.2). Solcherart Vorgehen ist in der Mobilitätsforschung nahezu einzigartig. Die statistische Auswertung erfolgt einerseits in Form deskriptiver Statistik, darüber hinaus wurden typisierende Verfahren angewandt. An dieser Stelle steht die Beschreibung einiger Grundzüge der Untersuchung und ihrer Ergebnisse im Vordergrund, in den darauffolgenden Kapiteln des Buches werden dann auch typenbezogene Auswertungen vorgestellt.

Wer sind nun die *Jugendlichen, die wir im Rahmen von U.Move* untersucht haben? Im Bezug auf das Alter wurde aus pragmatischen Gründen eine untere Schranke *von 15 Jahren und eine obere Grenze von 26 Jahren* festgelegt. Dies ermöglicht eine Vergleichbarkeit zu anderen Jugendstudien (Shell-Jugendstudien, DJI-Surveys). Zugleich ist dies der Lebensabschnitt, innerhalb dessen höchst unterschiedliche Mobilitätsbedürfnisse bedeutsam sind. Erfasst werden sowohl 15jährige, die nur einen Wunsch kennen: endlich Moped oder Roller fahren zu dürfen, ebenso wie 17jährige Jungens, die bevorzugt zu Hause am Computer sitzen und körperliche Mobilität stets kritisch auf ihre Notwendigkeit hin prüfen (die Medienwissenschaft spricht von den "couch-potatoes"). Eingeschlossen sind des weiteren die jungen Männer, die exakt am 18. Geburtstag ihren Autoführerschein bekommen, um „Ortskontrollfahrten (OKF)" zu machen, also ‚cruisen', d.h. jenseits expliziter Zielerreichung herumfahren. So um das 25ste Lebensjahr herum erfährt die Mobilitätspraxis eine Versachlichung. Wir wissen aus unseren früheren Untersuchungen, das anfänglich hoch emotionale Verhältnis zum Auto versachlicht sich (vgl. dazu Tully 1998: 174/24). Mit anderen Worten: *In keinem anderen Lebensabschnitt sind die Einstellungen zur Mobilität, sind die Mobilitätsstile derart ausdifferenziert und komplex wie in der von uns untersuchten Lebensphase.*

Wer ist Jugendlich?

Deutschland zählt derzeit etwa 82 Millionen Menschen. Knapp jeder Fünfte (18 Prozent) davon ist zwischen 15 und 30 Jahre alt. Die kalendarische Bestimmung von Jugend ist nur ein erster Anhaltspunkt. Implizit wird dabei an die Kohorte Jugendlicher bzw. die Generation[7] junger Menschen gedacht, die im Zeitraum zwischen 1970 und 1985 geboren sind und zeittypische Erfahrungen teilt.[8] Die früher und später Geborenen haben andere Erfahrungen gemacht und definieren sich in Absetzung zu den jeweils anderen Generationen.[9] Aus soziologischer und psychologischer Sicht besehen, gilt als jugendlich die Altersgruppe der ca. 14- bis 27jährigen.[10] Gemeinsam ist diesem Lebensabschnitt die Übergangskonstellation vom Bildungs- ins Beschäftigungssystem (vgl. Wahler 2000). Ungebrochen sozialisiert die Gesellschaft, um das Engagement und die Leistungsbereitschaft der Heranwachsenden sicherzustellen (Sander 2000: 7), es geht um ihre Einführung in die Kultur (Tenbruck 1962: 12). Das Ende der Jugend fiel zudem bislang mit ökonomischer Eigenständigkeit zusammen, die ökonomische Verselbständigung hat aber an Eindeutigkeit für die Beendigung der Lebensphase Jugend verloren (Gillis 1980; Tully/ Wahler 1983; auch Schäfers 1994: 30). Es kommt, wie Schulze (1992: 369) sagt, zur „Entkoppelung tradi-

---

7   Die Kohorte ist das Werk der Wissenschaft, die Generation das Werk der Gesellschaft. Als Kohorte wird, sozialwissenschaftlich betrachtet, eine Teilpopulation der Bevölkerung bezeichnet, die ein bestimmtes Ereignis als gemeinsame Eigenschaft hat (z.B. gleiches Geburtsjahr). Der Begriff ‚Generation' geht darüber hinaus, wenn er annimmt, „daß eine ganze Gruppe von Geburtskohorten bestimmten typischen, prägenden historischen Einflüssen ausgesetzt und dadurch in ihrem Verhalten in homogenisierender Weise beeinflußt ist" (Esser 1996: 268).
8   Die geteilten Erlebnisse formen spezifische Lebensumstände des Aufwachsens. Bei Wilhelm Dilthey oder Karl Mannheim wird die „Erlebnisgemeinschaft" als konstituierendes Element von Generationen betont. Erlebnisgemeinschaft ist jedoch nur in der Mehrzahl denkbar, da unumgänglich verschiedene Gemeinschaften koexistieren. (vgl. Hornstein 1999; Eisenstadt 1966; Fend 2000; Sackmann/ Weymann 1994; Tully 2002)
9   Für die Generation der 70er und 80er dürfte weniger die ideelle Emanzipation von den Eltern Potential für Konflikte bereithalten, als der Streit um deren materielle Versorgung im Alter. Die Auseinandersetzung um die Zukunft des umfangreichen Sozialsystems birgt heute Gefahren des Generationenkonfliktes. Ob das der einzelne Jugendliche genau so sieht, ist allerdings fraglich.
10 Die Definition des KJHG (Deutsches Kinder- und Jugendhilfegesetz) von 1990 lautet: Als Kinder gelten alle bis zum 14. Lebensjahr; als junge Personen (Jugendliche) die über 14- bis 18jährigen; als volljährige Jugendliche die 18- bis 27jährigen.

tioneller Attribute der Jugendlichkeit von engen Altersgrenzen". Selbst zum Ende des dritten Lebensjahrzehnts sieht rund ein Drittel aller Adoleszenten den Prozess des eigenen Erwachsenwerdens als noch nicht abgeschlossen an (vgl. Achatz u.a. 2000: 37f).[11] Die Ablösung von der Familie erfolgt heute später, die vollständige Inklusion in das Wirtschaftssystem ist aufgeschoben. Dennoch fahren 18jährige Auto und agieren auch sonst vielfach erwachsenengleich.

Je nachdem, ob bei Lehrern, Erziehern, Planern von Verkehrsbetrieben, Produzenten von Medien oder bei Adoleszenten selbst nachgefragt wird, was es denn bedeute, heute als junger Mensch zu leben, lassen sich ganz unterschiedliche Sichtweisen finden. Unumgänglich ist daher die Fachdisziplin der Jugendforschung, da diese eindeutige Kriterien für eine wissenschaftliche Typologisierung benennt. Die nachfolgenden Ausführungen orientieren sich an einem Jugendbegriff, der nachstehend in sechs Dimensionen beschrieben ist. Entlang dieser sechs Dimensionen sollen ebenfalls Daten und Befunde unserer Studie, die das Zusammenspiel von jugendkulturellem Alltag und Mobilität betreffen, vorgestellt werden:

1. Jugend ist parallel seit der Herausbildung der Industriegesellschaft eine Zeit der *Bildung und Ausbildung*. Für die Vorbereitung auf künftige Erwerbstätigkeit sind entsprechende Wege zu den Bildungsstätten zu bedenken.
2. *Ökonomische Eigenständigkeit:* Da die Integration in die Berufswelt heute erst in höherem Lebensalter erfolgt, koexistiert das Paradox von ökonomischer Verselbständigung bei gleichzeitiger wirtschaftlicher Abhängigkeit.
3. Die Lebensphase Jugend ist unverändert gekennzeichnet vom Eingehen neuer Bindungen (besonders mit Gleichaltrigen in peer-Gruppen). Nach außen sichtbar wird eine entsprechend dem Zeitgeist geformte *jugendkulturelle Praxis*. Individualisierter Jugendalltag bedeutet gleichzeitige Teilhabe an vielen gesellschaftlichen Konfigurationen (Vereinsleben, Jugendarbeit etc.). Insofern ist der Jugendalltag mobil.
4. Die Ablösung von der Herkunftsfamilie ist mit dem Eingehen einer eigenen festen Partnerschaft vollzogen. *Partnerbeziehung* als Etablierung einer eigeninitiativen Lebensgemeinschaft ist Ablösung und Neubindung zugleich.

---

11 „Fasst man die letzten drei Altersjahrgänge unserer Stichprobe zusammen, so zeigt sich, daß sich im Westen davon erst rund Dreiviertel als erwachsen [...] definieren; im Osten sind es sogar erst 57 %, die sich den Erwachsenenstatus zubilligen, während sich 29 % noch als Jugendliche und 14 % als Statusambivalente definieren." (Achatz u.a.: 37)

5. Weitere Definitionsmerkmale von Jugend sind *juristische Selbständigkeit* und *politische Partizipation* (Wahlrecht, politisches Engagement). Während erstere relativ zügig und fahrplanmäßig erworben wird, sind die politischen Attribute weniger umstandslos zu haben, da sie Ergebnis eines langwierigen Reflexionsprozesses sind, d.h. einer Auseinandersetzung mit sich selbst und den gesellschaftlichen Bedingungen. Für Jugendliche sind diese kalendarischen Vorgaben wichtig, sie definieren, wann Fahrberechtigungen erworben werden können oder ab wann es keiner Zustimmung der Eltern mehr fürs ‚piercing' bedarf.
6. Schließlich wird der Prozeß des Erwachsenwerdens von vielfachen Differenzierungen begleitet. Die alltäglichen Lebenssituationen, die Chancen und Optionen der Jugendlichen werden z.B. durch die soziale Stellung, durch das Leben auf dem Lande oder in der Stadt oder das Aufwachsen als Junge oder Mädchen erheblich vorherbestimmt.

1.2 Jugendalltag und Jugendmobilität – ausgewählte Befunde der Untersuchung

Wer Jugendlicher ist, bestimmt sich demzufolge nicht mehr nur nach dem Alter, sondern über die Schneidung der sechs Dimensionen. Jede der Dimensionen des Jungseins schließt spezifische Anlässe für Mobilität ein.

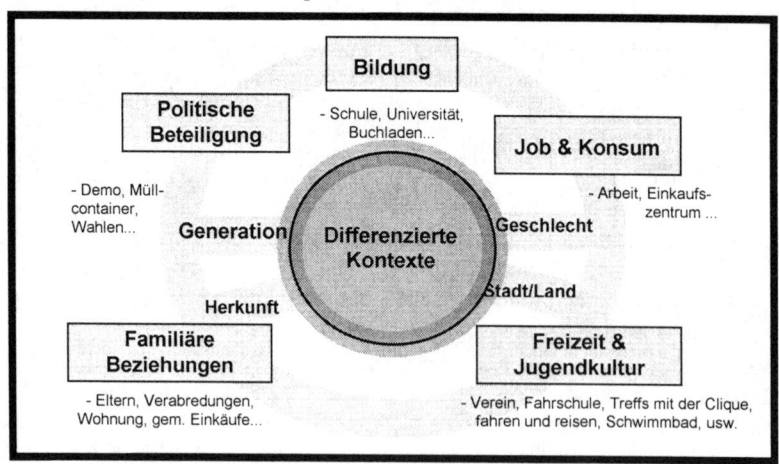

Abbildung 1.2: Der Mobilitätszirkel

Mobilität als ubiquitäres Phänomen im Jugendalter umfasst Wege zur Schule, zum Ausbildungsplatz oder zu Freunden sowie Treffs mit der Clique. Anders gewendet: soziale Handlungen Jugendlicher gründen auf Mobilität und Kommunikation. Ausbildung geht mithin ebenso mit Unterwegssein oder Zusammensein mit den peers einher wie politische Partizipation. Abb. 1.2 stellt dies schematisch dar. Die weiteren Ausführungen erfolgen entlang der oben ausgewiesenen Dimensionen zur Beschreibung des Jugendalltags.

1.2.1 Qualifizierung und Vorbereitung auf eine Beschäftigung

Die Dauer der Qualifizierung, d.h. der Bildung und Ausbildung, hängt von übergeordneten gesellschaftlichen Entwicklungen ab. Noch in den Siebzigern galt: mit 14 Jahren in die Lehre gehen, mit 20 Jahren einen Beruf haben und mit 22 bis 25 Jahren eine Familie gründen. Damit war der Übergang zum Erwachsenendasein vollzogen. Jugend galt als Statuspassage; der Wechsel vom Bildungs- ins Beschäftigungssystem war vorhersehbar. Heute gehen junge Leute länger zur Schule und später zur Arbeit. Die längere Aufenthaltsdauer im Bildungssystem ist eine Folge der Bildungsexpansion der Sechziger Jahre, die immer noch anhält (vgl. Geißler 1996: 252ff): Von der Gruppe der 15- bis 20jährigen waren 1960 durchschnittlich zwei Drittel erwerbstätig.[12] Gegenwärtig sind es bei den Männern dieses Alters 35,8 % und bei den Frauen 28,5 %. Selbst in der Altersgruppe der 20- bis 25jährigen Frauen sind statt 75,7 % nur noch 65 % erwerbstätig. 1960 kamen 72,9 % der Schulabgänger von der Hauptschule, 18 % von der Realschule und nur 8,8 % vom Gymnasium. Heute hält beim Verlassen der Schule knapp jeder Dritte die Hochschulzugangsberechtigung in der Hand. Trotz dieses Mehr an Bildung bereitet die Schule nicht notwendig effizienter auf die künftige Beschäftigung vor (vgl. Lappe/ Tully/ Wahler 2000). Was die Mobilitätspraxen in Deutschland betrifft, so wissen wir: Jeder siebente Schüler und Student fährt im Auto zu seiner Bildungsstätte, rund jeder vierte Schüler oder Student kommt per Fahrrad oder zu Fuß dort an und nach wie vor zählt diese Gruppe zur großen Nutzergruppe des ÖPNV, denn 38 % kommen mit Bus und Bahn zur Schule oder zur Uni.

Auch die Ergebnisse von U.Move bestätigen eine vorangeschrittene Entkopplung von Bildungs- und Wirtschaftssystem. Wenn viele Jugendliche besser qualifiziert sind, d.h. über höhere Zertifikate verfügen („Fahrstuhl-

---

12 Nachfolgende Daten basieren auf eigenen Berechnungen nach den Stat. Jahrbüchern 1985, 1990, 1994 und 2000.

effekt"), führt dies gleichzeitig zur Entwertung des Prestiges des Abschlusses. Effektive Vorteile sind für die Besitzer solcher Abschlüsse im Rennen um Ausbildungsplätze nicht immer absehbar.

Einige Einzelbefunde:

- Von den 15-20jährigen der Stichprobe sind lediglich 0,3 % erwerbstätig.
- Die überwiegende Mehrheit besucht noch immer die Schule (69 %) bzw. befindet sich in Berufsausbildung (29 %).
- Die über 20jährigen sind zu etwa gleichen Teilen Berufstätige (34 %) oder Studenten (40 %); zudem befinden sich in dieser Gruppe noch 14 % in Berufsausbildung.

Das Sample spiegelt den generellen Trend zur Höherqualifizierung, welcher mit einer längeren Verweildauer im Bildungssystem einhergeht: Insgesamt verfügen 46 % der Befragten über eine Hochschulberechtigung, 39 % sind Realschüler. Nur jeder Siebente besitzt einen Hauptschulabschluß.

Länger die Schule zu besuchen bedeutet, später in den Beruf einzusteigen. Von den berufsreifen Jugendlichen, also den 18-26jährigen, sind jeweils ein Viertel Schüler, Auszubildende, Berufstätige und Studenten. Die *Frauen* in unserer Stichprobe besitzen häufiger höhere Abschlüsse als die *Männer*: 38 % haben Abitur (Männer: 27 %) und nur 8 % Hauptschulabschluß (Männer: 14 %), bei den mittleren Abschlüssen sind kaum Unterschiede zu verzeichnen. Altersunterschiede bestehen insofern, als die über 20jährigen nahezu doppelt so häufig über eine allgemeine/ fachgebundene Hochschulreife verfügen wie ihre jüngeren Pendants.[13] Längerer Schulbesuch bedeutet nicht nur mehr Bildung, sondern mehr Freiraum und Freizeit, d.h. engere Bindung an gleichaltrige Peers und die Ausschöpfung der gegebenen Spielräume. Im Hinblick auf Mobilität dominieren die Wege zu den Bildungsstätten und die extensivere Freizeit wird mit Wegen angefüllt, um diese für sich zu gestalten und zu nutzen.

1.2.2 Ökonomische Eigenständigkeit

Auffällig erfahren Heranwachsende bemerkenswerte gesellschaftliche Anerkennung, wenn es um Konsum geht. Werbebotschaften richten sich vielfach direkt an sie, weil sie als Experten des Zeitgeschmacks gelten. Sie sind offen

---

13 Dieser Befund widerspricht den Erwartungen, sollte jedoch nicht überinterpretiert werden, da wir anteilig weniger Befragte in den oberen Altersklassen erfasst haben. Diejenigen in der älteren Altersklasse, die den Fragebogen zurückgeschickt haben, scheinen ein überdurchschnittliches Bildungsniveau zu besitzen.

für neue Produkte, wissen mit komplizierten Gerätschaften (PC, Videorecorder, Handy) umzugehen und in ihren Händen sammeln sich beträchtliche Summen.[14] Zusätzlich beeinflussen Jugendliche subtil oder offensiv die Kaufentscheidungen der Eltern. Hinsichtlich der eigenen Ausgaben sind sich die Jugendlichen zumindest in Bezug auf die wichtigsten Dinge erstaunlich einig: An erster Stelle finden sich die Aufwendungen für Kleidung und Kosmetik sowie für das Ausgehen. Mit zunehmenden Alter wird das Auto in der pekuniären Hierarchie wichtiger (vgl. Klöckner in diesem Band).

Die verstärkte Aufmerksamkeit der Werbefachleute für die Jugendlichen ist umso erstaunlicher, als der Anteil an Heranwachsenden mit eigenem kontinuierlichen Einkommen fortgesetzt sinkt, da ja der Übergang ins Erwerbsleben aufgeschoben ist. Die Geldmittel, über die sie verfügen können, haben in den letzten Jahren sowohl in West- als auch in Ostdeutschland zugenommen (vgl. Lange 1997: 48f). Neben der Ausbildungsvergütung und Taschengeld sind Gelegenheitsjobs die wichtigsten Quellen dieses Vermögens (ebd.: 52f.).

Größere Haushaltseinkäufe werden von 71 % mit dem Auto erledigt, mit dem Fahrrad und zu Fuß etwa halb so oft, denn die Geschäfte, in denen eingekauft wird, liegen selten in fußläufiger Entfernung bis 1 km (28 %) (BMU 2000: 53/54).

Auch die Ergebnisse von U.Move bestätigen die Bemühungen Jugendlicher, auch ohne regelmäßiges Einkommen (peer group-gerecht) zu leben. Insgesamt sind nur 14 % aller Befragten berufstätig. Der Rest ist mehr oder weniger von Dritten oder nicht-kontinuierlicher Erwerbstätigkeit abhängig. Etwa ein Drittel gab an, einem Nebenjob nachzugehen. Dabei ist die Aufnahme eines Nebenjobs weder vom Alter, noch vom Geschlecht, sondern vielmehr von dem derzeitigen Beschäftigungsstatus abhängig: Studenten und Schüler jobben am häufigsten neben ihrer Ausbildung (63 und 36 %). Aber auch jeder Fünfte Auszubildende geht einer Nebentätigkeit nach. Solche „Nebenjobs" begründen – wie der Schulbesuch oder Weg zur Arbeit – zusätzlich wiederkehrende Mobilität.

Die wichtigste Quelle des Lebensunterhaltes ist für unter 18jährige die Unterstützung durch ‚Dritte' (Familie, Partner). Zwei von drei Adoleszenten sehen durch sie die Existenz gesichert, wobei lediglich 17 % auf die eigene Erwerbstätigkeit vertrauen. Auch bei den älteren bleiben die ‚Dritten' wichtig. Die eigene Erwerbstätigkeit besitzt aber einen gleichen Stellenwert. Besonders häufig beziehen Schüler und Studenten über die Familie Unterstützung zum Lebensunterhalt (73 bzw. 78 %). BAFöG spielt nur bei 17 % der Studenten eine Rolle, wie auch andere Formen der sozialstaatlichen

---

14 Rund 35 Milliarden Mark im Jahr (vgl. Vascovics/ Schneider 1989; Tully/ Wahler 1995; Lange 1997).

Transferleistungen (Erziehungsgeld, Sozialhilfe etc.) für die Befragten unserer Stichprobe eher unwichtig sind.

Die Unterstützung der unter 18jährigen durch die Eltern ist wohl nicht allzu üppig: Über die Hälfte dieser Altersgruppe kann monatlich nur bis 100 DM ausgeben. Lediglich wer sich in Berufsausbildung befindet, hat etwas mehr Geld: Zwei Drittel dieser Gruppe haben bis zu 500 DM verfügbar. Von den 18-21jährigen disponieren 82 % über „bis zu 500 DM" und von den 22-26jährigen besitzen die Hälfte „bis zu 500 DM" und die andere Hälfte „mehr als 500 DM". Auch hier sind es Berufstätige, denen monatlich am meisten Geld zur Verfügung steht.

Was die Verwendung der Geldmittel betrifft, so dominieren über alle Altersklassen hinweg die Ausgaben für „Kleidung/ Kosmetik" und „Ausgehen". Erst auf den nachfolgenden Positionen gibt es Abweichungen. So kommt bei älteren Befragten den Aufwendungen für Auto und Reisen wachsende Bedeutung zu. Den Jüngeren sind Tonträger und Computer wichtiger. Aufwendungen für Kommunikation(-smittel) finden sich auf mittleren Positionen. Das Fahrrad bildet bei fast allen Befragten das Schlußlicht.

Tabelle 1.1: Wofür geben die Jugendlichen ihr Geld aus?

Bereich	Gesamt (N=4417)	15-17jährige (N=1593)	18-21jährige (N=1220)	22-26jährige (N=1604)
Kleidung/ Kosmetik	1	1	1	1
Ausgehen (Disco, Kneipe)	2	2	2	2
Konzerte/ Kino/ Veranstaltungen	3	4	5	5
Schallplatten/ CD's	4	3	4	7
Auto, Moped, Motorrad	5	10	3	4
Reisen	6	8	6	3
Kommunikation (Handy, Internet)	7	7	7	6
Öffentliche Verkehrsmittel	8	5	8	8
Computer	9	6	9	9
Fahrrad	10	9	10	10

Quelle: Daten U.Move 2001, DJI München; abgebildet: Ränge, geordnet nach Mittelwerten, differenziert nach Alter; (1 = sehr wichtig, 10 = unwichtig)

Geschlechterdifferenzen sind insofern interessant (aber auch erwartbar), als Frauen mehr Geld für Kleidung und Kosmetik ausgeben und Männer stärkeres finanzielles Interesse an Technikobjekten artikulieren.

1.2.3 Jugendkulturelle Praxis

Der facettenreiche jugendkulturelle Alltag spiegelt das Nebeneinander von Verselbständigung und Abhängigkeit. Jugendkultur erweist sich als gesellschaftlich zugestandener Freiraum für Selbsterfahrung. Hier werden Verhaltensweisen erprobt und diese in lockerer Distanz zur Erwachsenenwelt gelebt. Es gilt, eigene Lebensstile zu entfalten und zu kultivieren, Differenzen zwischen „alt und jung", „in und out", „cool und uncool" werden gelebt. „Es gibt nur cool und uncool und wie man sich fühlt" singen Tocotronic in dem Lied „Ich mag dich einfach nicht mehr so"[15]; eine neuzeitliche Richtschnur junger Menschen zur Beurteilung von Relevanzen, wie es scheint. Das Kriterium „gut oder schlecht" existiert nur temporär, wenn alles im Sinne von „tasteculture" daraufhin gecheckt wird, ob es „schön oder häßlich" ist (vgl. auch Barthelmes/ Sander 1999). Das gesellschaftliche Geschmacksdiktat funktioniert, wenn beim Kauf diverser Artikel statt auf Funktionalität auf Marken und Namen geachtet wird. Da sich die Mode beständig ändert, bedarf es fortgesetzter Anstrengungen, um im Trend zu bleiben. Und Trendiges muß nicht nur gekauft, sondern vorher gesucht, gefunden und anprobiert werden – dies macht Mobilität notwendig. Wie bereits anklang, besitzt beispielsweise Mode nur eine sehr geringe Halbwertzeit, oder anders: was heute „in" ist, kann morgen schon „out" sein. Adoleszente müssen daher, um den (modischen) Trends zu folgen, erneut Wege für den Kauf modischer Klamotten zurücklegen. Zugleich ändert sich das Mobilitätsverhalten an sich. Mit 18 wird das Fahrrad kaum mehr benutzt, zumindest geben Befragten zwischen 18 und 21 seltener das Fahrrad als Fahrzeug an, über das sie verfügen. Bei den 15-17jährigen hingegen ist das Fahrrad das weitaus beliebteste Fahrzeug.[16] Für ältere Befragte wird es dann wieder relevanter. Mit 18 ist es „cooler", mit einem Auto vorzufahren. „Tasteculture" kommt allemal vor der schlichten Gebrauchsfähigkeit, zumal sich die ganze Gesellschaft so verhält. Mobilität gehört in ganz unterschiedlicher Ausgestaltung zur Jugendkultur. Events wie die „Love Parade", Rave, Fun-Tourismus (incl. Fußball) oder die open air-Auftritte bekannter Groups sind

---

15 Auf der CD „Nach der verlorenen Zeit".
16 85 % gaben an, über ein solches zu verfügen; 18-21jährige: 72 %; 22-26jährige: 78 %

zudem Beispiele für die Verbindung von Events, wirtschaftlicher Orientierung und Mobilität.

Jugendliche verfügen über viel Freizeit. Von den Westdeutschen in der Altersgruppe der 18-34jährigen gaben 1998 über die Hälfte an, über sehr viel bzw. viel Freizeit zu verfügen[17] (Ostdeutsche: 38 %). Höhere Werte erreichten nur die über 55jährigen. Diese Zeit wird heute aber weniger für ein Engagement in Organisationen oder Vereinen verwandt[18], als vielmehr zur Kultivierung eigener „Erlebniswelten" (Schulze 1992). Die Kultivierung binnenorientierter Stile und Kommunikationen dient zur Absetzung gegenüber der Restgesellschaft. Sie ist wichtig für die Ausbildung eigener Identität.[19] Hierfür sind sowohl die Gruppen Gleichaltriger (Cliquen) als auch altersheterogene Gruppen (Vereine) wichtig (vgl. Reitzle/ Riemenschneider 1996). Jugendliche lernen über derartige Einbindungen Realitätskonstruktionen Dritter kennen, finden Freunde und Partner; zudem erfahren und erleben sie, daß hohe Gruppenkohärenz auch Absicherung und Geborgenheit bereithält.

Die Mitgliedschaft in Vereinen ist seit 1993 ebenfalls nur stabil geblieben. Einzig in Ostdeutschland ist für Musik- und Gesangsvereine bzw. Sportvereine ein leichter Anstieg festzustellen. An das westdeutsche Niveau reichen die ostdeutschen Jugendlichen im Bezug auf die Vereinszugehörigkeit aber noch nicht heran.

Auch die Daten aus U.Move sprechen für eine herausgehobene Bedeutung jugendkultureller Praxis. Dies wird nachstehend sowohl (a) entlang der Bezüge zu Peers und Clique sowie (b) im Hinblick auf Mobilität im Alltag (vom Weggehen bis Wegfahren) angesprochen.

1.2.3.1 Jugendliche Freizeit vollzieht sich in Gruppen

Neun von Zehn Befragten gaben bei uns an, einem festen Freundeskreis („Clique") anzugehören. Freunde als Bezugspersonen sind mithin im Jugendalter mindestens genau so wichtig wie Eltern oder Geschwister. Mit der Clique wird sich meist mehrmals in der Woche getroffen. Männer haben nicht häufiger Freunde als Frauen; aber sie treffen sich häufiger. Am wenigsten Zeit für Freunde finden Berufstätige, ebenso wie ältere Befragte insgesamt. Im Durchschnitt treffen sich alle untersuchten Personen 9-mal im

---

17 Diese und die nachfolgenden Zahlen sind dem Datenreport 1999 entnommen, welcher Daten aus dem Wohlfahrtssurvey auswertet (vgl. Statistisches Bundesamt 2000).
18 Die Mitgliedschaft in Gewerkschaften hat innerhalb von nur 5 Jahren in beiden Teilen Deutschlands rapide abgenommen, die in Parteien und Bürgerinitiativen verharrt auf relativ niedrigem Niveau.
19 Vgl. zu dieser Entwicklungsaufgabe des Jugendalters z.B. Erikson 1976; Oerter/ Dreher 1995; Fend 2000.

Monat mit ihren Freunden. Dabei sagen die 15-17jährigen, daß sie monatlich 10,6-mal mit den Freunden zusammen kommen, die 18-21jährigen immerhin noch 10,0-mal und die 22-26jährigen nur noch 7-mal. Peer-bindungen werden im Prozeß des Älterwerdens von anderen Beziehungen abgelöst. Dafür spricht auch, daß sich ältere Berufstätige nur noch 6,3-mal pro Monat mit ihren Freunden treffen.

Die Zugehörigkeit zu informellen Freundschaftscliquen ist die eine Seite, die zu (teil-)institutionalisierten Gruppierungen bzw. Vereinen die andere. Im Bezug auf die Selbstzuordnung zu verschiedenen Gruppen kann festgestellt werden, daß sich die befragten Jugendlichen in erster Linie in eher unpolitischen Verbindungen wiederfinden. Sie identifizieren sich mit der gleichen Häufigkeit mit Auto- und Motorradfans, sowie mit Sport- und Computergruppen (Zustimmung jeweils ca. 20 %). Die Generation der Siebziger und Achtziger kann sich mit Grufties/ Gothics, Punkern, Hippies oder Rockern kaum noch anfreunden. Gleichzeitig sind wirklich aktive Umweltschützer selten geworden. Sie tauchen nur genau so oft auf wie Skinheads (3,5 %). Etwa jeder 10. Befragte ordnet sich selbst der Raver- bzw. Technoszene zu. Die Unterschiede zwischen Männern und Frauen gehen in die erwartete Richtung und replizieren vorliegende Befunde (vgl. Jugendwerk der Deutschen Schell 1997: 365ff): Männer rechnen sich besonders häufig technischen Gruppen bzw. Fußball-Fans zu; Frauen identifizieren sich generell seltener mit vorhandenen Teilkulturen, wobei Tierfreundinnen und weibliche Musikgruppenfans noch am ehesten zu beobachten sind (42 bzw. 23 %). Gleichzeitig ist zu konstatieren, daß sich bei beiden Geschlechtern das Ausmaß der Identifikation mit den wichtigsten Gruppen mit zunehmendem Alter verringert. Für 22-26jährige Männer sind Tierfreunde und Fußballfans die meistfrequentierten politikfernen Gruppen; bei Frauen nimmt die Zuordnung zu Musikgruppenfans innerhalb weniger Jahrgänge um die Hälfte ab, die Zuordnung zu Tierfreundinnen um 20 %. Erstaunlich ist, daß für die Frauen in der Stichprobe im Altersvergleich gar keine klare Gruppenzugehörigkeit erkennbar wird: Die Anzahl derer, die sich mit 22-26 Jahren einer Gruppe zugehörig fühlen, ist immer geringer als die Anzahl der 15-17-jährigen weiblichen Befragten, die sich „voll und ganz" in einer Gruppe wiederfinden. Für Männer gilt hingegen, daß Tierfreunde und Umweltschützer wichtiger werden. Der Identifikationsabnahmeprozeß ist für beide Geschlechter besonders drastisch bei Skatern, Skinheads, Technofans und Ravern. Ein Ost-West-Vergleich enthüllt zusätzlich, daß sich Ostdeutsche doppelt so häufig der Techno- und Raverszene sowie den Skinheads zugehörig fühlen. Daß sich die Ost-West-Unterschiede für ältere Befragte aufheben, mag als Befund nur teilweise beruhigen, da trotzdem jeder Zehne 15-17jährige Ostdeutsche ein Skinhead ist. Eine besondere ‚Zuneigung' zu dieser Gruppe hegen junge ostdeutsche Männer vom Land – hier outet sich jeder Sechste als Skinhead.

Zur jugendlichen Freizeitgestaltung gehören schließlich auch noch die Vereine. Jeder zweite Jugendliche ist entsprechend unseren Daten in einem Verein Mitglied. Der wichtigste davon ist der Sportverein (65 % aller Vereinsmitglieder bzw. 33 % aller Jugendlichen). Die Häufigkeit der Mitgliedschaften bleibt über alle Altersgruppen hinweg annähernd gleich, freilich ändert sich der Vereinstypus. Ältere Befragte gehen öfter in soziale bzw. politische Organisationen und Sportvereine, jüngere in Computerclubs, Feuerwehren und ebenfalls Sportvereine. In den neuen Bundesländern ist die Neigung, sich einem Verein anzuschließen, geringer als in den alten Bundesländern (44 zu 59 %). Ähnliches gilt für das Herkunftsgebiet: Befragte auf dem Land sind häufiger in einem Verein als städtische Jugendliche. Im Vergleich der Ergebnisse mit der Jugendstudie 2000 ist festzustellen: Auf den ersten Plätzen rangieren jeweils die gleichen Vereinsangehörigkeiten: Ganz oben stehen Sportvereine und dann mit einigem Abstand Kirchliche Organisationen und die Freiwillige Feuerwehr. Ein zentraler Unterschied besteht im Hinblick auf die Mitgliedschaft in Naturschutz- und Umweltgruppen: Nur jedes 25. Vereinsmitglied der U.Move-Studie berichtet von einem Engagement in derartigen Organisationen (10. Platz). In der Jugendstudie 2000 war die Umweltgruppenmitgliedschaft dagegen die vierthäufigste. Ob diese Unterschiede auf eine Politikverdrossenheit der Jugendlichen besonders hinsichtlich des Umweltschutzes schließen lassen, läßt sich nur klären, wenn gleichzeitig mehrere Variablen und Daten in die Analyse einbezogen werden (vgl. dazu die Ausführungen in den nachfolgenden Abschnitten).

Eine nach Geschlechtern getrennte Betrachtung der Vereinsmitgliedschaften zeigt folgende saliente Unterschiede: Männer finden sich dreimal so oft in Freiwilligen Feuerwehren und viermal so oft in Computerclubs wieder. Die bevorzugten Vereine der Männer sind Sportvereine, Feuerwehren und soziale Organisationen. Frauen bevorzugen Mitgliedschaften in sozialen und kirchlichen Organisationen sowie Musik- und Trachtenvereinen. Das Ausmaß der Mitgliedschaften ist jedoch recht gering, da mit der Ausnahme Sportverein nur jeder Zehnte bis Zwanzigste Befragte einem Verein angehört. Siebzig Prozent der Vereinsangehörigen sind tatsächlich nur in einem einzigen Verein aktiv. Multimitgliedschaft ist selten und beschränkt sich auf zwei, höchstens drei Mitgliedschaften. Liegt sie dennoch vor, dann zum Großteil, weil man zum einen dem Sportverein und zum anderen einem weiteren Verein aktiv angehört.

Beleuchtet man zuguterletzt die Freizeitaktivitäten, so zeigt sich erneut, daß der Aufbau von Beziehungen zu Freunden zentral für das Jugendalter ist. Sowohl die Aktivität „Musik hören" als auch „mit Freunden zusammen sein" nehmen die vordersten Positionen in der Hierarchie der Freizeitaktivitäten ein (Zustimmung jeweils um 80 %). Dies gilt für beide Geschlechter und alle Altersgruppen. Unterschiede finden sich in nachgeordneten Tätigkeiten: Frauen bilden sich öfter fort und lesen mehr; Männer interessieren sich eher für technische Belange (Auto, Computer). Ältere Befragte haben insgesamt weniger Freizeit und verbringen diese dann effektiver mit Fortbildung, Lesen und politischem Engagement. Am Ende der Liste der Freizeitaktivitäten präsentieren die Jugendlichen wiederum Einigkeit: Gesellschaftliches/ politisches Engagement und Reparieren von Auto/ Moped stehen an letzter Stelle.

Bei männlichen Jugendlichen auf dem Lande spielt das Hantieren an Fahrzeugen eine herausgehobene Rolle. Dieser Fakt wird mit einem Mehr an räumlichen Gegebenheiten auf dem Land zum Herumbasteln an den Autos begründet. Sie können häufiger auf Garagen, Fahrrampen und Werkzeug zurückgreifen und können unbehelligt dieser Freizeitaktivität nachgehen.

Tabelle 1.2: Freizeitbeschäftigung differenziert nach Alter

Beschäftigung	Gesamt (N=4417)	15-17jährige (N=1593)	18-21jährige (N=1220)	22-26jährige (N=1604)
Mit Freunden zusammen sein	81,9	86,9	86,9	73,2
Musik hören	80,0	84,9	84,5	71,7
Lernen/ Fortbilden	51,1	49,7	45,9	56,5
TV schauen	50,5	57,9	50,2	43,3
Entspannen	49,5	53,1	54,7	42,0
Sport treiben	44,4	54,4	42,7	35,7
Lesen	43,9	35,5	35,4	58,7
Auto/ Moped fahren	43,0	33,4	56,4	42,2
Veranstaltungen/ Kino besuchen	37,9	35,2	43,9	36,0
Fahrrad fahren	36,4	46,2	24,5	35,8
Am Computer sitzen	30,7	31,8	27,2	32,3
Kurztrips unternehmen	28,6	24,8	33,4	28,7
Shopping	26,3	33,5	29,1	16,9
Gesell. Engagement	10,1	7,1	9,2	13,9
Auto/ Moped reparieren	7,7	9,4	11,1	3,5

Quelle: Daten U.Move 2001, DJI München; abgebildet: Prozentwerte „gehe oft bzw. immer" Beschäftigung nach

1.2.3.2 Jugendliche sind hochmobil

Dass Jugendliche aufgrund ihrer biographischen Situation ein besonderes Mobilitätsbedürfnis besitzen, wurde bereits angesprochen. Die Daten der U.Move-Studie belegen diese These: Im Schnitt unternehmen die Befragten vier Tagesausflüge im Monat und fahren zwei mal im Jahr in den Urlaub. Die Häufigkeit beider Ausflugstypen sinkt mit zunehmendem Alter. Besonders Schüler lieben beide Formen des Eskapismus. Berufstätige haben dafür offensichtlich am wenigsten Zeit.

Im Hinblick auf die alltägliche Mobilität, zeigt sich folgendes Bild: Werktags legen Jugendliche im Schnitt vier Wege von 22minütiger Dauer zurück und Samstags durchschnittlich drei à 21 Minuten, da an den Samstagen Schulwege und Wege zur Arbeit entfallen, handelt es sich um Freizeit- und Besorgungswege. Werktags gibt es auch Pflichtwege (zur Arbeit und zur Schule)[20] und Freizeitwege. Nur 28 % der Befragten stimmten der Aussage zu, daß der eigene Wohnort ausreichend Freizeitmöglichkeiten zur Verfügung stellt. Besonders häufig vermissen Jugendliche die Möglichkeiten, Konzerte, Kinos und Theater zu besuchen. Hauptsächlich Ältere können die Defizite des Wohnorts via eigener Mobilität beheben. Sie legen deshalb im Schnitt auch mehr und längere Wege zurück. Ländliche Gebiete erzeugen aufgrund mangelnder örtlicher Strukturen im besonderen Maße Mobilität: Nur 14 % der Landbewohner äußern Zufriedenheit mit den Freizeitangeboten des Wohnorts. Gleichzeitig stimmte nur jeder Dritte der Aussage zu, daß die Anbindung der Wohnung an die öffentlichen Verkehrsmittel mindestens befriedigend ist. Unzufriedenheit und Infrastrukturmängel erzwingen die Benutzung von Mitteln des individualisierten Verkehrs.

Für *uneingeschränkte Mobilität* wird der *Führerschein* wichtig. Insgesamt verfügen 59 % aller Befragten über eine Fahrberechtigung, bevorzugt über einen Autoführerschein. Wie wichtig ein Führerschein ist, zeigt der Übergang vom 17. zum 18. Lebensjahr: Haben die 17jährigen nur zu 29 % eine Fahrerlaubnis, so besitzt schon mehr als jeder zweite 18jährige einen Führerschein. Schließlich verfügen 92 % der 26jährigen über solch ein Papier. *Das durchschnittliche Alter bei Erwerb des Autoführerscheins liegt anhand der vorliegenden Daten bei 18 Jahren und 9 Monaten.* Damit entspricht unser Sample in etwa dem *bundesdeutschen Mittel,* welches exakt *bei 19 Jahren* liegt.[21] Die Daten der U.Move-Studie bestätigen weiterhin, daß

---

20 Bei 50 % der Befragten ist der Ort der Ausbildung, der Arbeit bzw. des Unterrichts verschieden vom Wohnort.
21 Die Vergleichsdaten wurden im Januar 2001 vom Kraftfahrzeugbundesamt im Auftrag des Deutschen Jugendinstituts ermittelt.

der Führerschein auf dem Land früher erworben wird als in der Stadt.[22] Vermutlich wird so das Fehlen der öffentlichen Verkehrsangebote kompensiert. Für die Richtigkeit dieser Vermutung sprechen die Ergebnisse der angestellten Regressionsanalyse: Den höchsten Einfluß auf die abhängige Variable „Besitz eines Führerscheins" hat das Alter der Befragten. Danach folgt mit einigem Abstand die Herkunftsregion; d.h. Jugendliche vom Land besitzen häufiger einen Führerschein.[23] Der Einfluß anderer soziographischer Variablen ist vernachlässigbar, wie auch der Effekt bestimmter Einstellungen.[24]

Lediglich die Art des zur Verfügung stehenden Führerscheins ist zusätzlich geschlechtsabhängig. Männer beginnen ihre motorisierte Karriere oftmals mit dem Moped/ Mofa: Jeder dritte männliche Befragte hat einen Moped- bzw. Leichtkraftradführerschein (bei den Frauen nur jede Siebente). Frauen besitzen etwas häufiger Autoführerscheine. Auf dem Land ist plausiblerweise das Bedürfnis nach Mopedführerscheinen bei beiden Geschlechtern größer.

Schließlich bedarf es, um mobil zu sein, auch der passenden Fahrzeuge. Vier von fünf Jugendlichen haben ein eigenes Fahrrad. Knapp 60 % können bei Bedarf ein Auto benutzen (22-26jährige: 80 %). Wer einen Autoführerschein besitzt, hat mit sehr hoher Wahrscheinlichkeit auch die Möglichkeit, ein eigenes oder ein Auto von Verwandten/ Bekannten zu fahren. Nur 8 % aller Befragten sind ohne Fahrzeug.

Die Urlaubs- und Freizeitwege werden häufiger und länger.[25] Was die Sonderformen von Mobilität, sprich: Wegfahren und Urlaub machen, betrifft, so zeigen unsere Daten folgendes: Im Schnitt unternehmen die Befragten vier Tagesausflüge im Monat und fahren zwei mal im Jahr in den Urlaub. Dabei sinkt die durchschnittliche Häufigkeit beider Ausflugstypen mit zunehmendem Alter (22-26jährige unternehmen nur 3 Tagesausflüge und 1,9 Urlaubs-

---

22 In der U.Move-Studie machen Landbewohner den Führerschein 2 Monate früher als Jugendliche aus städtischen Gebieten. Diese Berechnung konnte jedoch nur für eine sehr geringe Anzahl an Jugendlichen durchgeführt werden und ist deshalb fehlerbehaftet. Das Kraftfahrzeugbundesamt errechnet auf Basis der Statistiken von Mecklenburg-Vorpommern und Frankfurt einen Altersunterschied von 8 Monaten.
23 Wer auf dem Land lebt fährt länger zum Ausbildungsplatz: am Land fahren 70 % 30 min und länger, aus der Stadt: 75 % bis 30 min (Tully 2000: 176)
24 Umweltbewußte besitzen zwar tendenziell seltener und Technikfreunde etwas häufiger Führerscheine. Der absolute Beitrag zur Erklärung des Führerscheinbesitzes ist für beide Variablen jedoch nur gering.
25 Vgl. Kösterke (2000), Opaschowski/ Stubenvoll (1995), Statistisches Bundesamt (1995). „Keine Urlaubsreise haben im letzten Jahr 31 % gemacht, 49 % eine Urlaubsreise, 14 % zwei und 2 % mehr als drei Urlaubsreisen. Als Verkehrsmittel bei der letzten Urlaubsreise, nennen 24 % das Flugzeug, 58 % das Auto, 11 % den Bus ..., 10 % die Bahn."(Preisendörfer 1999: 205).

reisen). Besonders Schüler lieben beide Formen des Ausfluges. Berufstätige haben am wenigsten Zeit für Tagesausflüge.

1.2.4 Partnerschaft und Ablösung von der Herkunftsfamilie

Jugendliche bleiben heute länger ledig. Erst in der Mitte der dritten Lebensdekade werden vermehrt eheliche Bindungen eingegangen. Gegenüber 1960 ist das Heiratsalter bei Frauen um 4 Jahre, bei Männern gar um 5 Jahre auf durchschnittlich 29 Jahre gestiegen (vgl. Achatz u.a. 2000: 23). Männer verheiraten sich demnach heute im Alter von 30,3 Jahren und Frauen mit 27,8 Jahren.

Tabelle 1.3: Anteil Verheirateter nach Altersgruppen und Geschlecht

Alter in Jahren	Männer		Frauen		Insgesamt	
	1975	1998	1975	1998	1975	1998
15-20	0,5%	0,1%	6,1%	1,2%	3,2%	0,7%
20-25	21,9%	5,2%	51,4%	14,6%	36,5%	9,8%
25-30	60,0%	23,5%	80,0%	41,2%	69,7%	32,1%

Quelle: Statistisches Bundesamt 1977; 2000

Andere partnerschaftliche Lebensformen wie nichteheliche Lebensgemeinschaften (NELG) haben kontinuierlich an Bedeutung gewonnen (ebd. S.21): 1998 wurden zwei Millionen NELGs verzeichnet, was gegenüber 1991 eine Steigerung um 42 % bedeutet. Für viele Jugendliche ist bis zum Ende des dritten Lebensjahrzehnts der Prozess des Erwachsenwerdens noch nicht abgeschlossen. Beinahe die Hälfte der 16-29jährigen lebt noch bei den Eltern; 80 % dieser Altersgruppe sind noch ledig. Etwa ein Drittel befindet sich in festen Partnerschaften. Deutlich größer ist die Gruppe ohne festen Partner (44 %). Ledige mit festem Partner wohnen in der Regel mit diesem zusammen. Recht häufig ist die Form des „living apart together" (LAT): 23 % aller Jugendlichen leben so in einer Beziehung, ohne einen gemeinsamen Haushalt zu führen (Gille/ Krüger 2000: 69). Gerade die Konstellation des „living apart together" fordert von den Jugendlichen eine erhöhte Bereitschaft zur Mobilität. Ein ständiger Wechsel zwischen verschiedenen sozialen Räumen – das tägliche Pendeln zwischen Partner, Elternhaus und Ausbildungsort – sind feste Bestandteile der Lebensführung.

Verzögerte Ablösung von der Herkunftsfamilie bedeutet, wie die Daten von *U.Move* zeigen, auch vernetzte Pendelbewegungen zwischen Familie und Partnern sowie Ausbildungs- oder Arbeitsplatz. Leider läßt sich über den Familienstatus der Befragten nur wenig aussagen. Als Indikator für die familiäre Anbindung bzw. Ablösung vom Elternhaus kann allerdings die *Wohnform* herangezogen werden: 65 % aller Heranwachsenden der Stichprobe wohnen noch bei den Eltern in einem eigenen oder ohne ein eigenes Zimmer (letzteres nur zu 3,4 %). Es kann festgestellt werden, daß mit zunehmendem Alter der Anteil der Jugendlichen, die noch bei den Eltern wohnen, zurückgeht: Von den 22-26jährigen leben noch 22 % bei ihnen, von den 15-17jährigen 97 %. Immerhin noch jeder achte 26jährige hält sich dauerhaft bei Vater und Mutter auf. Zudem ist in ländlichen Gebieten die Verhaftung mit dem Elternhaus größer als in der Stadt. Zwei von fünf der über 22jährigen wohnen hier noch bei den Eltern; in der Stadt ist das gerade mal jeder Siebente dieser Altersklasse. Die gewählte Wohnform korrespondiert mit dem Berufsstatus: Berufstätige leben zu 72 % in einer eigenen Wohnung. Wohngemeinschaften sind besonders bei Studenten beliebt (29 %), die dennoch recht häufig bei den Eltern wohnen (16 %) und noch häufiger bereits eine eigene Wohnung besitzen (37 %). Die Studenten scheinen im Hinblick auf die Wohnform die diversifizierteste Gruppe zu sein. Frauen schließlich vollziehen auch im Sample von *U.Move* den Schritt der Ablösung vom Elternhaus früher als Männer. Über alle Altersgruppen betrachtet wohnen sie zu 59 % bei den Eltern (Männer: 72 %) und zu 29 % in einer eigenen Wohnung (Männer: 19 %). Dieser Unterschied bleibt bei der Betrachtung separater Altersgruppen bestehen, was vermuten läßt, daß Frauen das Elternhaus früher verlassen.

1.2.5 Politik – Partizipation, Interesse und Engagement

Wer das Verhältnis von Jugend und Politik beleuchtet, kommt möglicherweise zu dem Fazit jugendlicher Politikverdrossenheit. Das politische Interesse ist in den letzten Jahren in allen Altersgruppen zurückgegangen (vgl. Schäfers 1994: 151). Gleichzeitig befindet sich das Vertrauen in die politischen Institutionen auf niedrigem Niveau. Diese Ergebnisse dürfen allerdings nicht darüber hinweg täuschen, daß der Demokratiegedanke unter den Jugendlichen weit verbreitet ist: 1995 stimmten 89,7 % aus den alten und 81,2 % aus den neuen Bundesländern der Demokratieidee zu (vgl. Hoffmann-Lange 1995: 163). Die einseitige Betrachtung vernachlässigt, daß es gleichzeitig zu einer Jugendverdrossenheit der Politik gekommen ist. Explizite Jugendpolitik, als Politik für Jugendliche, findet nur mehr ausnahmsweise statt. Die Dialektik beider Prozesse[26] ist prekär. Notwendig scheint eine Konzeption von auf Jugendliche bezogenen „Gelegenheitsstrukturen" und deren Umsetzung. Die kommerziell organisierte Flucht in Adventure und Erlebnis kann die politische Einbindung nicht ersetzen. Wenn traditionelle Muster der gesellschaftlichen Integration nicht mehr die Regel sind, dann müssen neue Integrationspunkte organisiert werden. Jugend will Zukunft: Sie soll eigene Projekte realisieren können.[27] Für eine besondere Umweltsensibilität Jugendlicher spricht, daß das gemessene Umweltbewußtsein immer dann höher ausfällt, wenn im Haushalt Kinder unter 18 leben (Preisendörfer 1999: 147). Während das allgemeine Umweltbewußtsein bei allen Altersgruppen nur geringfügig vom müllbezogenen Umweltbewußtsein abweicht, sind doch klare Differenzen auszumachen, wenn es um verkehrsbezogenes Umweltbewußtsein geht (ebd: 119).

Die Daten in U.Move sprechen für Interesse und bedingte Bereitschaft zu Partizipation und Engagement. Seit zwanzig Jahren ist der Umweltschutz aktuelles politisches Thema. Auf der Agenda nimmt er meist nach Arbeitslosigkeit und Sozialsystemangelegenheiten den dritten Platz ein. Die Jugendlichen der U.Move-Studie wurden danach gefragt, welche Rolle der Umweltschutz in ihrem alltäglichen Verhalten spielt. Dabei sollten fünf Variablen auf einer sechsstufigen Skala beantwortet werden, wobei hohe Werte eine hohe subjektive Wichtigkeit des Umweltschutzes markieren. Der theoretische Mittelwert der Gesamtskala[28] beträgt 3.5, der beobachtete Mittelwert ist 3.4, was als Beleg dafür dienen kann, daß umweltschonendes Verhalten mittlerweile ziemlich normal ist und von den meisten Jugendlichen praktiziert wird. Dieses positive Bild wird etwas getrübt, wenn man sich konkretes Verhalten anschaut, welches über bloßes Müllsortieren hinausgeht: Insgesamt identifizieren sich nur 3,6 % der Befragten mit Umweltschützern; 34 % sympathisieren mit ihnen. Und: Lediglich 2,1 % aller Jugendlichen arbeitet aktiv in Naturschutz- und Umweltgruppen.

---

26 Die Jugendlichen fühlen sich unverstanden und reagieren mit Abstand und Apathie; das politische System deutet dies als Zeichen für Zufriedenheit und unterläßt Anstrengungen, die Heranwachsenden stärker zu integrieren; die Jugendlichen erfahren weiter das Desinteresse der Politik und distanzieren sich wiederum.

27 Dass Jungsein nicht gleichzusetzen ist mit unpolitisch sein, beweist erneut die Shell-Jugendstudie (2000: 261ff): Neuere politische Gruppen wie Umweltschutz- und Menschenrechtsgruppen und Bürgerinitiativen genießen höchstes Vertrauen. Dennoch ist der Schritt zum eigenen Engagement noch weit: Lediglich jeder 30. arbeitet auch aktiv in diesen Organisationen mit.

28 Eine Faktorenanalyse extrahiert einen gemeinsamen Faktor, der 45 % der Gesamtstreuung aufklärt. Alle fünf Items weisen eine Faktorenladung von mindestens .50 auf. Die Reliabilitätsanalyse berechnet einen Cronbach's-alpha-Wert von .67, was bei 5 Items als zufriedenstellend gelten kann.

Aus dem Vergleich dieser Ergebnisse mit dem DJI-Survey von 1995 (es wurden gleiche Fragen wie beim DJI-Survey gestellt), kann auf eine schwache Entpolitisierung im Bereich des Umweltschutzes geschlossen werden: Im U.Move-Sample ordnen sich jeweils etwa 5 % weniger Befragte auf Seiten des aktiv praktizierten Umweltschutzes ein (z.b. Kauf umweltfreundlicher Produkte). Einzig die Mülltrennung wird von ihnen häufiger betrieben. Gleiches drücken die Mittelwerte der Umweltskala aus, die über Fragen zur Umwelt (Mülltrennung, Kauf umweltfreundlicher Produkte usw.) gebildet wurde: Beim DJI-Survey lag der Mittelwert bei 3.7, bei U.Move bei 3.4, d.h. 8 % darunter.

Für einen Rückzug der Jugendlichen aus der Politik sprechen weiterhin andere Indikatoren: Unter 15 zur Auswahl stehenden Freizeitaktivitäten belegt das „gesellschaftliche und politische Engagement" gerade mal den vierzehnten Platz. Seltener werden nur Autos repariert. Auch im Hinblick auf die Gruppenzugehörigkeit scheint explizit unpolitischen Vereinigungen höhere Wertschätzung zuzukommen. Mit der politikfernsten Gruppe, den Tierfreunden, identifiziert sich jeder dritte Befragte. Mitgliedschaften in politischen Parteien oder Gewerkschaften stellen die Ausnahme dar (3,1 bzw. 2,4 %), wobei Männer häufiger als Frauen und Westdeutsche häufiger als Ostdeutsche derartige Vereinigungen frequentieren. Die politische Teilhabe spiegelt vermutlich die Konkurrenz erlebnisbetonter Freizeitangebote. Beruhigend mag da der Befund scheinen, daß mit dem Älterwerden auch die Teilnahme am politischen Leben (langsam) ansteigt: So nimmt für alle angesprochenen politischen Gruppen die Mitgliedschaft und das Ausmaß der politischen bzw. sozialen Freizeitgestaltung mit fortschreitendem Alter zu.[29]

1.2.6 Soziale Differenzierung

Das Leben der Jugendlichen ist – gleich dem der Erwachsenen – gekennzeichnet durch eine Vielzahl horizontaler und vertikaler Differenzierungen. Ressourcen zur Bewältigung der Aufgaben des Jugendalters sind zum einen hinsichtlich des Geschlechts, der Generationszugehörigkeit, der Ethnie oder der Herkunft (z.B. Stadt oder Land) und zum anderen hinsichtlich des Status des Elternhauses (ökonomisches und kulturelles Kapital) ungleich verteilt. Bildungs-, Berufswege und Freizeitaktivitäten sind so z.T. schon allein aufgrund sozialstruktureller Bedingungen vorgezeichnet. Es sind allerdings nicht nur Chancen, sondern auch Risiken, die ungleich verteilt sind. Dies

---

29 22-26jährige sind zwei- bis dreimal so oft Mitglied in Parteien, Gewerkschaften und Umweltschutzverbänden wie die anderen Altersgruppen.

spiegelt sich zum Beispiel im Engagement in devianten Verhaltensweisen (Kriminalität, Extremismus). Gerade der Erziehung im Elternhaus fällt hier eine wichtige Rolle zu.

Im Rahmen von U.Move ließen sich freilich die Hintergründe für die soziale Differenziertheit des Jugendalltags nicht abschließend eruieren. In den folgenden Auswertungen wird vorrangig auf Geschlechts- und Herkunftsunterschiede eingegangen.[30] Die Notwendigkeit differenzierter Analysen sei an dieser Stelle kurz verdeutlicht: Aussagen über Mobilitätsstile lassen sich – da, wie eingangs bereits vermerkt, räumliche Umwelten zu Kommunikation und Aktivitäten auffordern (Schäfers 1994: 102ff) – nur in Abhängigkeit von der Wohnregion treffen. Jugendliche auf dem Land sind früher automobil als in der Stadt. Infrastrukturmängel nötigen Landbewohner unseren Daten nach, den Autoführerschein 2 Monate früher zu erwerben. Damit gehen Opportunitätskosten einher, weshalb Jugendliche auf dem Land früher und mehr Geld für den Führerscheinerwerb und für Fahrzeuge ausgeben. Weiterhin wissen wir, daß Adoleszenten auf dem Land häufiger über Fahrberechtigungen für Mofa, Roller oder Motor-Kick verfügen (Stadt: 16 %, Land: 27 %). Ihr Freizeit- und Geldausgabeverhalten unterscheidet sich dann nicht minder von Stadtbewohnern: Individualverkehrsmittel spielen sowohl in der Freizeit, als auch im Finanzbudget eine größere Rolle als bei Städtern. (Zur systematischen Betrachtung siehe Tully (2000) sowie Kap. 5.2 in diesem Band) In den Gruppendiskussionen wurde unter anderem ein Smart auf einem Bahnreisezug als Bildmaterial vorgelegt, was von den meisten (männlichen) ländlichen Jugendlichen mit den Worten: „Das ist nichts für uns. Das ist was für die Stadt; wir haben Platz", kommentiert wurde. Auf dem Land hat man mehr Raum. An Parkplätze wird erst in zweiter Linie gedacht, und längere Wege werden billigend in Kauf genommen.

Ebenso könnten nun differenzierende Betrachtungen und Daten zu den bei Frauen und Männern erhobenen Urteilen angeführt werden. Frauen gehen anders mit Fahrzeugen, anders mit Technik um; sie schätzen andere Qualitäten an den Fahrzeugen u.a.m. Solche Fragen werden detaillierter in den nachstehenden Kapiteln verfolgt. Über die ersten deskriptiven Auswertungen hinaus sollen in den folgenden Beiträgen typisierende Verfahren und deren Ergebnisse vorgelegt werden. Sie zeigen, wie Urteile zur Umwelt, zur Mobilität und Technik, in einem differenzierten Jugendalltag ihren Platz haben.

---

30 Für weitergehende Ausführungen vgl. z.B. Klocke/ Hurrelmann (2000) sowie Ferchhoff (1997), die Auswirkungen von Armut auf die Lebenssituation von Kindern und Jugendlichen analysieren. Studien zu Auswirkungen von Ungleichheiten auf die Mobilitätspraxis sind hingegen selten.

1.3 Fazit

Aufwachsen in der modernen Mobilitätsgesellschaft bedeutet, in einer Welt, in der Fahrpläne wichtig sind und in der es viel Straßenverkehr gibt, zu leben. Erlebte Abhängigkeit von Fahrplänen macht den zügigen Erwerb von Fahrberechtigungen interessant. Vor allem da Mobilität mit allen Lebensbereichen jugendlichen Alltags verwoben ist. *Das durchschnittliche Alter bei Erwerb des Autoführerscheins liegt anhand der vorliegenden Daten bei 18 Jahren und 9 Monaten.* Damit entspricht unser Sample in etwa dem *bundesdeutschen Mittel*, welches exakt *bei 19 Jahren* liegt. 1981 lag dieses laut der Shell Jugendstudie '81 noch bei 19,3. Der Beitrag zeigte auf Basis der eingangs entwickelten sechs Dimensionen zur Darstellung des lebendigen Jugendalltags, dass der moderne Alltag Heranwachsender zum Beginn des neuen Jahrtausends tatsächlich hochgradig differenziert ist und individualisiert (im Sinne von paralleler Teilhabe) gelebt wird.

Die Jugendlichen von heute sind viel unterwegs: Da sie länger zur Schule gehen, pendeln sie auch mehr als andere Kohorten vor ihnen zwischen Wohnort und Bildungsstätten. Deutlich später pendeln sie zwischen Wohnung und Arbeitsplatz, aber schon häufiger zu einem Nebenjob. Sie fahren häufig weg und machen mehr Kurzreisen und Urlaube; auch fahren sie, wie wir aus den qualitativen Interviews wissen, im Dienste der eigenen Bildungsbiographie gerne weg (Schulaustausch, Auslandstudium, Praktika). Jugendreisen und Schüleraustausch erweisen sich als Erfahrungswelten fernab von traditioneller Lagerfeuerromantik. Wallfahrtsorte moderner Jugendkultur wie London, Amsterdam, Berlin oder Kopenhagen, sind leicht erreichbar. Jugendliche Lebensstile – so wurde gezeigt – sind per se mobilitätsintensiv, egal ob es um Konsum, Partnerschaft, Freizeitgestaltung o.a. geht. Soziale Inkludierung setzt die umfassende Nutzung von Kommunikations- und Mobilitätstechnik voraus. Im Einzelinterview führt der 17jährige Jan aus, ohne Handy könne er eigentlich nicht weggehen, weil er dann ja nicht erreichbar wäre. Moderne Kommunikationstechnik macht – und das zeigt diese Aussage – auch die Teilhabe an verschiedenen sozialen Orten möglich. Dies scheint das Grundmuster des Jugendalltags in der Moderne zu sein.

2 Das Projektdesign von U.Move

Sebastian Rabe, Doris Bäumer, Claus J. Tully & Marcel Hunecke

Für das Jahr 2000 verzeichnet das statistische Jahrbuch für die Bundesrepublik Deutschland rund 11 Millionen Jugendliche und junge Erwachsene im Alter zwischen 15 und 26 Jahren. Im Rahmen von U.Move sind 4.417 Personen aus dieser Altersgruppe befragt worden, was bedeutet, dass jeder 2.500ste bundesdeutsche Adoleszent (das sind 0,04 % aller Jugendlichen und jungen Erwachsenen der Altersgruppe) an der Studie teilgenommen hat – einer Studie, die auf drei Stufen basiert, zwei unterschiedliche Gebietskategorien umfasst und in vier Untersuchungsorten realisiert wurde.

Ihr diagnostischer Schwerpunkt liegt in der Identifizierung unterschiedlicher Mobilitätsstile von Jugendlichen und jungen Erwachsenen, die unter dem Blickwinkel der Multimodalität herausgearbeitet werden sollen (vgl. Hunecke/ Tully/ Klöckner 2001; Bäumer 2000; Tully/ Schulz 1999). In Übereinstimmung mit Chlond/ Lipps (2000: 172) wird Multimodalität dabei „als wechselnde Verkehrsmittelnutzung einer Person über einen bestimmten Zeitraum" verstanden. Eine Person agiert demzufolge multimodal, wenn sie „mit dem Fahrrad zur Arbeit und mit dem Pkw einkaufen fährt". In Einklang damit konstatiert Canzler (2000: 196) multimodale Mobilitätsmuster, sobald Personen je nach Aktivität, Tageszeit, Entfernung, Saison und Verfügbarkeit verschiedene Verkehrsmittel nutzen. Beckmann/ Klewe (1998: 4) sprechen von Multimobilität, sobald sich „Verkehrsteilnehmer weder semantisch noch wirklich auf eine einzige Verkehrsart reduzieren lassen". Inwieweit die Befragten multimodal agieren und ob sie sich unterschiedlichen Mobilitätstypen zuordnen lassen, soll eine empirische Analyse des Mobilitätsverhaltens von Jugendlichen und jungen Erwachsenen, ihrer mobilitätsspezifischen Einstellungen und ihrer allgemeinen Lebensstilorientierungen klären. Unter Rückgriff auf die erzielten Forschungsergebnisse sollen dann intermodale Verkehrsangebote konzipiert werden – also Angebote entwickelt werden, die den Wechsel zwischen Verkehrsmitteln während eines Weges ermöglichen.

2.1 Ein Wegweiser durch das Projekt

U.Move gliedert sich in drei einander ergänzende Teilprojekte (vgl. Abb. 2.1). Zunächst wurde das tatsächliche Mobilitätsverhalten der Jugendlichen, deren Einstellungen und allgemeine Lebensstilorientierungen nachgezeichnet – also die „Nachfrage" nach Mobilität und deren Stellenwert erfasst.

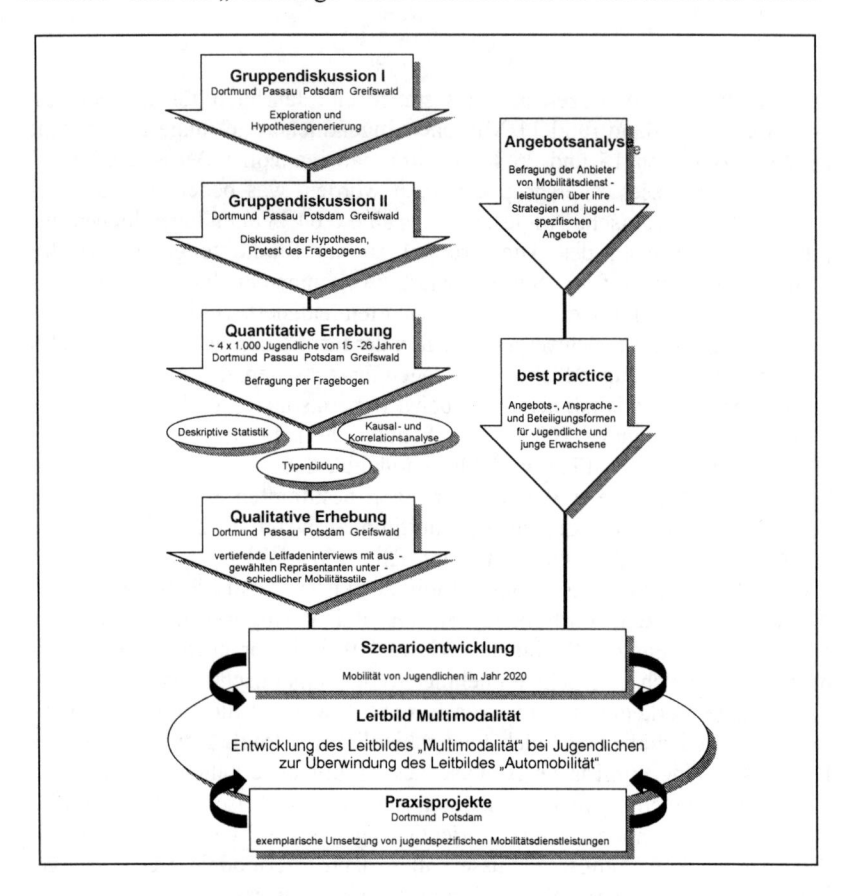

Abbildung 2.1: Das Projektdesign

Parallel dazu recherchierte ein zweiter Projektstrang die Mobilitätsdienstleistungen, die Verkehrsunternehmen Jugendlichen anbieten; eine in diesem Rahmen zusammengestellte best practice-Sammlung beschreibt die Beteiligungsmöglichkeiten Jugendlicher an zielgruppenspezifischen Angeboten und listet gelungene Ansracheformen auf – Kernstück des zweiten Projektbausteins ist also die Analyse der Angebotsseite.

Die (anlaufende) Realisierung von Praxisprojekten, in deren Kontext interessierte Jugendliche und junge Erwachsene zusammen mit Verkehrsunternehmen neue Mobilitätsdienstleistungen konzipieren sowie zwei Szenarien, die die Mobilität Jugendlicher im Jahr 2020 skizzieren, bilden Teil 3 der Studie.

Als Untersuchungsräume sind Dortmund und Potsdam – exemplarisch für zwei Städte, die in hoch verdichteten Räumen verortet sind – sowie Greifswald und Passau – zwei in eher ländlich strukturierten Regionen liegende Kommunen – ausgewählt worden.

Im Detail gestaltete sich das Vorgehen in U.Move wie folgt:

2.1.1 Baustein 1: Erfassung des Mobilitätsverhaltens und seiner Einflussfaktoren

Die Erhebung des Mobilitätsverhaltens und seiner Einflussfaktoren geschah durch eine Verschränkung quantitativer und qualitativer Methoden: Unter Rückgriff auf die Literatur zu Jugendkulturen, zu Lebens- und Mobilitätsstilen, zu Aktionsmustern sowie zur Verkehrsmittelwahl von Jugendlichen und jungen Erwachsenen ist zunächst ein weitmaschiges Raster in Hinblick auf die Frage erarbeitet worden, welche Aspekte von Mobilität für die Zielgruppe von besonderem Interesse sein könnten. In Gruppendiskussionen (Round Table I) mit Vertreterinnen und Vertretern unterschiedlicher Jugendkulturen wurde überprüft, inwieweit die recherchierten Fragestellungen bzw. Sichtweisen überhaupt Relevanz für die Zielgruppe besitzen, in welchen Lebenswelten sich die anwesenden 15- bis 26jährigen in punkto Mobilität bewegen und welche Einschätzungen zum Thema Mobilität vorliegen.

Das so gewonnene authentische Material lieferte zusammen mit den Rechercheergebnissen die Grundlage für die Konstruktion des Fragebogens. Dessen Verständlichkeit kontrollierte ein Pretest, der im Kontext des zweiten Gruppengesprächs, dem Round Table II, realisiert wurde. Der daraufhin noch einmal optimierte Fragebogen war Basis für die quantitative Erhebung, in deren Rahmen jeweils rund 1.000 Jugendliche und junge Erwachsene im Alter von 15 bis 26 Jahren in den vier Untersuchungsgebieten befragt wurden. Deren Antworten gingen in eine explorative quantitative Datenanalyse – eine Clusteranalyse – ein, die die Bildung von Mobilitätstypen zum Ziel hatte.

Eine anschließende qualitative Erhebung diente der Illustration der quantitativ ermittelten Typen. Dazu sind (ideal-)typische Vertreterinnen und Vertreter einzelner Mobilitätsstile mit Hilfe von leitfadengestützten Interviews in Bezug auf ihre Lebenssituation, ihre (Mobilitäts-)Orientierungen und Einstellungen befragt worden.

2.1.2 Baustein 2: Analyse der Angebotslandschaft

Will man Jugendliche und junge Erwachsene langfristig für Mobilitätskonzepte jenseits des ausschließlichen Gebrauchs eines Pkw begeistern, so gilt es neben der Erhebung ihrer mobilitätsbezogenen Bedürfnisse, ihrer Einstellungen und ihres Verhaltens auch zu erfahren, wie sich die Anbieter von Mobilitätsdienstleistungen in Bezug auf diese Zielgruppe verhalten. Um zu eruieren, in welchem Ausmaß junge Leute als gegenwärtige und zukünftige Kunden wahrgenommen werden, sind im Rahmen von U.Move 55 bundesdeutsche Verkehrsverbünde und -gemeinschaften sowie 66 Carsharing-Organisationen nach ihren jugendspezifischen Angeboten und ihrer (ggf. zielgruppenfokussierten) Vermarktung befragt worden (vgl. Bäumer/ Löchl/ Rabe 2000). Da einige Verbundgründungen zum Zeitpunkt der Erhebungen gerade erst abgeschlossen waren und zielgruppenspezifische Produktentwicklungen bzw. Marketingkonzepte daher nicht überall zu erwarten waren, ist das Meinungsbild um eine best practice-Sammlung ergänzt worden. Sie resultiert aus einer breit gestreuten Recherche bei den Verkehrsunternehmen – ist also kleinteiliger als die Befragung der Verkehrsverbünde – und illustriert gelungene Angebots-, Ansprache- und Beteiligungsformen für Jugendliche, die auf der Ebene der Verkehrsbetriebe angestoßen wurden.

2.1.3 Baustein 3: Praxisprojekte und Szenarien

Die genannte Zusammenstellung lieferte Anschauungsmaterial und Hilfestellung für Praxisprojekte, die exemplarisch vor Ort mit Jugendlichen für Jugendliche initiiert wurden. Sie war darüber hinaus Basis für die (in dieser Publikation nicht enthaltene) Szenariokonstruktion. Unter Rückgriff auf ihre Information sind zwei Szenarien skizziert worden, die anhand ausgewählter Mobilitätstypen das Mobilitätsverhalten Jugendlicher und junger Erwachsener im Jahr 2020 beschreiben: Ein Trend-Szenario veranschaulicht, wie sich deren Mobilität unter der Fortschreibung der bisherigen Rahmenbedingungen entwickelt; das Optimal-Szenario illustriert, wie sich deren Verkehrsmittelwahl bei der Etablierung von verkehrsmittelübergreifenden Angeboten – Stichwort Multimodalität – gestaltet.

2.2 Instrumente, Stichprobengrößen und Erhebungszeitpunkte

Um die Aussagekraft der Gesamtuntersuchung zu erhöhen, basiert die Datenerhebung in U.Move auf unterschiedlichen Methoden, die ihrerseits variierende Stichprobengrößen bedingen. Auf welchen Fallzahlen und Erhebungsinstrumenten die einzelnen Stufen der Studie ruhen, ist nachfolgend kurz umrissen; damit die Erhebungen in ihren zeitlichen Kontext eingeordnet werden können, sind auch die Erhebungszeitpunkte angegeben.

Um mehr über den jugendkulturellen Alltag und jugendliches Mobilitätsverhalten zu erfahren, sind im November 1998 insgesamt 34 Jugendliche und junge Erwachsene (im Alter von 16 bis 29 Jahren) zu einem ersten Gespräch eingeladen worden. Nach einer Exploration des Sujets Mobilität wurden im weiteren Verlauf des in allen vier Untersuchungsorten stattfindenden Round Table I

- die Mobilitätsmotive Jugendlicher und ihre Verkehrsmittelwahl im Kontext spezifischer Mobilitätserfordernisse und -gegebenheiten ergründet,
- deren Vorstellungen zur idealen Mobilität und zu idealen Verkehrsmitteln erhoben,
- die Wahrnehmung verschiedener Verkehrsmittel und -kombinationen ermittelt und
- ein vorgestelltes (fiktives) integriertes Mobilitätskonzept in Bezug auf seine Akzeptanz mit den Teilnehmerinnen und Teilnehmern diskutiert (vgl. Trapp/ Schulz/ Tully/ Bäumer 2000: 40).

Als Methode wurden narrative Interviews gewählt, deren Verwendung insbesondere in den Situationen angezeigt ist, in denen eine erste Orientierung im Themenfeld erreicht werden soll (vgl. Bortz/ Döring 1995: 218; Lamnek 1995a: 102). Als erzählungsgenerierender Stimulus diente die Werbung zur Teilnahme; die Erzählaufforderung wurde ferner dadurch indiziert, dass die Teilnehmerinnen und Teilnehmer zu Beginn des Meetings über ihre Wege- bzw. Aktivitätsmuster berichten sollten. Die von den Beteiligten aufgezeigten

Bilder und Zusammenhänge im Themenfeld Mobilität bildeten die Grundlage für den Fragebogen der quantitativen Erhebung.

Da Gruppendiskussionen als Vorbereitungsverfahren für standardisierte Erhebungsinstrumente geeignet sind (Lamnek 1995b: 132), ist die Vorversion des Fragebogens im Mai 1999 in einer zweiten Gruppendiskussion, dem Round Table II, getestet worden. Die Teilnehmer wurden gebeten, den Fragebogen auszufüllen und – so die programmatische Vorgabe – Unverständliches, Missverständliches, Überflüssiges und Fehlendes zu benennen. Um den Gesprächsverlauf möglichst frei zu gestalten und Hinweise auf die Bedeutungsstrukturierungen durch die Befragten zu erhalten, war ein unstrukturiertes Interview die Methode der Wahl. Teilnehmer der Runde waren sowohl die Mitglieder des Round Table I als auch 15- bis 17jährige Jugendliche, um die Verständlichkeit des Instruments auch für die unteren Altersgruppen zu testen.

Der überarbeitete Fragebogen bildete die Grundlage der quantitativen Erhebung. In ihm wurden zunächst die mobilitätsbezogenen Einstellungen erhoben; die darunter subsumierten Items erfassten die symbolischen Dimensionen von Mobilität, die Bedeutung ökologiebezogener Normen für die Wahl des Verkehrsmittels sowie jugendkulturelle „alltagsästhetische Schemata", die als Zugehörigkeit zu Jugendkulturen, Grad der Technikorientierung und Zufriedenheit mit der Freizeitgestaltung operationalisiert waren. Das mobilitätsbezogene Verhalten bildete den diagnostischen Schwerpunkt des zweiten Teils, in dem das de-facto-Verkehrsverhalten an einem bestimmten Stichtag – d. h. die Anzahl der Wege, deren (Wege)Zwecke und die dabei realisierte Verkehrsmittelwahl – erfasst wurde. Gegenübergestellt wurde die Stichtagserhebung einer retrospektiven Betrachtung des Mobilitätsverhaltens, bei der die Verkehrsmittelwahl auf Pflicht- und Freizeitwegen eingeschätzt werden sollte. Der dritte Teilabschnitt des Fragebogens zielte auf die Erfassung der allgemeinen Mobilitätsangebote: Die Jugendlichen und jungen Erwachsenen sollten die Erreichbarkeit von öffentlichen Verkehrsmitteln beurteilen und zugleich angeben, wie sie sich über diese informieren. Zusätzlich wurde die Bereitschaft abgefragt, neue Informationstechniken zu nutzen sowie innovative Mobilitätsangebote auf ihren Bekanntheits- und Nutzungsgrad geprüft. Neben der Erfassung soziodemographischer Daten fokussierte der letzte Abschnitt des Instruments, der als regionenspezifischer Teil ausgestaltet war, auf die Mobilitätsangebote vor Ort.

Der Fragebogen ist im Herbst 1999 an Schulen verteilt worden; parallel dazu sind bei den Einwohnermeldeämtern Stichprobenziehungen durchgeführt worden, um die 23- bis 26jährigen gezielt erfassen zu können.[1] Insgesamt konnten 4.417 Personen befragt werden. Im Hinblick auf soziographische Merkmale zeigt sich folgendes – nicht immer ausgewogenes – Bild:[2] Das Sample bildet eine Gleichverteilung hinsichtlich des Geschlechts, der Herkunftsregion (Stadt/ Land) und des Herkunftsgebietes (Ost/ West) ab, d.h. es wurden ebenso viele Männer (49 %) wie Frauen (51 %), Stadt- wie Landbewohner (48 % zu 52 %) und Ost- wie Westdeutsche (51 % zu 49 %) bei der Befragung erfasst.[3] Im Hinblick auf den Beschäftigungsstatus liegt der Erhebung folgende Verteilung zugrunde: Schülerinnen und Schüler stellen 43 % aller Befragten, Auszubildende 23 % und Studierende 16 %. Als berufstätig sind 13 % erfasst; deutlich geringer ist der Anteil der Wehr- bzw. Zivildienstleistenden sowie der Arbeitslosen.

Tabelle 2.1: Beschäftigungsstatus der Befragten der U.Move-Studie

Beschäftigung	**Häufigkeit**	**Prozent**
Schulausbildung	1.901	43,4
Berufsausbildung	1.005	23,0
Studium	706	16,1
Berufstätigkeit	593	13,5
Sonstiges	105	2,4
Arbeitslosigkeit	54	1,2
Wehrdienst	8	0,2
Zivildienst	5	0,1
Total	4.377	100,0

Quelle: Daten U.Move 2001, DJI München

Das Bildungsniveau des Samples entspricht in der Verteilung der Bildungsabschlüsse gesamtdeutschen Verhältnissen: Im U.Move-Sample sind 15 % Hauptschüler und mit jeweils ähnlich großen Anteilen Realschüler bzw. Abi-

---

1 Die Konzentration auf die Altersgruppe der 15- bis 26jährigen birgt forschungstechnische Rahmungen. 15- bis 19jährige sind vorrangig Schülerinnen und Schüler, sie sind also über Schulen erreichbar. Die älteren Jahrgänge sind über verschiedenste Institutionen (Ausbildungsbetriebe, Berufsoberschulen, Universitäten) verteilt.
2 Die letztendlich realisierte Stichprobe ist nicht repräsentativ. Die Abweichungen insbesondere bezüglich der Herkunft sind jedoch designtechnisch geplant, d. h. in dieser Hinsicht war von Beginn an keine Repräsentativität gewünscht. Dass diese z. T. dennoch erreicht wird, sollte ein Argument für die nachfolgenden Auswertungen sein, die sämtlich ohne Rückgriff auf die Option der Gewichtung der Daten erzeugt wurden. Zum Problem der Gewichtung vgl. de Rijke 1995: 409ff.
3 Die Überrepräsentation ostdeutscher bzw. auf dem Land lebender Jugendlicher ist kein zufälliger Effekt, sondern Resultat bewusster Stichprobenplanung. Insgesamt kommen nur 21 % der Jugendlichen zwischen 15 und 26 Jahren aus Ostdeutschland bzw. 43 % aus ländlich strukturierten Regionen.

turienten[4] (39 % und 47 %) vertreten. Demgegenüber zeigen sich in der Altersstruktur Abweichungen: Etwa jeder dritte in U.Move Befragte ist zwischen 15 und 17 Jahren alt; dem statistischen Durchschnitt folgend sollte ein Viertel dieser Altersklasse angehören.

Die aus der quantitativen Analyse abgeleiteten Bedeutungszusammenhänge sind in einer qualitativen Erhebung konkretisiert worden. Im Herbst 2000 wurden dazu 76 Personen befragt, deren Einstellungen und Verhalten jeweils idealtypisch für einen bestimmten Mobilitätstyp stehen. Hauptfragen waren der jeweilige Mobilitätsstil der bzw. des Befragten, dessen Bedeutung im Hinblick auf dessen Erlebnisdimension und dessen Stellenwert im Kontext der Themenbereiche Umwelt, Technik und Neue Medien. Nachgefragt wurde in diesem Zusammenhang auch, welche Bedeutung der Kombination von Verkehrsmitteln eingeräumt wird. Insgesamt stand dabei nicht die Validierung der quantitativen Analyse im Vordergrund; Ziel war vielmehr, die einzelnen Mobilitätstypen zu visualisieren.

---

4   Angaben zu Abitur, Fachhochschulreife und Fachabitur zusammengefasst.

3 Umweltbewusstsein, symbolische Bewertung der Mobilität und Mobilitätsverhalten

Marcel Hunecke

Die Mobilität umfasst mehr als nur die Möglichkeit, sich von Punkt A nach Punkt B im physikalischen Raum fortzubewegen. Mobilität beschreibt in einem erweiterten Sinne ebenso die Möglichkeit zur Teilnahme an gesellschaftlichen Aktivitäten und verweist auf die Fortbewegung im sozialen Raum (Jahn/ Wehling 1999: 130f). Der Wunsch zur Teilnahme an gesellschaftlichen Aktivitäten erfordert es dabei in der Regel, sich im physikalischen Raum zu bewegen. Wie wichtig hierbei jedoch die jeweiligen gesellschaftlichen Aktivitäten (z.B. der Schulbesuch oder ein Treffen mit Freunden) beurteilt werden, hängt im Wesentlichen von den Anforderungen der individuellen Lebenssituation und von individuellen Präferenzen ab. Diese individuellen Bewertungen beeinflussen wiederum die subjektive Wahrnehmung von Angebotsstrukturen, die für die unterschiedlichen Verkehrsträger objektiv beschreibbar sind. Nicht selten sind hier große Diskrepanzen und Informationslücken zwischen subjektiver Wahrnehmung und objektiven Angebot zu beobachten. Diese Differenzen sind auf innerpsychische Prozesse der Informationsverarbeitung und -bewertung zurückzuführen, in denen Werte und Einstellungen die mobilitätsbezogenen Informationen als vorgeschaltete Filter kanalisieren und darüber entscheiden, welche Informationen mit in die betreffenden Entscheidungsprozesse einbezogen werden. Daher ist es an dieser Stelle nicht übertrieben zu behaupten, dass Mobilität zwar nicht im Kopf stattfindet, aber in jedem Fall von dort aus ihren Ausgang nimmt.

Im folgenden Kapitel werden zwei Bereiche von individuellen Bewertungsprozessen ausführlich dargestellt, von denen ein Einfluss auf das Mobilitätsverhalten von Jugendlichen zu erwarten ist. Hierbei handelt es sich zum einen um die Bewertung der ökologischen Konsequenzen des Mobilitätsverhaltens. Dieser Aspekt wird im Umweltdiskurs gewöhnlich unter dem Oberbegriff des Umweltbewusstseins behandelt. Zum anderen werden in U.Move die symbolischen Bewertungen unterschiedlicher Verkehrsträger thematisiert, die sich entlang der sozial-kulturell geprägten Dimensionen Autonomie, Erlebnis, Status und Privatheit ausbilden (Hunecke 2000: 125ff).

3.1 Umweltbewusstsein

Die unterschiedlichen Formen von umweltbezogenen Einstellungen und deren Verhaltenswirksamkeit sind in einer Vielzahl von Studien zum Umweltbewusstsein empirisch untersucht worden (De Haan/ Kuckartz 1996; Homburg/ Matthies 1998). Das Umweltbewusstsein wird hier als ein mehrdimensionales Konstrukt aufgefasst, das sich durch unterschiedliche Einstellungsdimensionen auszeichnet. Als wichtigste Dimensionen lassen sich hier Umweltwissen, Umwelterleben und Umweltbetroffenheit, umweltbezogene Wertorientierungen und umweltrelevante Verhaltensintentionen anführen (Spada 1990). Eine wesentliche Erkenntnis der Umweltbewusstseinsforschung besteht darin, dass der Zusammenhang zwischen umweltbewussten Einstellungen und dem Umweltverhalten nicht besonders hoch ist. Ungefähr 10-15 % des Umweltverhaltens kann durch Einstellungen zum allgemeinen Umweltbewusstsein erklärt werden (Hines/ Hungerford/ Tomera 1986; Diekmann/ Preisendörfer 1992; Six 1992). Diese Diskrepanz zwischen Einstellungen und Verhalten ist auf Einflussfaktoren zurückzuführen, die außerhalb der individuellen Bewertung des Umweltproblems liegen, wie beispielsweise mangelnde Möglichkeiten, das umweltschonende Verhalten zu realisieren, oder sozialer Druck, sich konform verhalten zu müssen.

In der umweltpsychologischen Forschung werden mittlerweile zwei Strategien gewählt, um eine bessere Prognose des Umweltverhaltens zu erreichen: Die ein Strategie erfasst umweltbewusste Einstellungen spezifisch für den Verhaltensbereich, in dem auch das jeweilige Umweltverhalten erklärt werden soll (z.B. ein mobilitätsspezifisches Umweltbewusstsein zur Erklärung der Verkehrsmittelwahl). Hierdurch wird vermieden, spezifisches Umweltverhalten (z.B. die Energienutzung) durch ein bereichübergreifendes, allgemeines Umweltbewusstsein zu erklären. Das allgemeine Umweltbewusstsein hat sich als ein schlechter Indikator für spezifische Formen umweltrelevanten Verhaltens erwiesen, da sich zwischen den unterschiedlichen Bereichen des Umweltverhaltens häufig große Unterschiede zeigen (z.B. eine hohe Mülltrennung bei gleichzeitig hohem Energieverbrauch). Die zweite Strategie greift zur besseren Erklärung des Umweltverhaltens auf sozialpsychologisch etablierte Handlungsmodelle zurück. Diese Handlungsmodelle beschreiben innerpsychische Prozesse der Informationsverarbeitung und -bewertung, deren Einfluss in vielen Bereichen des menschlichen Handelns empirisch nachgewiesen werden konnte. Durch eine Übertragung dieser allgemeinen Handlungsmodelle auf das Umweltverhalten ist sichergestellt, dass die wesentlichen Einflussfaktoren im Modell zur Erklärung des

Umweltverhaltens enthalten sind. In U.Move sind bei der Überprüfung des Zusammenhangs zwischen umweltbezogenen Einstellungen und dem Mobilitätsverhalten beide der hier vorgestellten Strategien angewendet worden.

Der Zusammenhang zwischen umweltbewussten Einstellungen und dem Umweltverhalten von Jugendlichen ist bereits mehrfach untersucht worden. Bei einer Betrachtung der Ausprägung des Umweltbewusstseins über die gesamte Lebensspanne zeigte sich bis vor einigen Jahren ein inverser Zusammenhang zwischen Lebensalter und Umweltbewusstsein: Jüngere Menschen erweisen sich bei standardisierten Befragungen damit tendenziell umweltbewusster als ältere Menschen (Kals 1996: 26). Durch die Verwendung von bereits erprobten Messinstrumenten zum Umweltbewusstsein lassen sich aus den Ergebnissen von U.Move ebenfalls vergleichende Aussagen über das Umweltbewusstsein von Jugendlichen und älteren Bevölkerungsgruppen ableiten (vgl. S. 55 in diesem Band). Insgesamt ist wohl kaum eine Gruppe unserer Gesellschaft derart häufig über ihr Umweltwissen, ihre umweltbezogenen Einstellungen und ihre Umweltängste befragt worden, wie Kinder und Jugendliche – meist in der Rolle als Schüler (z.B. Gebauer 1994; Langeheine/ Lehmann 1986; Szagun/ Mesenholl/ Jelen 1994). Ebenso lassen sich einige Rückschlüsse über die Wichtigkeit des Themas Umweltzerstörung und Umweltschutz bei Jugendlichen in Deutschland ableiten. Im Rahmen der bekanntesten Studienreihe zur Jugend – der Shell-Jugendstudie – ist das Umweltthema in den Jahren 1992 und 1997 am Rande berücksichtigt worden (Jugendwerk der Deutschen Shell 1992/ 1997).[1] Die Studie von 1997 macht im Bereich der geschlossenen Fragen deutlich, dass das Thema Umweltverschmutzung am Zweithäufigsten als großes oder sehr großes Problem (nach der „steigenden Arbeitslosenzahl") angesehen wird.[2] Damit haben die großen gesellschaftlichen Krisen das Jugendalter erreicht (Jugendwerk der Deutschen Shell 1992: 279). Zwei zentrale Ergebnisse lassen sich sowohl aus der Umweltbewusstseinsforschung bei Schülern als auch aus den Jugendstudien ableiten: Einerseits unterscheiden sich Schüler und Jugendliche bezüglich der Inhalte ihrer Umwelteinstellungen nicht grundlegend von älteren Erwachsenen. In Bezug auf die umweltbezogene Betroffenheit und Angst zeigt sich andererseits aber ein wesentlicher Unterschied: Junge Menschen fühlen sich hierbei stärker durch die Umweltprobleme bedroht (De Haan/ Kuckartz 1996: 167). Dies ist

---

1 Die im Jahr 2000 veröffentlichte Shell-Jugendstudie widmet sich nicht mehr dem Umweltthema.
2 Bei Fragen mit offenem Antwortformat zeigt sich jedoch, dass bei einer spontanen Äußerung die Umweltprobleme im Vergleich zu anderen gesellschaftlichen Problemstellungen nur den Rangplatz 11 einnehmen (Jugendwerk der Deutschen Shell 1997: 279). Hier wird Problemen, die sich auf den Arbeitsplatz und auf persönliche Bereiche beziehen, eine wesentlich höhere Bedeutung zugemessen.

vermutlich darauf zurückzuführen, dass Kinder und Jugendliche noch keine Strategien zur Rationalisierung der Umweltprobleme entwickelt haben, die Umweltängste reduzieren können.

Das Verkehrs- und Mobilitätsverhalten ist bei den Analysen zum Umweltbewusstsein von Jugendlichen bisher nur selten ausführlich untersucht worden. Eine Ausnahme stellt die qualitative Befragung von Auszubildenden zum Umweltthema dar (Lappe/ Tully/ Wahler 2000). Auch hier findet sich bei der Mehrzahl der Jugendlichen ein Bewusstsein von den Umweltproblemen im Zusammenhang mit der Mobilität. Dieses Problembewusstsein bezüglich der ökologischen Konsequenzen des stetig anwachsenden Individualverkehrs führt aber keineswegs dazu, das Automobil als dominantes Verkehrsmittel in Frage zu stellen. Restriktionen gegenüber dem Autoverkehr (vor allem Benzinpreiserhöhungen) werden als Einschränkung der eigenen Autonomie eindeutig abgelehnt. Die Lösungen für die verkehrsbedingten Umweltprobleme werden vielmehr auf einer technischen Ebene erwartet. Verhaltensänderungen oder andere soziale Organisationsformen der Mobilität (z.B. Carsharing) werden kaum genannt (Lappe/ Tully/ Wahler 2000: 206). Insgesamt verweisen die Ergebnisse dieser Studie auf die vielfältigen Inkonsistenzen zwischen umweltbewussten Ansprüchen und der Mobilitätspraxis im Alltag von Jugendlichen. Hierbei wird deutlich, dass das Mobilitätsverhalten von Jugendlichen weniger durch umweltbewusste Einstellungen beeinflusst wird, als durch die symbolischen Bedeutungen, die den unterschiedlichen Verkehrsträgern von den Jugendlichen zugeschrieben werden.

3.2 Symbolische Dimensionen der Mobilität

Die symbolische Funktion der Mobilität ergibt sich aus der sozialen Bedeutung, die der Fortbewegung im physikalischen Raum zugeschrieben wird. Die Art und Weise, wie Personen ihre Mobilität planen und gestalten, unterliegt einer ständigen sozialen Interpretation. So wird den Besitzern spezifischer Autotypen ein hoher sozialer Status zugeschrieben und fernreisende Personen hoffen auf die besonderen Erlebniswerte, die ihnen in Aussicht gestellt werden (Tully/ Wahler 1996b: 33f). Was hierbei als Erlebnis aufgefasst wird, ist stark durch die kulturelle Bewertung der jeweiligen Reiseaktivitäten und -ziele beeinflusst (was z.B. bei einem all-inclusive-Strandurlaub erheblich variieren kann). Somit wird die Fortbewegung im physikalischen Raum nicht nur von funktionalen Erfordernissen bestimmt (wie z.B. einer Minimierung des Geld- und Zeitaufwandes), sondern ebenso von kulturell-symbolischen Ausdrucksformen, die sich als mobilitätsspezifische Lebensstil-Merkmale auffassen lassen. Auf die Bedeutsamkeit dieser symbolischen Dimensionen für das Mobilitätsverhalten ist schon sehr häufig hingewiesen worden (Kaiser/ Schreiber/ Fuhrer 1994; Klühspies 1999). Gerade in qualitativ orientierten Interviewstudien konnte der symbolische Gehalt der Mobilität bzw. die symbolische Bedeutung einzelner Verkehrsträger deutlich herausarbeitet werden (Götz 1995: 26). Eine Quantifizierung dieses Einflusses im Vergleich zu anderen Einflussfaktoren war bisher allerdings nicht befriedigend möglich, weil sich die symbolischen Dimensionen nur schwer auf standardisierte Weise erfassen lassen. Einen ersten Versuch in diese Richtung stellt hier eine Studie zur Verkehrsmittelwahl dar, in der die Befragten den symbolischen Gehalt der beiden Verkehrsträger PKW und ÖPNV bezüglich der vier Dimensionen Autonomie, Erlebnis, Status und Privatheit beurteilt haben (Hunecke 2000: 240ff). In der durchgeführten multivariaten Datenanalyse zeigte sich, dass neben handlungstheoretischen Konstrukten und situativen Einflussfaktoren auch symbolische Dimensionen („Autonomie Pkw" und „Erlebnis ÖV") einen eigenständigen Beitrag zur Erklärung der ÖV-Nutzung leisten konnten.

Die Vermittlung der symbolischen Bedeutungen von Mobilität beginnt schon bei Kindern im Rahmen ihrer Verkehrssozialisation. Hier werden die Grundlagen für verkehrsmittelbezogene Einstellungen geschaffen, die nicht selten das gesamte Erwachsenenalter hindurch beibehalten werden. Bei Befragungen von über 1.100 Schülerinnen und Schülern im Alter zwischen 10 und 16 Jahren aus verschiedenen Städten in Deutschland konnten Flade und Limbourg (1997) nachweisen, dass die Verkehrsträger Pkw, Fahrrad, ÖV und das Zufußgehen bewertet werden. Hierbei zeigte sich, dass Kinder und Jugendliche meistens eine sehr positive Einstellung zum Fahrrad und Fahrrad fahren haben, die deutlich positiver ist, als zum Zufußgehen und zur Nutzung des ÖVs. Der Pkw wird in diesem Alter noch vergleichsweise wenig positiv und eher ambivalent bewertet. Mit zunehmendem Alter wird die Einstellung zum Pkw jedoch immer positiver und das Zufußgehen verliert zunehmend an Attraktivität (Limbourg/ Flade/ Schönharting 2000: 122). Die Bewertung der einzelnen Verkehrsmittel erfolgt hierbei sicherlich zum einen auf der Grundlage von konkreten Erfahrungen aus dem Alltag der Jugendlichen. Zum anderen werden mobilitätsbezogene Bewertungen und (Leit-) Bilder aber auch über nahestehende Personen und über Medien an Jugendliche vermittelt. So lässt sich in vielen Bereichen des Jugendalltages, wie beispielsweise in Musikvideos (Hunecke/ Greger 2001) und in Kinofilmen (Tully/ Schulz 1999: 29f), eine mehr oder minder direkte positive Vermittlung von Automobilität beobachten. Zusätzlich zu diesem alltagskulturellen Einfluss prägt der milliardenschwere Werbeaufwand der Automobilindustrie das positive Bild des Automobils als Erlebnis- und Statusobjekt, als privaten Schutzraum und als notwendiges Instrument zur individuellen Selbstverwirklichung (Vailiant 1995). So ist es nicht weiter verwunderlich, dass sich die Jugendlichen mit Erreichen ihres 18. Geburtstages auch möglichst schnell einen eigenen Pkw zulegen wollen (Tully 1998). In U.Move werden die symbolischen Dimensionen der Mobilität auf standardisierte Weise in Bezug auf unterschiedliche Verkehrsträger erfasst. Hierdurch wird die Möglichkeit geschaffen, den Einfluss der symbolischen Dimensionen auf das Mobilitätsverhalten von Jugendlichen im Verhältnis zu anderen Einflussfaktoren zu quantifizieren.

3.3 Die Messung der ökologiebezogenen Einstellungen und der symbolischen Dimensionen der Mobilität

Die ökologiebezogenen Einstellungen sind in Anlehnung an zwei sozialpsychologisch bewährte Handlungstheorien operationalisiert worden. Hierbei handelt es sich zum einen um die „Theorie des geplanten Verhaltens" von Ajzen (1991), in der die wichtigsten innerpsychischen Einflussfaktoren bei bewussten Entscheidungsprozessen zusammengefasst sind. Zum anderen wird auf die Norm-Aktivations-Theorie von Schwartz (1977) Bezug genommen, in der Entscheidungsprozesse beschrieben werden, die eine moralische Dimension ausweisen. Hierbei wird davon ausgegangen, dass für die meisten Menschen das eigene Verhalten im Kontext der ökologischen Problematik eine moralische Dimension besitzt. Beide Theorien überschneiden sich in vielen Punkten, was die zentralen handlungstheoretischen Konstrukte anbelangt (Hunecke 2000: 67ff). Insgesamt ergänzt die Norm-Aktivations-Theorie die Theorie des geplanten Verhaltens (TPB) hauptsächlich um Aspekte, die beim verantwortlichen Handeln zu beobachten sind. Beide Theorien haben sich in den unterschiedlichsten Verhaltensbereichen bereits empirisch bewährt. Die TPB ist in der Sozialpsychologie sehr vielfältig eingesetzt worden (z.B. für politische Wahlentscheidungen oder den Kauf von Produkten). Mittlerweile liegen unterschiedliche Anwendungen der TPB im Umweltbereich vor (z.B. zur Verkehrsmittelwahl von Bamberg/ Schmidt 1993). Die Norm-Aktivations-Theorie ist ursprünglich von Schwartz zur Erklärung altruistischen Verhaltens formuliert worden. Mittlerweile liegen aber auch hier mehrere Adaptationen für den Bereich des Umweltverhaltens vor (Fuhrer/ Wölfing 1997; Stern 2000). Als Grundlage für die konkrete Operationalisierung der handlungstheoretischen Konstrukte dient ein modifiziertes Norm-Aktivations-Modell, in dem die wichtigsten Konstrukte aus den beiden Handlungstheorien zusammengefasst sind und das sich bereits in einer Studie zur Prognose der Verkehrsmittelwahl empirisch bewährt hat (Hunecke/ Blöbaum/ Matthies/ Höger 2001). Die folgende Tabelle nennt die handlungstheoretischen Konstrukte, ihre psychologische Bedeutung und jeweils ein Itembeispiel aus der standardisierten Befragung.

Tabelle 3.1: Handlungstheoretische Konstrukte

Konstrukt	Inhalt	Itembeispiel
Personale ökologische Norm	Persönliche Verpflichtung, sich umweltschonend zu verhalten	Ich fühle mich bei der alltäglichen Wahl meines Verkehrsmittels für den Erhalt der Umwelt verantwortlich.
Soziale ökologische Norm	Erwartungshaltung anderer relevanter Personen, sich umweltschonend zu verhalten	Meine Freunde meinen, ich sollte anstatt des Autos die öffentlichen Verkehrsmittel nutzen.
Bewusstheit von Handlungskonsequenzen	Wissen über die ökologischen Konsequenzen des eigenen Verhaltens	Ich glaube, dass ich durch die Nutzung öffentlicher Verkehrsmittel einen Beitrag zum Umweltschutz leisten kann.
Wahrgenommene Verhaltenskontrolle	Bewertung des eigenen Handlungsspielraumes, sich umweltschonend verhalten zu können	Umweltschonende Verkehrsmittel zu nutzen, fällt mir leicht.
Ökologische Problemwahrnehmung	Wahrnehmung der Dringlichkeit des Umweltproblems	Der Anteil des Autoverkehrs an der Umweltzerstörung wird von den Medien hochgespielt.
Ökologische Schuldgefühle	Schuldgefühle, sich umweltbelastend zu verhalten	Ich habe ein Schuldgefühl gegenüber der Umwelt, wenn ich mit dem Auto fahre.
Intention für umweltschonendes Verhalten	Verhaltensabsicht, umweltfreundliche Verkehrsmittel zu nutzen	Ich beabsichtige, für meine Wege umweltfreundliche Verkehrsmittel (Bus, Bahn, Fahrrad, zu Fuß) zu nutzen.

Die symbolischen Dimensionen der Mobilität sind ebenfalls über standardisierte Items erhoben worden. Vier grundlegende symbolische Dimensionen sind hierbei differenziert worden: Autonomie, Erlebnis, Status und Privatheit (Hunecke 2000: 125ff). Diese vier Dimensionen stellen das Resultat einer Analyse dar, in der die Einflussfaktoren des Mobilitätsverhaltens, die sich nicht direkt aus funktionalen Merkmalen (wie z.B. Preis, Zeit, Komfort und Sicherheit) der Verkehrssituation ableiten lassen, auf möglichst wenig grundlegende Dimensionen reduziert worden sind. Die Autonomie beschreibt hierbei das Gefühl, sich frei über das Wann und Wo einer Ortsveränderung entscheiden zu können. Die Erlebnisdimension kennzeichnet den Erlebniswert des Unterwegsseins. Der Status markiert das Ansehen, das bei anderen Personen durch die eigene Mobilität erreicht wird. Die Privatheit charakterisiert schließlich die Möglichkeit, die eigene Privatsphäre und damit die Anwesenheit anderer Personen selbstbestimmt regulieren zu können.

In U.Move sind diese vier symbolischen Dimensionen jeweils auf die vier Verkehrsträger Pkw, ÖV, Fahrrad und Zufußgehen angewendet worden. So lautet beispielsweise ein Item zur Erfassung der Autonomie Pkw („Auto fahren bedeutet für mich Freiheit"), zum Erlebnis ÖV („Ich schätze die öffentlichen Verkehrsmittel, weil dort meistens etwas Interessantes zu beobachten ist"), zum Status Fahrrad („Ich finde, wer viele seiner Wege freiwillig mit dem Fahrrad zurücklegt, genießt ein hohes Ansehen bei anderen Personen") und zur Privatheit Zufußgehen („Beim Zufußgehen kann ich unangenehmen Personen aus dem Weg gehen").

3.4 Deskriptive Ergebnisse zu den ökologiebezogenen Einstellungen und den symbolischen Dimensionen der Mobilität

Handlungstheoretische Modelle liefern die theoretische Grundlage für eine einheitliche Operationalisierung umweltbewusster Einstellungen. Diese theoretische Fundierung der Umweltbewusstseinsforschung ermöglicht die Vergleichbarkeit der Ergebnisse aus Studien zum Umweltverhalten. Daher lassen sich die Ergebnisse aus U.Move mit den Ergebnissen aus anderen Studien abgleichen, in denen die Zusammenhänge zwischen Umweltbewusstsein und Mobilitätsverhalten auf der gleichen theoretischen Grundlage untersucht worden sind. In Abb. 3.1 sind die in U.Move berechneten Mittelwerte für die ökologiebezogenen handlungstheoretischen Konstrukte und die ermittelten symbolischen Dimensionen[3] im Vergleich zu den

---

3   Für die handlungstheoretischen Konstrukte und für die verkehrsmittelbezogenen symbolischen Dimensionen sind jeweils Messskalen konstruiert worden, in denen die Werte für mehrere Items in einen gemeinsamen Summenscore zusammengefasst wurden. Die Auswahl der geeigneten Items erfolgte hierbei über Faktoren- und Itemanalysen, wodurch eine möglichst hohe Messgenauigkeit der einzelnen Skalen sichergestellt wurde.

Ergebnissen aus anderen Studien[4] dargestellt. Hierdurch wird ein Vergleich zwischen den Einstellungen bei Jugendlichen und Erwachsenen ermöglicht. Die Mittelwerte können im Bereich von 1 bis 5 liegen, wobei eine 1 ein „Stimme nicht zu" und eine 5 ein „Stimme sehr zu" auf der verwendeten Antwortskala markiert.

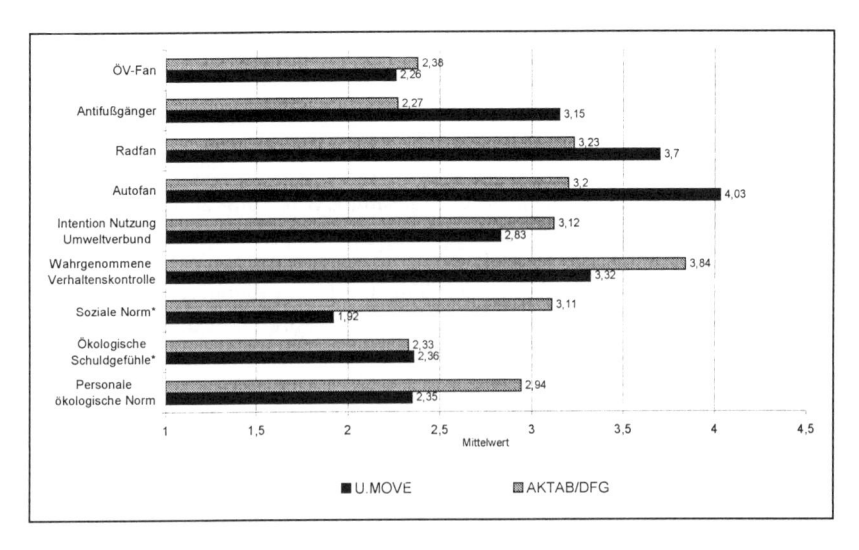

Konstrukt	U.MOVE	AKTAB/DFG
ÖV-Fan	2,38	2,26
Antifußgänger	2,27	3,15
Radfan	3,23	3,7
Autofan	3,2	4,03
Intention Nutzung Umweltverbund	3,12	2,83
Wahrgenommene Verhaltenskontrolle	3,84	3,32
Soziale Norm*	1,92	3,11
Ökologische Schuldgefühle*	2,33	2,36
Personale ökologische Norm	2,94	2,35

Abbildung 3.1: Vergleich mobilitätsbezogener Einstellungen in U.Move mit dem Bevölkerungsdurchschnitt

Der Vergleich der Mittelwerte macht deutlich, dass sich in fast allen handlungstheoretischen Konstrukten deutliche Unterschiede zwischen Jugendlichen und Erwachsenen zeigen. Jugendliche fühlen sich persönlich weniger verantwortlich, ihre Verkehrsmittelwahl umweltschonend zu gestalten, empfinden einen geringeren sozialen Erwartungsdruck, umweltschonende Verkehrsmittel zu nutzen, schätzen ihre Verhaltensmöglichkeiten

---

4   Hierbei handelt es sich zum einen um eine Studie in Köln vom Arbeitskreis für Technikfolgenabschätzung des Landes NRW (AKTAB), in der zeitlich parallel zur U.Move-Erhebung 420 Personen zum Zusammenhang von Lebensstil, Raumstruktur und Mobilitätsverhalten befragt worden sind (Hunecke 2000). Die zweite Studie wurde von der Deutschen Forschungsgemeinschaft (DFG) gefördert und ist im Jahre 1999 in Bochum mit 160 Personen durchgeführt worden. Diese Studie beschäftigte sich mit den Wechselwirkungen von ökologischer Normorientierung und situativen Faktoren bei der Verkehrsmittelwahl (Hunecke u.a. 2001). In Abbildung 3.1 beziehen sich die Mittelwerte der beiden Konstrukte „ökologische Schuldgefühle" und „soziale Norm" auf die DFG-Studie; alle anderen Mittelwerte stammen aus der AKTAB-Studie.

für eine umweltschonende Verkehrsmittelwahl geringer ein und besitzen geringere Verhaltensabsichten, die Verkehrsmittel des Umweltverbundes zu nutzen. Nur bei den ökologischen Schuldgefühlen finden sich keine Unterschiede zwischen jungen und älteren Erwachsenen. Bezüglich der verkehrsmittelbezogenen Mobilitätsdimensionen bewerten die Jugendlichen den Pkw und das Rad deutlich positiver. Dem Zufußgehen stehen sie dabei ablehnender gegenüber. Bei der Bewertung des ÖVs finden sich keine Unterschiede zwischen Jugendlichen und älteren Erwachsenen.

Fasst man diese Ergebnisse unter der Prämisse zusammen, dass sich das gegenwärtige Umweltbewusstsein der Jugendlichen vermutlich im Laufe ihres weiteren Lebens nicht steigern wird, so ist in Zukunft mit einem sinkenden Umweltbewusstsein in der Gesamtbevölkerung zu rechnen. Diese Entwicklung entspricht dem schon seit einiger Zeit zu beobachtenden Trend in der sozialwissenschaftlichen Umweltforschung.[5] Auch die Verkehrsmittel des Umweltverbundes verlieren nach den U.Move-Ergebnissen an Attraktivität. Das Automobil wird seine dominierende Position auf der Einstellungsebene eher noch ausweiten können. Die positive Bewertung des Fahrrades ergibt sich aus seiner alltagspraktischen Relevanz für Jugendliche unter 18 bzw. unter 16 Jahren. Es ist zu vermuten, dass die positive Beurteilung des Fahrrades im Vergleich zur Gesamtbevölkerung sich in späteren Lebensjahren wieder verringern wird, wenn die Verhaltensalternativen des motorisierten Individualverkehrs zur Verfügung stehen. Eine hohe Attraktivität kommt dem Fahrrad dann nur noch als Sportgerät zu, allerdings nicht mehr als Verkehrsmittel zur Bewältigung der Alltagsmobilität.

Den vorliegenden Ergebnissen ist jedoch nur dann eine Relevanz für die Entwicklung von umweltverträglichen Mobilitätsangeboten zuzuschreiben, wenn nachgewiesen werden kann, dass die erhobenen Einstellungen auch verhaltenswirksam sind. Dieser Nachweis wird im folgenden Abschnitt geführt.

---

5   Die letzte der vom Umweltbundesamt (UBA) im Längsschnitt durchgeführten Studien zum Umweltbewusstsein kommt allerdings zu dem Ergebnis, dass das Umweltbewusstsein seit langer Zeit wieder in der Gesamtbevölkerung angestiegen ist (Kuckartz 2000). Mit einem Längsschnittdesign können Klocke/ Gawronski/ Scholl (2001) wiederum nachweisen, dass sich der Abwärtstrend um die Sorge für die Umwelt in der zweiten Hälfte der 90er Jahre weiter fortsetzt. Dieser Abwärtstrend setzt sich hierbei über unterschiedliche Generationen hinweg fort.

3.5 Die Erklärung des Mobilitätsverhaltens durch individuumsinterne und individuumsexterne Einflussfaktoren

Um die Verhaltenswirksamkeit der Einstellungsvariablen zu überprüfen, muss eine Kenngröße innerhalb des Mobilitätsverhaltens bestimmt werden, die es (als abhängige Variable) über die Einstellungsvariablen (unabhängige Variablen) zu erklären gilt. Innerhalb des Mobilitätsverhaltens lassen sich eine Vielzahl von Kennwerten benennen, die jeweils spezifische Aspekte der individuellen Mobilität beschreiben (z.B. die Wegehäufigkeiten oder die zurückgelegten Distanzen). In U.Move wurde die Verkehrsmittelwahl als Kenngröße ausgewählt, weil das übergeordnete Ziel von U.Move in der Entwicklung von umwelt- und sozialverträglichen Mobilitätsdienstleistungen besteht, die letztlich auf eine Veränderung der automobil dominierten Verkehrsmittelnutzung abzielen. Eine ausführliche Beschreibung der Verkehrsmittelwahl findet sich in Kapitel 6. Betrachtet man die Gesamtgruppe aller Jugendlichen bezüglich aller zurückgelegten Wege, so zeigen sich folgende Häufigkeitsverteilungen für die Wahl der unterschiedlichen Verkehrsträger (erweiterter Modal Split): 49,0 % MIV-Nutzung, 5,4 % ÖV-Nutzung, 12,3 % Rad-Nutzung, 20,2 % Fußwege und 11,1 % kombinierte Nutzung unterschiedlicher Verkehrsmittel und Sonstiges. Der Modal Split ist hierbei stark davon abhängig, ob die Wege am Wochenende oder am Werktag zurückgelegt werden, wobei der Anteil des MIV in allen vier Erhebungsregionen am Wochenende deutlich höher ausfällt. In der folgenden Ergebnisdarstellung wird der Modal Split allerdings nicht weiter nach der Art des Wochentages differenziert, weil sich sonst die Anzahl der darzustellenden Auswertungen verdoppeln würde.

Notwendig ist jedoch eine differenzierte Betrachtung des Modal Split, die sich auf das Lebensalter bezieht. Mit dem Erreichen des 18. Lebensjahrs ergibt sich die Möglichkeit, den Pkw selbstständig als Verkehrsmittel zu nutzen. Vor dem 18. Lebensjahr kann nur im Pkw mitgefahren werden. Als Formen des MIV stehen bis dahin sonst nur das Mofa oder das Moped zur Verfügung. Bei einer getrennten Betrachtung des Modal Splits für Jugendliche unter 18 und ab 18 Jahren zeigt sich der deutliche Einfluss der neuen Verhaltensalternative Pkw. So steigt der Anteil des Pkws am Modal Split von 33,4 % für die Unter-18jährigen auf 56,2 % für die Ab-18jährigen. Gleichzeitig nehmen die Anteile der anderen drei Verkehrsträger ab (ÖV von 16,3 % auf 6,9 %, Rad von 15,2 % auf 10,1 % und zu Fuß von 26,2 % auf 20,3 %). Aufgrund dieser deutlichen Verhaltensunterschiede werden die nachfolgenden Auswertungen getrennt für die beiden Altersgruppen Unter 18 Jahren und Ab 18 Jahren durchgeführt.

Zur Analyse der Einflussfaktoren auf die Verkehrsmittelwahl ist in einem ersten Schritt für jede Person der Anteil bestimmt worden, den die vier Verkehrsträgers (MIV, ÖV, Rad und Fuß) für die zurückgelegten Wege genutzt worden sind. Auf diese Weise erhält man für jede Person einen persönlichen Modal Split. In einem zweiten Schritt sind die relativen Anteile der drei Verkehrsträger ÖV, Rad, Fuß und ihrer Kombinationen aus dem persönlichen Modal Split zu einem Wert zusammengefasst worden, der den Anteil der Nutzung des Umweltverbundes angibt. Abschließend ist als Kenngröße für die Analyse des Einflussmodells die relative Nutzung des MIV gewählt worden[6].

Für drei Gruppen von Variablen ist der Einfluss auf die Verkehrsmittelwahl überprüft worden: Für die sieben handlungstheoretischen Konstrukte (vgl. Tab 3.1), für die vier ermittelten symbolischen Bewertungen der Verkehrsmittel und für die beiden individuumsexternen Merkmale „Raumstruktur: Stadt/ Land" und „MIV-Verfügbarkeit"[7]. Abb. 3.2 und Abb. 3.3 zeigen die Ergebnisse von multiplen Regressionsanalysen, in die der MIV-Anteil an der Verkehrsmittelwahl als zu erklärende Variable eingegangen ist. In beiden Abbildungen sind nur noch die Variablen aufgeführt, die sich als bedeutsame Einflussgrößen für die Verkehrsmittelwahl bestätigen lassen. Für die Gruppe der unter 18jährigen ergibt sich folgendes Bild: Den größten Einfluss erlangt die MIV-Verfügbarkeit, die in diesem Fall auf die Verfügbarkeit eines Mofas oder eines Motorrades verweist. Ebenso kommt der Raumstruktur eine große Bedeutung zu: Wer auf dem Land wohnt, nutzt signifikant häufiger den MIV. Auf der Ebene der innerpsychischen Bewertungsprozesse ist die Einschätzung der eigenen Verhaltenskontrolle verhaltenswirksam. Wer von sich behauptet, gute Möglichkeiten für die Wahl der Verkehrsmittel des Umweltverbundes zu besitzen, nutzt den Umweltverbund auch häufiger. Die Absicht, umweltschonende Verkehrsmittel zu nutzen, weist nur noch einen schwachen Zusammenhang zum tatsächlich ausgeführten Verhalten auf. Insgesamt können mit den berücksichtigten Einflussfaktoren 21,2 % der Varianz in der Nutzung des MIVs aufgeklärt werden.

---

6   Die relative Nutzung des Umweltverbundes stellt in diesem Zusammenhang eine gleichwertige Kenngröße dar. Die relative MIV- und Umweltverbund-Nutzung ergänzen sich dabei gemeinsam zu 100 % (abzüglich der Restkategorie Sonstiges und den Verkehrsmittelkombinationen, die zwischen dem MIV und dem ÖV stattfinden).

7   Die MIV-Verfügbarkeit kennzeichnet die Verfügbarkeit über einen Pkw oder ein Motorrad.

```
Handlungsmodell
  Verhaltenskontrolle ──-.088***──┐
  Intention          ──-.055*───┐ │
                                │ │
Symbolische Dimensionen         │ │
  Autofan  ──.062**──┐          │ │
  Radfan   ──-.047*──┤          │ │
                     ▼▼▼▼
              Anteil des MIV an allen
                      Fahrten
                     R² = .21

Raumstruktur Stadt/Land ──-.149***──▲

MIV-Verfügbarkeit ──.291***──▲

*=p<0.1; **=p<0.05; ***=p<0.01
```

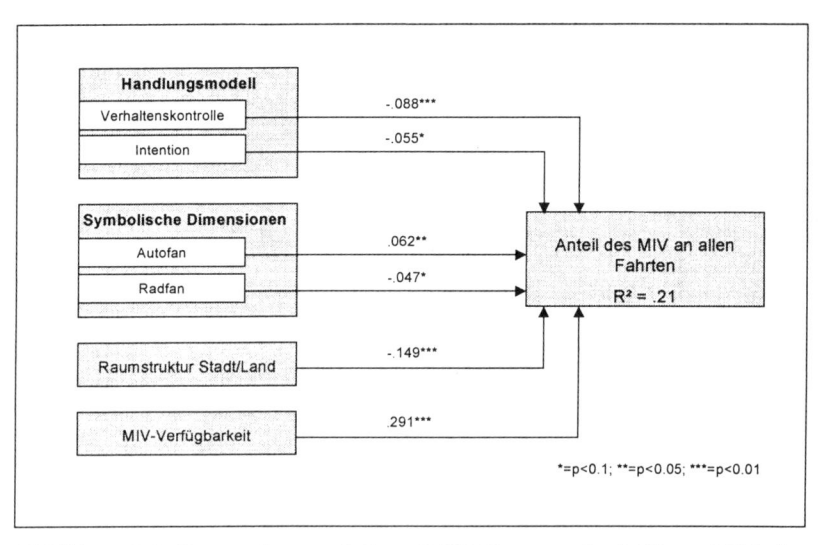

Abbildung 3.2: Regressionsmodell zur MIV-Nutzung durch Unter-18jährige Jugendliche

```
Handlungsmodell
  Personale Norm      ──.040*───
  Soziale Norm        ──.032*───
  Verhaltenskontrolle ──-.185***─
  Intention           ──-.204***─

Symbolische Dimensionen
  Autofan ──.068***──
  ÖV-Fan  ──-.065***─
                      Anteil des MIV an allen
                            Fahrten
                           R² = .37

Raumstruktur Stadt/Land ──.321***──

MIV-Verfügbarkeit ──-.062***──

*=p<0.1; **=p<0.05; ***=p<0.01
```

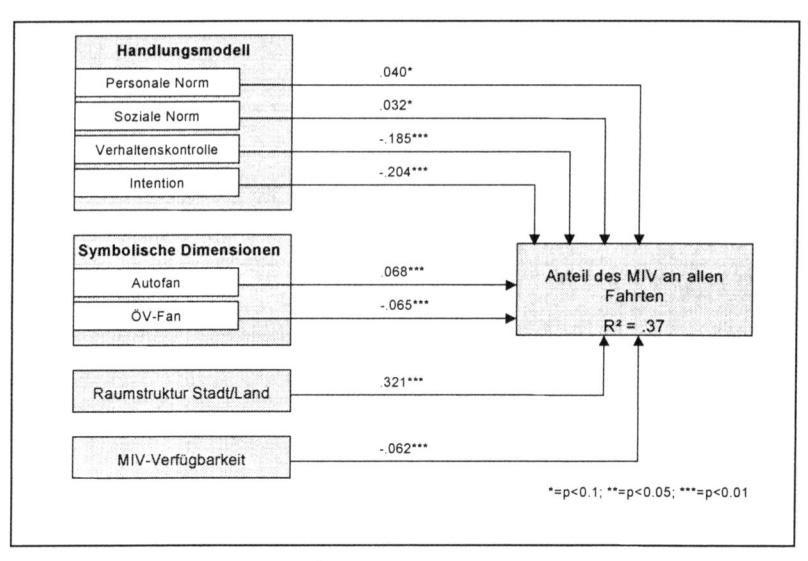

Abbildung 3.3: Regressionsmodell zur MIV-Nutzung durch Ab-18jährige Jugendliche

Im Vergleich hierzu fällt die Güte des Erklärungsmodells für die MIV-Nutzung der Ab-18jährigen bedeutend besser aus, in dem 37 % der Verhaltensvarianz aufgeklärt wird. Als stärkste Einflussgröße erweist sich hier die Raumstruktur. Auf dem Land wird auch wieder der MIV häufiger genutzt. Die MIV-Verfügbarkeit bleibt zwar weiterhin ein bedeutender Einflussfaktor, verliert aber im Vergleich zu den Unter-18jährigen an Gewicht. Vier Prädiktoren des Handlungsmodells zeigen einen Zusammenhang zur MIV-Nutzung, wobei die Stärke des Einflusses allerdings deutlich variiert. Die wahrgenommene Verhaltenskontrolle und die Verhaltensabsicht besitzen einen hochsignifikanten Einfluss, während die personale und soziale Norm nur noch eine signifikante Tendenz aufweisen. Weiterhin beeinflussen zwei der ermittelten symbolischen Mobilitätsdimensionen die Verkehrsmittelwahl: Eine positive symbolische Bewertung des Pkws führt zu einer verstärkten Nutzung des MIV, während diese durch die positive Bewertung des ÖVs in komplementärer Weise vermindert wird.

Bei einem Vergleich der Ergebnisse aus den beiden Altersgruppen zeigt sich, dass die Verhaltensprognose des Modells der Ab-18jährigen besser ausfällt (37 % aufgeklärte Varianz) als die vom Modell der Unter-18jährigen (21,2 % aufgeklärte Varianz). Die vorliegenden Ergebnisse machen deutlich, dass sich die handlungstheoretischen Konstrukte und symbolischen Mobilitätsdimensionen besser zur Verhaltensprognose eignen, wenn sie auf tatsächliche Entscheidungssituationen angewendet werden. Diese Entscheidungssituation liegt erst für Personen ab 18 Jahren vor, weil vorher die Pkw-Nutzung nicht als Verhaltensalternativen zur Verfügung steht.

Das wesentliche Ergebnis der beiden Erklärungsmodelle ist in der Quantifizierung der Einflussstärke für die drei untersuchten Variablengruppen zu sehen. Hierbei erweisen sich eindeutig die individuumsexternen Merkmale „Raumstruktur/ Stadt" und „MIV-Verfügbarkeit" als die beiden stärksten Einflussfaktoren. Aus der Variablengruppe der handlungstheoretischen Konstrukte qualifizieren sich vier der ursprünglich sieben Variablen für die Prognose der Verkehrsmittelwahl: die wahrgenommene Verhaltenskontrolle, die Verhaltensintention, die personale ökologische Norm und die soziale ökologische Norm. Die beiden stärksten Prädiktoren „Intention" und „wahrgenommene Verhaltenskontrolle" beschreiben dabei allerdings nur recht allgemeine innerpsychische Vorausetzungen für die Verkehrsmittelwahl (ein „Wollen" und die Bewertung des eigenen „Könnens"). Die beiden Konstrukte „personale ökologische Norm" und „soziale ökologische Norm" verweisen dagegen in der Gruppe der Ab-18jährigen auf die Verhaltenswirksamkeit spezifischer ökologischer Normen. Der Einfluss der beiden Normkonstrukte ist zwar vergleichsweise schwach, bleibt in der multiplen

Regressionsanalyse aber auch bei der gleichzeitigen Berücksichtigung der anderen Variablen als eigenständiger Erklärungsanteil erhalten.

Aus der Variablengruppe der symbolischen Mobilitätsdimensionen kommt der positiven Bewertung des Pkws, die sich auf die Dimensionen Erlebnis, Autonomie und Privatheit bezieht, die stärkste Erklärungskraft (in beiden Altersgruppen) zu. Bei den Unter-18jährigen nimmt das Fahrrad den Gegenpart in der symbolischen Bewertung zum Pkw ein, während diese Funktion bei den Ab-18jährigen der ÖV übernommen hat. Was den Einfluss dieser Variablengruppe im Gesamtmodell anbelangt, so zeigt sich ein ähnliches Bild wie bei den handlungstheoretischen Konstrukten: Der Einfluss ist zwar im Vergleich zu den inviduumsexternen Merkmalen eher gering, kennzeichnet aber einen eigenständigen Erklärungsanteil, der durch keine anderen Variablen abgedeckt wird.

3.6 Bewertung der Ergebnisse für die Entwicklung von jugendspezifischen Mobilitätsdienstleistungen

Die Ergebnisse der multiplen Regressionsanalysen machen deutlich, dass die individuumsexternen Faktoren „Raumstruktur: Stadt/ Land" und „MIV-Verfügbarkeit" den größten Einfluss auf die Verkehrsmittelwahl ausüben. Für die Gestaltung von Mobilitätsdienstleistungen lassen sich diese beiden Faktoren allerdings nicht nutzen. So lässt sich zum einen die Raumstruktur mit ihren verkehrs- und infrastrukturellen Merkmalen nicht in einem überschaubaren Zeitraum verändern. Hiervon unabhängig wäre es auch nicht wünschenswert, den gesamten ländlichen Raum in urbane Siedlungsstrukturen mit einem gut ausgebauten öffentlichen Verkehrssystem zu überführen. Zum anderen dürfte es in nächster Zeit politisch schwer durchsetzbar sein, die Verfügbarkeit des MIV für die Bevölkerung merklich einzuschränken (z.B. durch monetäre Restriktionen in Form von Steuererhöhungen für den Pkw-Besitz). So müssen vorerst die Möglichkeiten von „weichen" Steuerungsmaßnahmen für eine umweltverträgliche Gestaltung der Mobilität genutzt werden, die sich auf Freiwilligkeit und Partizipation der beteiligten Bevölkerungsgruppen gründen. Die größten Potenziale sind hier in der Schaffung von neuen umwelt- und sozialverträglichen Mobilitätsdienstleistungen zu sehen (vgl. Schad 1999).

Die Relevanz der handlungstheoretischen Konstrukte und der Einstellungen zu den symbolischen Mobilitätsdimensionen ergibt sich an dieser

Stelle nicht primär aus der Stärke ihres Einflusses auf die Verkehrsmittelwahl, sondern aus ihrer Bedeutung für die Planung von Mobilitätsdienstleistungen. Durch den Nachweis der Verhaltensrelevanz von Umweltnormen lassen sich Formen der Kommunikation von umweltschonenden Mobilitätsdienstleistungen effektiver gestalten. Die Ergebnisse von U.Move zeigen, dass ökologische Normen im Mobilitätsbereich durchaus einen Einfluß auf das Mobilitätsverhalten von Jugendlichen und jungen Erwachsenen ausüben und keineswegs als Gedankengut aus der grünen Müsli-Ecke prinzipiell abgelehnt werden. Gleichzeitig gilt es aber auch die symbolischen Bewertungen der einzelnen Verkehrsträger zu berücksichtigen. Die U.Move Ergebnisse zeigen, dass der MIV nicht zuletzt so häufig genutzt wird, weil der Pkw bezüglich Erlebnis, Autonomie und Privatheit positiver bewertet wird als die anderen Verkehrsmittel. Aber auch die öffentlichen Verkehrsmittel werden von Personen auf der symbolischen Ebene als positiv bewertet, was direkt mit einer verstärkten Nutzung des ÖVs verbunden ist. So existiert durchaus ein Potenzial zur Steigerung der Nutzung öffentlicher Verkehrsträger, wenn es gelingt, diese auf den symbolischen Dimensionen attraktiver zu gestalten bzw. schon vorhandene Vorzüge angemessen zu kommunizieren.

In U.Move sind eine Vielzahl von individuumsinternen Einflussfaktoren erfasst worden, von denen eine weitgehend vollständige Abbildung der innerpsychischen Bewertungsprozesse bei der Verkehrsmittelwahl zu erwarten ist. Trotz dieser aufwendigen Operationalisierung der indiviuumsinternen Seite lässt sich ein großer Anteil des Verkehrmittelwahlverhaltens nicht erklären. Dieser Befund ist zum einen sicherlich auf das hohe Aggregationsniveau zurückzuführen, das für die Bestimmung der Verkehrsmittelwahl als abhängige Variable gewählt worden ist. Zur Errechnung des Anteils der MIV-Nutzung ist die Verkehrsmittelwahl auf allen 32.560 Wegen zusammengefasst worden, die in U.Move nach der Stichtagsmethode protokolliert worden sind. Hierbei ist zu vermuten, dass die Verkehrsmittelwahl auf der Gesamtheit aller Wege durch eine Vielzahl spezifischer Faktoren beeinflusst wird, die sich in kein allgemeines Erklärungsmodell mehr überführen lassen. Zur Verbesserung der Erklärungsmodelle bietet sich an, diese auf spezifische Verhaltensausschnitte zu beziehen (z.B. getrennte Analysen für Werk- und Wochenendtage). Diese Strategie ist aber nur dann erfolgversprechend, wenn die individuumsinternen Variablen zur Erklärung des spezifischen Mobilitätsverhaltens ebenfalls spezifisch operationalisiert werden (z.B. die Intention am Wochenende die Verkehrsmittel des Umweltverbundes zu nutzen). Aufgrund der allgemeinen Operationalisierung der handlungstheoretischen Konstrukte in U.Move konnte diese Auswertungsstrategie allerdings nicht weiter verfolgt werden.

Ein weiterer Grund für die eingeschränkte Vorhersage der Verkehrsmittelwahl ist in U.Move in der wenig differenzierten Erfassung von individuumsexternen Merkmalen zu sehen. So konnten die beiden zentralen individuumsexternen Variablen „Verkehrsinfrastruktur" und „Raumstruktur" in U.Move nur über die beiden Kategorien „Stadt" und „Land" erfasst werden. Weitere Differenzierungen, die beispielsweise die Angebotsstruktur des ÖVs oder die räumlichen Distanzen zu den jeweiligen Zielorten kennzeichnen, konnten aufgrund des wesentlichen Mehraufwandes bei der Datenerhebung nicht berücksichtigt werden. Da auf der individuumsinternen Seite die wesentlichen Einflussfaktoren bereits in den Erklärungsmodellen von U.Move berücksichtigt sind, ist in Zukunft nur noch von einer differenzierteren Betrachtung der Verkehrsinfrastruktur und Raumstruktur und deren Wechselwirkungen mit den individuumsinternen Einflussfaktoren eine substanzielle Verbesserung der Verhaltensprognose zu erwarten.

In U.Move ist eine andere Möglichkeit der Differenzierung gewählt worden, um die Prognosegüte für das Mobilitätsverhalten zu verbessern: die Typenbildung. Diese differenziert die Gesamtgruppe in mehrere Subgruppen, die sich jeweils durch ein ähnliches Merkmalsprofil auszeichnen. Hierbei wird erwartet, dass sich für einige Subgruppen ein stärkerer Zusammenhang zwischen den erhobenen Einstellungen und der Verkehrsmittelwahl zeigt als in der Gesamtstichprobe. Die Typenbildung erfolgt dabei zu einem großen Teil auf der Grundlage der in diesem Kapitel vorgestellten Merkmale. Damit dient dieses Kapitel nicht nur zur Darstellung der inhaltlichen Ergebnisse zum Zusammenhang von Einstellungen und dem Mobilitätsverhalten bei Jugendlichen, sondern es bereitet gleichzeitig die Darstellung der Bildung von mobilitätsbezogenen Typen vor, auf die im Kapitel 5 ausführlicher eingegangen wird.

4 Technik, Mobilität und Umwelt
Zur Abhängigkeit von Umwelthandeln und Fahrzeugnutzung vom Technikinteresse[1]

Claus J. Tully

Fahren gründet auf Technik. Wer unterwegs sein will, muß sich meistens irgendwelcher technischer Artefakte bedienen. Fortschritte in der Art sich zu bewegen, waren und sind deshalb immer auch abhängig von technischen Fortschritten. Flugreisen gab es erst nach Erfindung des Flugzeuges, Flugreisen für Jedermann erst mit dessen Serienreife und virtuelle Aufenthalte im Cyberspace verdanken sich nicht nur dem Erfindergeist von Konrad Zuse, sondern genauso den tausend kleinen Gedankenblitzen von weniger bekannten Ingenieuren. Die Entwicklungsgeschichte des Fahrens ist deshalb gleichzeitig eine der Technisierung; mit einem doppelten Effekt: Einerseits macht immer umfassendere und komplexere Technik Mobilität bei wachsenden Reichweiten bequemer. Andererseits wirkt die mobilitätserschließende Technik immer indirekter. Unterwegssein hat demnach zwar den individuellen Vorteil der Bewältigung von Distanzen, führt aber kollektiv zu ungeplanten Veränderungen. Autos werden bspw. auch als Verursacher von Umweltbelastung und -zerstörung betrachtet. Auf die persönliche Mobilitätspraxis wirkt sich dieses Bewußtsein jedoch kaum aus (vgl. Tully/ Wahler 1996a; Tully 1998). Diese Diskrepanz speist sich aus dem Versprechen, auch die ökologischen Risiken durch Weiterentwicklung technischer Systeme beherrschen zu können. Gerade in jüngerer Zeit wurden Umweltprobleme in der Öffentlichkeit vorrangig als technisch lösbar behandelt.[2] In der „Risikogesellschaft" (Beck) läßt es sich erst leben, so könnte man meinen, wenn die reflexiv gewordenen Gefahren einer technischen Lösung zugeführt, d.h. der persönlichen Verantwortlichkeit entzogen werden.

Die in modernen Gesellschaften bestehende Trias von Technik–Mobilität–Umwelt steht in vielen neueren Untersuchungen im Zentrum des Interesses. Der aktuelle Bundesumweltbericht stellt z.B. eine Zunahme der Technikgläubigkeit fest, indem die Antworten auf die Frage „Wissenschaft und Technik werden viele Probleme lösen, ohne daß wir unsere Lebensweise

---

[1] Dirk Baier (Universität Chemnitz) danke ich für die Durchsicht des Textes und die Unterstützung bei der Datenauswertung.
[2] Zu nennen wären Diskussionen um die Verwendung von neuen Materialien, sparsamen Motoren, Verkehrsleitsystemen, Verkehrstelematik.

ändern müssen" ausgewertet werden: 24 % der Interviewten stimmten dieser Vorgabe „ganz/ weitgehend" zu, 33 % äußerten sich unentschieden und 44 % glaubten „eher nicht/ überhaupt nicht" daran. Skeptische Meinungen überwiegen in diesem repräsentativen Querschnitt. Im Vergleich mit der gleichlautenden Vorjahreserhebung zeigt sich aber, daß heute tendenziell etwas mehr Personen bereit sind, der Technik Lösungspotentiale für Umweltprobleme zuzuschreiben (BMU 2000: 20).

Auch die Auswertung im Rahmen von U.Move widmet sich mittels verschiedener Fragenkomplexe dieser Trias. Im Focus der Untersuchung stehen jedoch Jugendliche zwischen 15 und 26 Jahren, von denen wir wissen, daß es bei ihrer Fahrzeugnutzung nicht vorrangig um Umweltbelange oder schlichte Wegbewältigung geht, sondern vielmehr um „Erlebnis und Wirkung", um Spaß am Fahren, Spaß an der Technik, Spaß an Farbe und Motorsound. Mobilität kann für diese Altersgruppe nicht einzig anhand von sachlichen, ökologischen Themen (Verbrauch, Schadstoffbelastung) erörtert werden. Wichtiger ist herauszufinden, welches Set von Motiven dem jeweiligen Bedürfnis nach (Auto-)Mobilität vorausgeht. In diesem Sinne sollten die Fragen zur Technik (in Verbindung mit denen zur Mobilität und Umwelt) folgendes erkunden: Welche Chancen bestehen für Multimodalität[3], d.h. wovon hängt die Bereitschaft ab, unterschiedliche Verkehrsmittel zu nutzen? Ist die Benutzung verschiedener Fahrzeuge eine Frage des Geschlechts, weil statistisch gesehen Frauen häufiger auf Rädern bzw. in öffentlichen Transportmitteln gezählt werden? Wie lässt sich die hohe Affinität zu Roller und Auto bei Jugendlichen erklären? Spielen neben dem lokalen Umfeld nicht auch andere Faktoren wie das Interesse für Technik ein Rolle? Wie sieht Interesse an Technik aus und was schätzen Jugendliche am Auto?[4] Sind Technik-Freunde auch Umweltfreunde oder bleibt mit wachsendem Technikinteresse jenes für die Umwelt auf der Strecke? Folgen typische Mobilitätsstile einem spezifischem Verhältnis zur Technik?

Ein Teil dieser Fragen soll in diesem Kapitel beantwortet werden, das sich wie folgt gliedert: Zuerst werden sowohl soziologische als auch psychologische Theorien zur Verbindung der Konzepte ‚Technik', Umwelt' und ‚Mobilität' vorgestellt. Darauf aufbauend gilt es, in drei Schritten eigenes empirisches Material zum Stellenwert von Technik im Jugendalltag zu präsentieren. Dabei wird besonders auf typisierende Verfahren zurückgegriffen. Die Befunde lassen darauf schließen, daß die eingangs formulierte These der erlebnisorientierten Techniknutzung Jugendlicher richtig ist und

---

3 Multimodalität meint den Wechsel zwischen verschiedenen Mobilitätsplattformen auf verschiedenen Wegen, z.B. zwischen Auto und Bus oder Fahrrad und zu Fuß gehen.

4 Mädchen schätzen entsprechend früheren Forschungen die Attribute: praktisch, sparsam, sicher; Jungs: rot, cool, power, hohe Wattzahl der Lautsprecher (vgl. Tully 1998: 166ff)

zukünftige Forschung diese Erlebnisdimension in stärkerer Weise als bisher zu berücksichtigen hat.

4.1 Das Verhältnis von Technik, Mobilität und Umwelt theoretisch betrachtet

Aus *soziologischer Perspektive* besehen ist das Verhältnis zwischen Technik und Mobilität ein gesellschaftliches. Bei Niklas Luhmann ist Technik keine anonyme Macht zur Beherrschung der Gesellschaft. Es ist jedoch problematisch, „daß die Gesellschaft sich selbst in einer nicht rational vorausgeplanten Weise von der Technik abhängig macht, indem sie sich auf sie einläßt" (Luhmann 1998: 523). Technik ist „funktionierende Simplifikation" (ebd.: 524ff) mit der Eigenschaft, „völlig heterogene Elemente" miteinander zu koppeln. Dies geschieht „in (fast) zuverlässig wiederholbarer Weise". Die Abhängigkeit der Gesellschaft von der funktionierenden Technik, von „nichtnatürlichen Selbstverständlichkeiten" (ebd.: 532) hat in den letzten Jahrzehnten zugenommen, „mit der Folge, daß ein Zusammenbruch der Technik auch zu einem Zusammenbruch der uns vertrauten Gesellschaft führen würde". Technik verbindet die physikalischen Gegebenheiten mit der Gesellschaft, wobei „die Risiken, auf die man sich dabei einlassen muß, [zunehmen...] Die Zukunft hängt [dann] von Techniken ab, die derzeit noch nicht zur Verfügung stehen" (ebd.: 533). Die gegenwärtige Gesellschaft arbeitet also auf einem technischen Niveau, welches sie noch nicht kontrollieren kann, auf welches sie „weder strukturell noch semantisch vorbereitet ist" (ebd.). Luhmann kommt auf unterschiedlichem Wege zu ähnlichen Erkenntnissen wie Beck (1986). Technik, u.a. verstanden als Mobilitätstechnik, verbindet Umwelt und Gesellschaft zu Lasten der Umwelt und letztendlich ebenso zu Lasten der Gesellschaft. Inwieweit es „reflexive Modernisierung" vermag, diese Crux zu durchbrechen, ist allerdings fraglich. Luhmann vertraut auf die Selbstregulation der Gesellschaft („Autopoiesis") und setzt auf Evolution. Bei Beck hingegen bedarf es neuer Formen der politischen Beteiligung.

Häufig werden in der Soziologie aber auch absichtsvolle Polarisierungen gezeichnet, um die soziale Formung durch Technik greifbar zu machen. Perrow (1987) unterscheidet komplexe, eng gekoppelte Techniksysteme von kleinteiliger, weniger komplexer Technik. Zur ersteren gehören z.B. Kernkraftwerke, Großchemische Anlagen oder Gentechnologien. Ihnen ist ein Gefahrenpotential immanent, d.h. umweltschädigende Katastrophen (Tschernobyl, Bophal) sind hier „normal". Verkehrstechnik wie Schienentransport, Luftverkehr oder Kraftfahrzeuge sind weniger komplex, d.h. weniger anfällig für Katastrophen. Dennoch produzieren sie negative Externalitäten. Auch Bruno Latour unterscheidet verschiedene Bezüge zur Technik und diagnostiziert ihr Hybridwerden. Hybriden sind technische Ko-Produktionen von Natur und Gesellschaft. Die gesamte Gesellschaft ist durchzogen von Apparaturen, die erzeugt wurden, um die Natur zu beherrschen. Hybriden, wie z.B. das Auto führen bei ihrer Benutzung dazu, daß unterschiedliche Systeme miteinander in Beziehung gesetzt werden. Beim Fahren freigesetzte Treibhausgase ändern so u.a. das Erdklima, was wiederum dazu führt, daß sich Wissenschaftler, Politiker, Ärzte usw. damit beschäftigen. Das Erdklima (eigentlich eine Sache der Natur) „ist zu sozial und narrativ, um wirklich Natur zu sein" (Latour 1995: 14).

Den skizzierten Auffassungen ist gemeinsam, daß sie eine prinzipielle und enge Verbindung zwischen den Konzepten Technik, Mobilität und Umwelt herzustellen versuchen. Für eine empirische Überprüfung bei Jugendlichen scheinen sie jedoch weniger geeignet, weshalb auf *psychologische Konzepte* rekurriert werden soll.[5] Diese betrachten das Verhältnis zwischen Technik und Mobilität auf einer individuellen Ebene. Besonders persönlichkeitspsychologische Ansätze versprechen interessante Einblicke, da z.B. das Fahrzeug gelegentlich als Werkzeug der Persönlichkeitsgestaltung eingesetzt wird. Aus der Motivationsforschung wissen wir um die „primäre Motivation des Menschen", die darin besteht, „sich als wirksam, als Verursacher von Änderungen in seiner Umwelt zu erleben [...] Anforderungen der Umwelt [...] können die erlebte Selbstbestimmung einschränken [...] Dagegen versucht man anzugehen, und je mehr es im Einzelfall gelingt, umso mehr fühlt man sich als Herr seiner selbst, hat Freude an der eigenen Aktivität und ist intrinsisch motiviert" (Heckhausen 1989: 457). Was selbstgesteuerte, auf Technik basierende Mobilität betrifft, so läßt sich der Konnex zur intrinsischen Motivation unschwer herstellen, geht es doch dabei um „eine freudige Hingabe an die anliegende Sache, ein völliges Absorbiertwerden des Erlebens von der voranschreitenden Handlung" (ebd.: 458). Dieses Phänomen bezeichnet Csikszentmihalyi (1997) als „Flow-Erlebnis". Der ‚Flow' fließt dann, wenn das Auto nicht als Vehikel zur Wegbewältigung, sondern als

---

5 Interessant an den soziologischen Sichtweisen ist allerdings, dass sie dem Auto als einem bestimmten Produkt der Technik einen exponierten Stellenwert einräumen. Das Auto ist ein ganz besonderes „hybrid social and technical system" (Urry 2000: 59), ein „Tandem von Individualität und Moderne" (Luhmann 1992: 23). Es ist zwar Teil eines umfassenden Verkehrssystems, hält aber gleichzeitig die Möglichkeit individueller Nutzungsweisen bereit (vgl. Canzler 1996: 48ff). Die Möglichkeiten der individuellen Ausgestaltung der Autonutzung sind Gegenstand dieses Artikels. Im Automobil treffen sich dann auch soziologische und psychologische Ansätze.

affektbeladenes, mit hohem emotionalem Interesse belegtes ‚Quasi-Subjekt' wahrgenommen wird. Nun scheint es mindestens zweierlei Typen von Techniknutzungen zu geben, nämlich diejenigen, die via Mobilität und Technik „Flow-Erlebnisse" generieren können und andere, die sich anderer Hilfsmittel bedienen (z.B. Adventure-Sportarten, Träume etc.). Ähnlich unterscheidet Schulze (1999), aus der psychologischen Unfallforschung kommend, die „high" und die „low sensation seekers", d.h. Personen, die gefährlich fahren, um den ‚Kick' zu kriegen, und andere, die vorausschauend und zurückhaltend ihr Fahrzeug steuern. Ersterer, meist männlicher Typus wird häufig in Witzen karikiert. Die Psychologie spricht vom Gefühl der Selbstwirksamkeit: „Dies ist das Gefühl, was einem geschieht, kontrollieren zu können. Wahrgenommene Selbstwirksamkeit wiederum beeinflußt die Denkmuster einer Person, ihre Leistung und ihren emotionalen Erregungszustand: Durch höhere wahrgenommene Selbstwirksamkeit wird die Leistung besser und die emotionale Erregung sinkt. Die Wahrnehmung der Selbstwirksamkeit beeinflußt sowohl die Auswahl der Bewältigungsmuster in Reaktion auf Streß als auch das Niveau physiologischer Erregung. Im Gegensatz dazu kann ein Gefühl der self-inefficacy zu Apathie, Mutlosigkeit, einem Gefühl der Vergeblichkeit und der Ansicht, man sei Opfer äußerer Umstände, führen" (Zimbardo 1992: 377). Fahren, so die jugendsoziologische Ausgangsthese, hat für einen Teil der Jugendlichen damit zu tun, selbst soziale Situationen zu inszenieren.[6]

Techniknutzung und Nutzung bestimmter Fahrzeuge scheint mithin erheblich von Persönlichkeitsfaktoren beeinflußt zu sein. Allerdings sollten die Einflüsse der sozialen Kontexte (Elternhaus, Cliquen) nicht vernachlässigt werden. Besonders wenn es um das ökologische Bewußtsein geht, wird klar, dass simple Persönlichkeitstheorien (u.a. auch in Form der rational-choice-Ansätze) unzureichend sind. Der Einbezug des Umweltgedankens in die Wahl eines Fahrzeuges und der Umgang mit ihm hängt mindestens genau so stark vom Milieu ab, in dem jemand aufwächst. In den folgenden empirischen Annäherungen soll es in erster Linie darum gehen, die Vielfältigkeit der jugendlichen Technikzugänge auf wenige typische zu reduzieren. Diese Typen sollen dann entsprechend bestimmter Items charakterisiert werden.

---

6   Ein weiteres zugehöriges psychologisches Konzept ist das der Kontrollüberzeugung (locus of control): Die Kontrollüberzeugung differenziert danach, ob Ergebnisse innerhalb oder außerhalb der persönlichen Kontrolle liegen „oder davon abhängen, was wir tun (interner locus of control)" (Zimbardo 1992: 354). Personen mit hoher Kontrollüberzeugung haben ein größeres Vertrauen in die eigenen Fähigkeiten und neigen dazu, das Auto als zu kontrollierendes Objekt zu betrachten. Sie setzen es dann ein, um sich selbst zu Erlebnissen zu verhelfen. Vgl. auch Rotter (1975).

4.2 Technikaffinität Jugendlicher – erste empirische Annäherungen

Wie läßt sich nach dem Verhältnis der Gesellschaft, speziell der Jugendlichen zur Technik forschen? In Deutschland wurde ab den 70er Jahren öffentlich das Bild von der Technikfeindschaft versus der Technikfreundschaft Jugendlicher ventiliert (Wahler/ Tully 1991). Die Sorge galt einer gewollt zügigen Technikdiffussion, zu der vor allem Heranwachsende beitragen sollten.[7] Die zentrale Leitthese, die empirisch untersucht wurde, ging von einer gewachsenen Technikfeindlichkeit Jugendlicher aus, konnte allerdings in den Untersuchungen nicht bestätigt werden (vgl. Fischer 1985; Geißler 1990; Pfaff 1991; Ropohl 1985). Häufig wurde in damaligen Messungen jugendliches Technikinteresse recht undifferenziert über die Gleichsetzung unterschiedlicher Gerätschaften, z.B. großtechnologischer Projekte (wie Atomkraft; Gentechnologie etc.), Computer, Fahrzeuge und Kommunikationstechnologien, erfaßt. Charakteristisch waren Fragen wie „Glauben Sie, daß die Technik alles in allem eher ein Segen oder eher ein Fluch für die Menschheit ist?" oder „Hat die moderne Technik für Sie mehr positive oder mehr negative Auswirkungen?" (zitiert nach Jaufmann 1990: 200ff). Die damit erzielten Ergebnisse waren uneinheitlich. Einzig eine durchgängig Geschlechtsspezifität des Technikzugangs ließ sich als gemeinsamer Nenner erkennen. Das klassische Rollenverständnis, in dem Technik als Domäne des Mannes gilt, existierte bei Jugendlichen ungebrochen (vgl. Fischer 1985), wobei mit der Unterscheidung zwischen ‚harter' und ‚weicher' Technik enthüllt werden konnte, daß sich Mädchen besonders für ‚weiche' (die Haushalts-)Technik interessieren.[8] Männliche Jugendliche hingegen seien von ‚brillanter Technik' fasziniert (vom MP3-Player über Motorroller und Computer) oder sprechen sich für „geniale Innovation im Bereich der ‚sanften Technologien'" aus (Schäfers 1998: 142). Auch die jüngste Shell-Jugendstudie bestätigt erneut, „daß ein Interesse an Technik eher eine ‚Männersache' ist" (Jugendwerk der Deutschen Shell 2000: 199). Die dazugehörige Frageformulierung lautete „Interessierst du dich für Technik oder

---

7   Technikinteresse und Technikskepsis wurden in repräsentativen Erhebungen bevorzugt über die Frage nach der Akzeptanz von Technik erhoben. In den 80er und 90er Jahren wurde in mehreren Studien der Frage nachgegangen, wie denn das Verhältnis der Jugendlichen zur Technik aussehe. Wegen eines, wie neuerdings wieder prognostizierten Ingenieurmangels ging es darum, Schüler und Schülerinnen für Technik und für das Studium technischer Fächer zu interessieren.
8   Diese Dichotomisierung basiert wahrscheinlich auf der Unterscheidung von „heißen" und „kalten" Medien durch McLuhan (1968; vgl. dazu auch Larsen 1993; Tully 2002).

technische Fragen?" (ebd.: 451). Solcherart Wortlaut hat sowohl einen Vorteil, als auch einen Nachteil. Der Vorteil: Jugendliche können sich selbst etwas unter Technik vorstellen. Eine Verbindung von Großsystemen und Technik wird nicht oktroyiert. Der Nachteil: Gerade weil die Frage viel Raum für eigene Vorstellungen läßt, ist sie zu global. Es werden gesellschaftliche Stereotype davon, was Technik ist, aktiviert (besonders bei Frauen). Notwendig ist eine differenzierte Analyse jugendlichen Technikinteresses im Bezug auf tatsächliches Technikverhalten. Hierfür liefert dieselbe Jugendstudie ein Beispiel: Deutsche Mädchen stehen den Jungen hinsichtlich des Handybesitzes (als eine Form von Technikhandelns) nämlich nur noch unwesentlich nach (ebd.: 200). Notwendig ist also ein dem jugendlichen Alltag entsprechendes Fragebogendesign, wie es in U.Move verwirklicht wurde.

Die Materialbasis der folgenden Auswertungen bilden qualitative *und* quantitative Interviews. Neben den 4.417 ausgewerteten Fragebögen liegen Transkripte von acht Gruppendiskussionen (zwei in jedem der vier Untersuchungsräume) und 76 qualitativen Einzelinterviews (ca. 20 pro Untersuchungsraum) vor. Das qualitative wie auch das quantitative Material liefern Hinweise auf das individuelle Zusammenspiel von Umwelt, Technik und Mobilität. Qua Fragebogen konnten wir explizit das Interesse an Technik, dessen Bedeutung fürs Fahren, nach dem Interesse an Umwelt usw. erfragen. Dabei wurde Technikinteresse über drei verschiedene Fragen erfaßt, wobei in zwei Fragen explizit der technische Gegenstand Auto angesprochen wurde.

Tabelle 4.1: U.Move-Items zum Technikinteresse

Item	Mittelwert[*]	Standardabweichung
1. Wer etwas von Technik versteht, hat Spaß am Autofahren.	2.59	1.24
2. Ich interessiere mich für Technik.	2.69	1.36
3. Das Auto ist ein reiner Gebrauchsgegenstand.	3.42	1.26

[*] Zugestimmt werden konnte von 1 – „stimmt nicht" bis 5 – „stimmt sehr". Der theoretische Mittelwert liegt deshalb für alle drei Items bei 3.0.

Item 2 ist das klassische Technikinteresse-Item. Ihm wird sich im nächsten Abschnitt gewidmet. Die Fragen 1 und 3 hingegen markieren einen bestimmten Zugang zur Technik[9] und sollen im folgenden zur Bestimmung unter-

---

9 In Frage eins ist nach der Verbindung von Technikverständnis und Autofahren gefragt. Hohe Zustimmung sollte dieses Item erhalten, wenn man einen kontrollierenden Technikzugang hat (s.u.). In Frage drei hingegen kommt zum Ausdruck, daß man sich nicht mit der Technik en detail auskennen muß, sondern lediglich den Gebrauch beherrschen sollte. Technikinteresse ist dafür nur bedingt notwendig. Die Fragen eins und drei widersprechen sich also. Insgesamt kann man alle drei Items auch zu einer Skala „Technikinteresse" (Frage 3 umcodiert) zusammen

schiedlicher Technik-Typen herangezogen werden.[10] Bevor dies geschieht, soll jedoch kurz referiert werden, welche Eigenschaften Technik für Jugendliche heute besitzt (vgl. Tully 2002). Woran denken Heranwachsende wirklich, wenn von Technik die Rede ist? Welchen Stellenwert hat sie im alltäglichen Leben?

Auf Basis der Auswertung der qualitativen Interviews sind fünf Bereiche zu benennen, entlang derer die befragten Jugendlichen Technik thematisieren. Unübersehbar *strukturiert* Technik den *sozialen Alltag*. Fast alles, was getan wird, hat mit „Maschinen" und „Chips" zu tun. Egal, ob es um Bewegung (Fitness) oder Fortbewegung (Fahrzeuge) geht, ob einem zeitgemäßem eventträchtigem Hobby (Paragleiten, Canoeing, Skating etc.) nachgegangen wird, ob kommuniziert (Handy, SMS, Internet) oder mediengestützt relaxt wird – Technik ist omnipräsent. Insofern hat Technik in Freizeit, Bildung und Beruf einen merklich hohen Stellenwert. Gerade in letztgenannten Bereichen der Bildung und Ausbildung gilt Technik als *zukunftsbezogenes Projekt*. Für die Planung der eigenen Zukunft beziehen sich Jugendliche auf Technik, betonen deren Bedeutsamkeit für einen zukunftsfähigen Beruf. Entsprechend den oben zitierten Worten von Luhmann, nach denen die Zukunft der Gesellschaft von Techniken abhängt, die heute noch nicht erfunden sind, beabsichtigen die Heranwachsenden, sich heute technisches Wissen für die Arbeit von morgen anzueignen. Technik hat weiterhin eine *symbolische Bedeutung*. Neue Technik ist immer in hohem Maße prestigeträchtig und damit relevant für die Wahrnehmung durch Dritte. Neue Technik muß im gemeinten Sinne nicht notwendig gesellschaftlich neu sein. Für 15jährige ist das eigene Mofa, für 16jährige der Roller, für 18jährige das Auto usw. etwas besonderes, ebenso wie ein gerade erworbenes Handy, welches neuartige Features bereithält. Soziale Anerkennung und Interesse Anderer geht mit der Verfügung über neue Technik einher, weil sie zusätzliche Potentiale verspricht (Mobilität; Downloaden von CDs, Kopieren von Musik usw.). Insofern macht Technik *Spaß*: Gerade Jugendliche haben Freude am Umgang und an der (erschließenden) Nutzung von Technik. Das Stereotyp Technikfreude sei „Männersache" wird zunehmend aufgeweicht, da sich immer mehr Frauen für Technik interessieren; zumindest wenn es ums Fahren und Kommunizieren geht. Wie sich bei genauerer Sichtung des Materials schließlich abzeichnet, spricht alles für eine *differenzierte Technik-*

---

fassen (die Faktorenanalyse extrahiert einen Faktor; die Skala hat bei drei Items eine interne Reliabilität von alpha = .54). Diese Zusammenfassung geschieht an dieser Stelle jedoch nicht.

10 In Tabelle 4.1 sind neben dem Wortlaut der Items auch die dazugehörigen Mittelwerte abgebildet. Den beiden ersten Fragen wurde etwas seltener zugestimmt als der letzten Frage. Antworten unterhalb des theoretischen Mittelwertes bekunden eher ein geringeres Technikinteresse.

wahrnehmung: Technik wird abhängig von der Generations- und Geschlechtszugehörigkeit, der Zugehörigkeit zu bestimmten sozialen Kreisen (Einkommen, Bildung usw.) unterschiedlich beurteilt. Solche Unterschiede geben für den Umgang mit den technischen Objekten den Ausschlag.

Um dies zu zeigen, werden nun auf Basis der Items 1 und 3 aus Tabelle 4.1 zwei Technik-Mobilitäts-Typen gebildet:

		Item 1: „Wer etwas von Technik versteht, hat Spaß am Autofahren."	
		Stimmt sehr	Stimmt wenig
Item 3: „Das Auto ist ein reiner Gebrauchs- gegenstand."	Stimmt sehr	*Interessierte* (N=397)	*Instrumentelle Nutzer* (N=2680)
	Stimmt wenig	*Kontrollierende Nutzer* (N=891)	*Desinteressierte* (N=406)

Abbildung 4.1: Technikinteresse und Auto-Mobilität – zwei Typen

Diejenigen, die Spaß am Autofahren vom Wissen um technische Vorgänge abhängig machen und gleichzeitig dem Auto mehr als einen Gebrauchsstatus zuschreiben, werden im folgenden „kontrollierende Nutzer" genannt. Diese Personen möchten Technik und den Eindruck, den man mit Technik machen kann, (symbolische Bedeutung), beherrschen. Wer sich insgesamt weniger für technische Details interessiert und vorrangig das Auto als Gebrauchsobjekt ansieht, wird in U.Move als „instrumenteller Nutzer" bezeichnet. Die restlichen Personen werden in den Mischkategorien „Interessierte" und „Desinteressierte" zusammengefaßt[11] und in den weiteren Ausführungen vernachlässigt.[12] Um die beiden Typen zu illustrieren, ein Rückgriff auf Material aus einer Gruppendiskussion:

- Dem ersten aus der Clusteranalyse gewonnenen Technik-Mobilitäts-Typus: *„der kontrollierende Nutzer"*, entspricht in Grundzügen Timo. Timo (19 Jahre) erklärte, er könne „keinen vor" sich haben „ohne zu

---

11 Durchgeführt wurde eine Clusterzentrenanalyse. Aufnahme fanden das Item „Wer etwas von Technik versteht, hat mehr Spaß am Autofahren" (1-stimmt nicht, 5-stimmt sehr) und das Item „Das Auto ist ein reiner Gerbrauchsgegenstand" (1-stimmt nicht, 5-stimmt sehr). Beide Items wurden z-standardisiert und es wurde entsprechend den theoretischen Vorhersagen und praktischen Überlegungen eine 4-Cluster-Lösung angestrebt.
12 Insgesamt können der „Interessierten"- und „Desinteressierten"-Gruppe nur 18 % der Befragten zugeordnet werden. Für „Desinteressierte" spielt die Technik keinerlei Rolle im täglichen Leben. „Interessierte" hingegen haben sowohl einen kontrollierenden, als auch einen gebrauchsorientierten Zugang zur Technik. Die beiden Dimensionen existieren also nicht unabhängig voneinander.

überholen". Timo muß „selbst fahren", sonst ist es ihm langweilig. Deshalb ist auch „Zug fahren" nichts für ihn. Entweder fährt er Auto oder, wenn es weiter ist, fliegt er. Bei weiteren Reisen beginnt für Timo der Urlaub mit der Ankunft am Urlaubsort. Fahren ist was anderes als reisen, so seine Mitteilung. Auch fernere Ziele in Europa steuert er gerne mit dem PKW an, weil er gerne Auto fährt. Er legt Wert auf ein richtiges Auto und denkt nur ungern an sein erstes zurück. Das sei ein „Übergangsauto" gewesen, etwas „für einen alten Mann" nicht für einen jungen Menschen.

- Den zweiten Typ, der als *„instrumenteller Nutzer"* bezeichnet wird, repräsentiert Olaf. Olaf besitzt ein Auto; da er aber ökologisch orientiert ist, benutzt er das Auto nur dann, wenn es nicht zu umgehen ist. Er genießt es, „gefahren zu werden". Für den Schulbesuch ist er, um nicht täglich Autofahren zu müssen, umgezogen. Urlaub beginnt für ihn mit dem „Einsteigen in den Zug". Er schätzt das Funktionsangebot der Bahn und hat mit Interrail auch große Strecken in abgelegenes europäisches Ausland zurückgelegt.

Tabelle 4.2 illustriert, wer zu den einzelnen Typen gehört. Wie fast schon erwartet werden konnte, finden sich im größten Cluster der „instrumentellen Nutzer" überwiegend Frauen. Höheres Alter und bessere Bildungsabschlüsse dominieren, wobei gleichzeitig Stadtbewohner und Studenten/ Berufstätige überrepräsentiert sind. Die „kontrollierenden Nutzer" hingegen sind zu drei Viertel männlich, zur Hälfte jüngeren Alters und mittlerer Bildung. Die Befragten dieser Gruppe kommen häufiger aus städtischen Gebieten und sind besonders oft Schüler oder Auszubildende. Der Unterschied zwischen kontrollierenden und instrumentellen Usern setzt sich in weiteren Einstellungs- und sogar Verhaltensitems fort. Erstgenannte achten beim Fahrzeugkauf verstärkt auf die Eigenschaften „ausgefallenes Design, Schnelligkeit, neuester Stand der Technik, Sportlichkeit"; letztere eher auf „Zuverlässigkeit, niedriger Preis, Umweltfreundlichkeit, Transportmöglichkeiten, Sicherheit". Erstere äußern sich weniger umweltinteressiert als letztere, benutzen seltener umweltschonende Verkehrsmittel und haben andere Attributionsmuster. So setzt z.B. Timo ganz im Sinne seines technikorientierten Leitmusters „to control" auf Fahrzeugtechnik und auf Telematik. Er hält die Sache mit der Umweltbelastung für ein wenig hochgespielt, aber immer noch technisch lösbar. Olaf vertraut auf soziale Reorganisation, ganz so wie er seinen Alltag durch Umzug anders gestaltet, um nicht von einem Fahrzeug abhängig zu sein, was er in einem weiterem Schritt auch als Beitrag zur Minderung der Umweltbelastung beschreibt. Insgesamt macht Autofahren dann den „Kontrollierenden" auch mehr Spaß als den „Instrumentellen".

Tabelle 4.2: Charakterisierung der Techniktypen aus Abbildung 4.1
(abgebildet: Mittelwerte* bzw. Prozentwerte; Spaltenprozente)

Variable/ Merkmal		Gesamt	Cluster 1 instrumentelle Nutzer	Cluster 2 kontrollierende Nutzer	Cluster 3 Interessierte	Cluster 4 Desinteressierte
Wer etwas von Technik versteht, hat mehr Spaß am Autofahren.		2.6	2.0	4.0	4.3	1.5**
Das Auto ist ein reiner Gebrauchsgegenstand.		3.4	4.0	2.0	4.5	1.6**
Geschlecht	Männl.	49,0	38,9	73,9	64,7	45,6
	Weibl.	51,0	61,1	26,1	35,3	54,4
Alter	15-17	35,8	30,0	46,4	44,6	42,4
	18-21	27,8	25,4	35,9	22,2	31,3
	22-26	36,4	44,6	17,7	33,2	26,4
Bildung	Haupts.	14,7	12,3	17,6	22,0	17,7
	Reals.	38,5	35,6	48,8	33,9	39,6
	Abitur	46,7	52,1	33,6	44,2	42,8
Herkunft	Stadt	62,5	66,6	52,0	63,2	57,3
	Land	37,5	33,4	48,0	36,8	42,7
Beschäftigung	Schule	43,3	39,0	51,0	46,7	51,6
	Azubi	23,1	20,1	32,8	21,0	23,4
	Student	16,2	20,2	6,7	15,6	11,2
	Beruf	13,5	16,0	7,5	12,3	11,7

* - Hohe Werte indizieren eine hohe Zustimmung zu den jeweiligen Variablen in der ersten Spalte.
**- Unterschied zwischen Mittelwerten der einzelnen Cluster mind. auf dem 5 %-Niveau signifikant

Am Beispiel des Autos sollte dieser Abschnitt illustrieren, wie man den Zugang zu Technik differenzierter darstellen kann. Es ergaben sich zwei Grundtypen, deren Einstellungen zum Auto einerseits zweckgerichtet, andererseits affektgeladen sind. Es ist zu vermuten, daß dieser spezielle Technikzugang z.T. Resultat eines allgemeineren Technikinteresses ist, welches sich wiederum aus Personen- und Umweltfaktoren speist. Die Unterscheidung von „instrumentellen" und „kontrollierenden Nutzern" ist neuartig und könnte hilfreich sein, auch wenn es nicht um Fahren, sondern um andere Formen der Techniknutzung geht.

4.3 Technik im Dienste der Mobilität im Jugendalltag – weitere empirische Befunde

Zur Erfassung des persönlichen Technikinteresses wurde im Rahmen von U.Move weiterhin auf das Item der Shell-Jugendstudien zurückgegriffen

(Item 2). Andererseits wurden im Hinblick auf Mobilitäts- und Kommunikationstechnologien entsprechend neue Fragen formuliert. Erhoben wurde z.B. der Besitz, die Mitbenutzung und die Beurteilung von Fahrzeugen. Zusätzlich fragten wir, ob – und wenn ja, in welcher Weise – Kommunikationstechnologien bei der Gestaltung der eigenen Mobilitätspraxis bedeutsam wären. Die Ergebnisse hierzu werden im folgenden erläutert.

4.3.1 Verfügung über Technik

Mobilitätstechnik erfreut sich unter den befragten Jugendlichen einer breiten Zustimmung: Schließlich geben nur 6% aller Befragten an, keinerlei Fahrzeug zu besitzen.[13] Am häufigsten wird vom Besitz eines Fahrrades berichtet (79 %), gefolgt vom Auto (60 %), Moped/ Motorrad (17 %) und Mofa (3 %). Wenn nicht nur die Verfügbarkeit, sondern auch die Wertschätzung der Fahrzeuge beurteilt wird, dann unterscheiden sich die einzelnen Fahrzeuge im Hinblick auf ihre Attraktivität wie folgt: Das Auto wird als am attraktivsten eingeschätzt. Danach folgen das Radfahren, die öffentlichen Verkehrsmittel und zum Schluß das zu Fuß gehen. Auch hier sind Differenzierungen angebracht. Besonders für das Auto gilt, daß Frauen eine weniger enge Beziehung pflegen. Für die anderen Verkehrsmittel liegt die Zustimmung bei den Frauen immer etwas über der der Männer. Die Einschätzung der Attraktivität der Mobilitätstechniken variiert zusätzlich stark mit den Einstellungen zur Umwelt.[14] „Umweltbewußte" schätzen das Radfahren und die öffentlichen Nahverkehrsmittel als am attraktivsten ein. Bei den „Desinteressierten" ist das Auto mit Abstand das schönste und wichtigste Mobil. Es ist allerdings nicht der Fall, daß Umweltbewußte dann ihren Einschätzungen entsprechend auch seltener Autos besitzen: 62 % dieser Gruppe gaben an, über ein Auto zu verfügen (Desinteressierte: 56 %).

Verfügung über Mobilitätstechnik ist eine Seite, die Nutzung von Kommunikationstechnik die andere: Die U.Move-Daten lassen keine Auswertungen zum alltäglichen Handy- oder Internetgebrauch zu, wohl aber liefern sie Informationen, wenn es um den mobilitätserschließenden Gebrauch diverser Kommunikationstechniken geht.[15] Neue Wege der persön-

---

13 Der „Fahrzeuglosen"-Anteil schwankt für die verschiedenen Altersgruppen zwischen 1,9 % (26jährige) und 9,0 % (17jährige).
14 Anhand einer 5 Fragen umfassenden, 6-stufigen, reliablen Skala wurden die Befragten in drei Gruppen geteilt: Das Viertel mit den höchsten Werten auf der Skala sind die „Umweltbewußten", das Viertel mit den niedrigsten Werten die „Gleichgültigen". Dazwischen befinden sich 50 % mit moderaten Einstellungen/Verhalten hinsichtlich ökologischer Belange.
15 Also im Hinblick auf das Inerfahrungbringen von Fahrtzeiten, Anschlüssen und Ticketpreisen der öffentlichen Nahverkehrsmittel.

lichen Information und sozialen Verkehrssteuerung, die sich aktuell in der Entwicklung befinden bzw. deren Benutzung bzw. Marktreife kurz bevorsteht[16], wurden z.T. in dem Fragebogen berücksichtigt. Interessant dabei ist, daß einige wenige Befragte angeben, bereits auf den Personal Travel Assistant (PTA) zurückzugreifen, der zum Zeitpunkt der Erhebung erst als Idee existierte. Diese 3,6 % der Befragten, die angeben, den PTA bereits zu nutzen, sind offensichtlich der harte Kern der Technikinteressierten. Mit dem PTA soll die Mobilitätsplanung in die Hände eines Computers gegeben werden, der selbständig den besten Weg und die geeignetsten Verkehrsmittel sucht und an den Nutzer weiterleitet. Die übrigen Befragten der Stichprobe benutzen zur Informationsgewinnung in erster Linie das Fahrplanheft. Etwas seltener gehen sie in den Service Point. Das Internet wird genauso häufig benutzt wie die Telefon-Hotline, neue Ticketautomaten und die Zeitung. Geschlechterdifferenzen bestehen insofern, als Frauen eher auf ‚soziale' (Telefon-Hotline, Service Point) und Männer auf technische Informationsmöglichkeiten (Internet, Fax, PTA) zurückgreifen. Da die Gruppe der 20- bis 30jährigen zur stärksten Gruppe bei der Internetnutzung zählt, überrascht es nicht, daß es im U.Move-Sample gerade die 22-26jährigen sind, die besonders häufig über Internet Auskünfte zu Fahrtzeiten usw. abrufen.

4.3.2 Technikinteresse

Wird nun die Item 2- (siehe Tabelle 4.1), d.h. die ‚klassische' Technikinteresse-Frage, gesondert betrachtet, zeigt sich, daß nahezu die Hälfte aller Befragten gering technikinteressiert ist und für knapp ein Drittel ein hohes Interesse berichtet werden kann (vgl. Tabelle 4.3). Bei der Shell-Jugendstudie 2000, die Jugendliche zwischen 15 und 24 befragte, erklärten zwei Drittel, „etwas" oder „sehr" an Technik interessiert zu sein (Jugendwerk der Deutschen Shell 2000: 199). Die Ergebnisse von U.Move weichen also etwas nach unten ab. Hinsichtlich der Geschlechtertrennung hingegen lassen sich die Ergebnisse der Shell-Studien replizieren: 53 % der Männer und nur 9 % der Frauen berichten von starkem Interesse (vgl. Jugendwerk der Deutschen Shell 1997: 354). Weiterhin sind es, der Stichprobe folgend, hauptsächlich Befragte aus ländlichen Regionen und solche mittlerer Bildung sowie Auszubildende, die technischen Apparaturen gegenüber besonders aufgeschlossen sind. Dies bedeutet gleichzeitig: Für technische Belange interessieren sich

---

16 Zu nennen wären hier u.a. GPS (Global Positioning System), Mobilitätsmanagment im Internet, P+R (park&ride) Systeme, computergestütze Parkraumbewirtschaftung, Elektronische Bevorrechtigung von ÖPNV etc.

eher *nicht* Studenten, besser Qualifizierte oder Ostdeutsche (vgl. Jugendwerk der Deutschen Shell 1997 und 2000).

Tabelle 4.3: Technikinteresse („Ich interessiere mich für Technik.") nach ausgewählten soziodemographischen Merkmalen (Angaben in %; Spaltenprozente)

	Gesamt	Geschlecht		Alter in Jahren				Bildung		
		Männl.	Weibl.	15-17	18-21	22-26	Haupts.	Reals.	Abitur
	N=4417	N=2166	N=2247	N=1593	N=1220	N=1604	N=643	N=1666	N=2010
Gering	47,2	24,1	69,5	46,3	47,6	47,8	44,9	45,2	49,7
Mittel	22,2	23,2	21,3	21,9	19,5	24,6	21,4	19,3	24,8
Hoch	30,6	52,7	9,3	31,8	32,9	27,5	33,7	35,5	25,5

	Gesamt	Herkunftsgebiet		Herkunftsregion		Beschäftigung			
		West	Ost	Stadt	Land	Schüler	Azubi	Student	Arbeit
	N=4417	N=2176	N=2241	N=2657	N=1597	N=1901	N=1005	N=706	N=593
Gering	47,2	46,7	47,7	48,7	45,7	48,3	43,8	45,6	50,6
Mittel	22,2	21,5	22,9	23,1	20,4	21,5	20,3	26,7	20,8
Hoch	30,6	31,7	29,4	28,3	33,9	30,2	35,9	27,7	28,6

Im Hinblick auf das Alter können keine starken Effekte beobachtet werden. Es sind aber tendenziell die Jüngeren, die vermehrt Offenheit gegenüber der Technik im allgemeinen bekunden. Wie lassen sich die Abweichungen zu der sich Repräsentativität zuschreibenden Shell-Jugendstudie (vgl. Jugendwerk der Deutschen Shell 2000: 357) erklären? Zum einen werden dort andere Altersklassen befragt, d.h. es könnte eine bestimmte soziodemographische Schieflage der U.Move-Stichprobe durchschlagen.[17] Möglich ist allerdings ebenso eine Umschichtung der Bewußtseinslagen verschiedener Populationen. Möglich ist schließlich auch, daß die untersuchten Jugendlichen die Frage nach Technik mit dem eigenen Interesse an lebensalltäglicher Technik aus ihrem Umfeld zusammengeschlossen haben, Technik in beiden Befragungen also etwas verschiedenes bedeutet.

Insgesamt schätzen also knapp ein Drittel der Befragten ihr Technikinteresse als hoch ein, obwohl die Frage recht allgemein formuliert war.[18] Die Jugendlichen dürften sich hierin nicht allzu sehr von den Erwachsenen unterscheiden (vgl. Fischer 1985). Um der Frage nachzugehen, welche Jugendlichen sich nun besonders für Technik interessieren und ob die Zurechnung

---

17   Dennoch bleiben z.B. die Ostdeutschen geringer technikinteressiert, wenn man die Antworten gewichtet, d.h. künstlich repräsentativ macht. Auf die Option der Gewichtung wird aus Gründen mangelnder Transparenz dieses Vorgehens jedoch weitestgehend verzichtet.

18   D.h. es wurde nicht nach konkreter Technik gefragt. Es kann deshalb angenommen werden, daß die Jugendlichen bei ‚Technik' vorrangig an technische Gerätschaften in ihrer unmittelbaren Umwelt denken und in geringerem Maße an großtechnische Anlagen. Die Verbindung von Technik mit Fortschritt wurde höchstwahrscheinlich ebenfalls nicht aktiviert.

zu den Technikfans/-distanzierten auch unterschiedliche Bewußtseinslagen und Verhaltensrepertoires impliziert, wurden anhand des Items „Ich interessiere mich für Technik" drei Gruppen gebildet: die *Technikdistanzierten* (alle, die dieser Frage überhaupt nicht zustimmen konnten), die *Technikfans* (diejenigen, die ziemlich und sehr zustimmten) und die *Weder-Fans-noch-Feinde der Technik*. Die beiden ersten Gruppen sind in etwa gleich groß und umfassen ca. 25 % der Befragten. Die Tabellen 4.4 bis 4.6 geben Auskunft über ausgewählte soziographische Merkmale, Einstellungen und konkrete Verhaltensweisen der einzelnen Gruppen.

Tabelle 4.4: Soziodemographie der Technikfans (Angaben in %; Spaltenprozente)

Merkmal		Gesamt	„Ich interessiere mich für Technik."		
			„stimmt nicht"	„stimmt	„stimmt ziemlich/ sehr"
			Technik-	wenig/ mittelmäßig"	**Technikfan**
		N=4417	**distanziert**	N=1887	N=1340
			N=1158		
Geschlecht	Männl.	49,1	16,4	43,9	84,5
	Weibl.	50,9	83,6	56,1	15,5
Alter	15-17	36,1	37,0	34,2	37,4
	18-21	27,6	28,8	25,6	29,9
	22-26	36,3	34,3	40,2	32,8
Bildung	Haupts.	14,9	14,7	13,7	16,2
	Reals.	38,6	39,6	33,6	44,9
	Abitur	46,5	45,7	52,7	38,9
Herkunft	Stadt	62,5	62,8	65,2	58,1
	Land	37,5	37,2	34,8	41,9
Beschäfti-	Schule	43,4	47,0	41,6	42,7
gung	Azubi	23,0	21,6	21,0	26,9
	Student	16,1	13,8	18,8	14,6
	Beruf	13,5	13,5	14,1	12,6

Technikfans sind demnach zu 85 % *Männer*. Hinsichtlich des Alters, der Bildung, der Herkunft und des Beschäftigungsstatus sind die Ergebnisse weniger eindeutig. Es kann lediglich gesagt werden, daß die Fans tendenziell jünger sind (obwohl jede Altersgruppe zu etwa einem Drittel vertreten ist), eher zu mittleren Bildungsabschlüssen neigen, fast zur Hälfte ländliche Regionen bewohnen (bei den anderen beiden Gruppen jeweils nur zu einem Drittel) und sich im Vergleich zu den Distanzierten häufiger in Ausbildung befinden. Die Wahrscheinlichkeit, sich selbst den Technikfans zuzuordnen, ist für männliche Auszubildende aus ländlichen Regionen mit 63 % am höchsten, d.h. zwei von drei Personen dieser Population bekunden ein hohes bzw. sehr hohes Technikinteresse. Bei den anderen männlichen Gruppen ist dies nur jeder Zweite.

Daß Technikinteresse nur einen Teil eines bestimmten Zugangs zur Welt, einer Lebensphilosophie darstellt, zeigen die stabilen Unterschiede zwischen

Fans und Distanzierten in bezug auf Einstellungsmaße und Verhaltensindexe. Technikfans bewerten das Auto signifikant positiver und Öffentliche Nahverkehrsmittel sowie das zu Fuß gehen negativer.[19] Desweiteren delegieren sie verstärkt die Verantwortung für den Umweltschutz an übergeordnete Systeme wie Wirtschaft und Politik und nehmen auf diese Weise Abstand von der persönlichen Verantwortlichkeit. Sie spielen dementsprechend auch den Beitrag des Automobils an der Umweltverschmutzung herunter und erkennen die Möglichkeiten zur umweltbewußten Verkehrsmittelwahl seltener an. Für einen eventuell anstehenden Autokauf sind ihnen Eigenschaften wie Schnelligkeit, Sportlichkeit und neuester Technikstand („kontrollierend") fast genau so wichtig als gebrauchsorientierte Merkmale wie Zuverlässigkeit, Umweltfreundlichkeit und Sicherheit („instrumentell").[20]

Tabelle 4.5: Vergleich der Technikfans mit den anderen Gruppen hinsichtlich bestimmter Einstellungen (abgebildet: Mittelwerte*)

Einstellung	Gesamt	„Ich interessiere mich für Technik."		
		„stimmt nicht" Technik-distanziert N=1158	„stimmt wenig/ mittelmäßig" N=1887	„stimmt ziemlich/ sehr" Technikfan N=1340
	N=4417			
(1) positive Einst. zu Verkehrsmitteln:				
a) Auto	3.6	3.5	3.5	3.7**
b) ÖNVM	2.9	3.0	3.0	2.8**
c) Laufen	2.4	2.4	2.4	2.3**
(2)Umweltschutz/ Verkehrsmittel:				
a) Verantwortlich für Umweltschutz ist die Politik bzw. die Wirtschaft.	3.2	3.2	3.3	3.3**
b) Man ist persönlich für den Umweltschutz verantwortlich.	2.4	2.4	2.4	2.2**
c) Man kann über die Wahl der richtigen Verkehrsmittel einen Beitrag zum Umweltschutz leisten.	3.4	3.5	3.5	3.3**
d) Das Auto trägt Schuld an der Umweltzerstörung.	3.7	3.8	3.7	3.6**
(3) Autoeigenschaften:				
a) „kontrollierend"	2.6	2.4	2.5	2.9**
b) „instrumentell"	3.3	3.4	3.3	3.2**

* - Hohe Werte indizieren eine hohe Zustimmung zu den jeweiligen Variablen in der ersten Spalte. Die Antwortkategorien reichten von 1 – „stimmt nicht" bis 5 – „stimmt sehr". Nur bei den Fahrzeugeigenschaften reichten die Antworten von 1 – „gar nicht wichtig" bis 4 – „sehr wichtig".
**- Unterschied zwischen Mittelwerten der Technikfans und denen der Technikdistanzierten mind. auf dem 5%-Niveau signifikant

---

19 Beispielitems: „Autofahren bedeutet für mich Freiheit."; „Ich finde, Bus- und Bahnfahren ist im Trend."; „Zu Fuß gehen finde ich langweilig."
20 Die erwähnten Einstellungsunterschiede sind sämtlich mindestens auf dem 5%-Niveau signifikant.

Schließlich unterscheiden sich die Technikgruppen auch in ihrem jeweiligen Verhalten. Knapp zwei Drittel der Technikfans (64 %) haben einen Führerschein[21]. Zudem verfügen sie häufiger selbst über eigene Pkws, Mopeds usw. Fans haben, das läßt sich den Daten entnehmen, ein verstärktes Bedürfnis, selber zu fahren. Umgekehrt sind sie in geringerem Maße zur Nutzung nicht selbstgesteuerter Verkehrsangebote (Mitfahrgelegenheit, ÖPNV) bereit[22].

Tabelle 4.6: Vergleich der Technikfans mit den anderen Gruppen hinsichtlich konkreten Verhaltens (abgebildet: Prozentwerte bzw. Mittelwerte*)

Aktion	Gesamt	"Ich interessiere mich für Technik."		
		"stimmt nicht" Technik- distanziert N=1158	"stimmt wenig/ mittelmäßig" N=1887	"stimmt ziemlich/ sehr" Technikfan N=1340
	N=4417			
(1) Besitz eines Führerscheins	58,9	51,7	59,8	63,7
(2) Verfügung über eigene, motorisierte Individualverkehrsmittel	41,2	31,8	39,3	52,1
(3) Zurechnung zu technikbezogenen Gruppen (Auto-, Motorradfans)	7,0	1,2	3,2	17,5
(4) Hohe Geldausgaben im Jahr für Technik (Auto, Kommunikation)	9,0	5,7	7,0	14,6
(5) Anteil an Wegen, die mit MIV zurückgelegt werden	41,5	37,0	40,9	46,5
(6) Technikbezogene Freizeitbeschäftigungen (z.B. Auto fahren)	2.5	2.1	2.4	2.9**
(7) Umweltschonendes Verhalten	3.4	3.4	3.5	3.3**
(8) Hochmobile Tage im Jahr (Urlaub, Tagesausflüge)	34.6	33.9	34.5	35.2
(9) Durchschnittliche Weganzahl				
Werktags	4.0	4.0	4.1	3.8
Samstags	3.1	3.2	3.3	2.9**

* - Hohe Werte indizieren eine hohe Zustimmung zu den jeweiligen Variablen in der ersten Spalte. Die Antwortkategorien reichten bei den Technikbezogenen Freizeitbeschäftigungen von 1 – „nie" bis 5 – „immer" und beim Umweltschonenden Verhalten (Kauf umweltfreundlicher Produkte, Mülltrennung ...) von 1 – „ trifft überhaupt nicht zu" bis 6 – „trifft voll und ganz zu".
**- Unterschied zwischen Mittelwerten der Technikfans und denen der Technikdistanzierten mind. auf dem 5%-Niveau signifikant

Freund der Technik zu sein bedeutet, sich selbst aktiv in entsprechenden Fankreisen (Schrauber, Bastler, Tüftler, Motorclubs) zu engagieren. Zudem wendet dieser Typ einen größeren Teil des zur Verfügung stehenden Geldes für technische Ausstattung (Auto, Computer) und Fahren auf. Auch bei der Freizeitverwendung macht sich das Technikinteresse bemerkbar, denn neben

---

21 Dies ist kein Alterseffekt, da die Verteilung der Altersgruppen in etwa gleich ist; die Technikfans sind sogar tendenziell noch etwas jünger.
22 60 % der kontrollierenden Nutzer bezeichnen sich selbst als technikinteressiert, 80 % der instrumentellen Nutzer als Technikfeind bzw. Weder-Freund-noch-Feind.

Geld, investieren sie auch viel Zeit in die Beschäftigung mit Technik: Auto fahren oder reparieren oder am Computer sitzen, ist bei Technikfans eindeutig häufiger angesagt als bei den Technikdistanzierten. Schließlich konnte bereits aus den Ergebnissen zu den Einstellungen gefolgert werden, daß die Umwelt (Natur) für die Fans keine herausgehobene Rolle spielt. Müll trennen oder sich gar in Umweltgruppen treffen, kommt seltener vor als bei den Pendants. Betrachtet man nun die persönliche Mobilität, so ergeben sich z.T. widersprüchliche Befunde: Zum einen scheinen die Technikfans über das Jahr hinweg betrachtet tatsächlich etwas häufiger ‚auf Achse' zu sein (Urlaub- und Tagesausflüge). Zum anderen sind die alltäglichen Wege werktags und samstags etwas seltener; d.h., daß Technikfreunde etwas weniger mobil sind.[23] Klar ist nur, daß Fans, sobald sie unterwegs sind, auch verstärkt auf Individualverkehrsmittel zurückgreifen: 46 % der zu erledigenden Wege werden mit Pkw oder Moped/ Motorrad zurückgelegt.

War dieser Abschnitt dafür reserviert, eher „klassische Auswertungen" mit einer „klassischen Frage" vorzunehmen, steht im letzten empirischen Teil der (auch fast schon „klassisch" zu nennende) Versuch im Vordergrund, Technikinteresse und Umweltbewußtsein miteinander in Beziehung zu setzen.

4.4 Die Verbindung von Technikinteresse und Umweltbewußtsein

Kann man sich für Technik interessieren und gleichzeitig umweltbewußt sein? Oder schließen sich beide Einstellungsmuster aus? Im Hinblick auf Großtechnologien scheint die Antwort auf diese Fragen einfach: Wer Atomkraftwerke schätzt, ist kein Öko. Neuere technische Entwicklungen machen die Antwort jedoch schwieriger. Möglicherweise lässt sich das Handy oder der Computer ganz ohne ein schlechtes Gewissen gegenüber der Umwelt benutzen. Um nun der Verbindung von Umweltbewußtsein und Technikorientierung nachzugehen, werden im folgenden die Befragten der U.Move-Studie anhand von zwei Itemkomplexen und mit Hilfe einer Clusteranalyse[24] in vier Gruppen geteilt.

---

23 Eine Erklärung für diese Widersprüchlichkeit könnte sein, daß Technikinteressierte öfter Schüler oder Auszubildende sind, die gemeinhin weniger notwendige Wege zu erledigen haben.

24 Durchgeführt wurde eine Clusterzentrenanalyse. Aufnahme fanden das Item „Ich interessiere mich für Technik" (1-stimmt nicht, 5-stimmt sehr) und eine Skala zur Umweltorientierung

		Item : „Umweltschutz spielt in meinem Verhalten eine große Rolle."	
		Stimmt sehr	Stimmt wenig
Item 2: „Ich interessiere mich für Technik."	Stimmt sehr	*Delegierer* (N=1041)	*Technikinteressierte* (N=1263)
	Stimmt wenig	*Umweltbewußte* (N=1159)	*Desinteressierte* (N=908)

Abbildung.4.2: Technikinteresse und Umweltbewußtsein – 4 Typen

Die Gruppen entsprechen weitestgehend jenen, die in einer Vorgängerstudie am Deutschen Jugendinstitut (DJI) zum Umweltwissen Jugendlicher entwikkelt wurden, wobei es sich um eine qualitative Studie handelte, die 145 Jugendliche umfaßte, (vgl. Lappe/ Tully/ Wahler 2000: 173-203). Der Focus dieser Studie war jedoch ein anderer, als der der U.Move-Befragung: Es ging darum, Inkonsistenzen jugendlichen Umwelthandelns darzustellen und die Aussagen zum Wahrnehmen, Verarbeiten und Handeln in vier Gruppen zu unterscheiden. Technik und Technikinteresse spielten dabei eine sekundäre Rolle. Die letztendlich elaborierte Operationalisierung von Lappe/ Tully/ Wahler kann hier nicht repliziert werden. Es wird jedoch zur Interpretation der eigenen Daten auf diese Vorarbeiten zurückgegriffen. Im folgenden sollen die einzelnen Cluster näher erläutert werden.

Die konsistent *Umweltbewußten* in der Stichprobe umfassen etwa ein Viertel der Befragten. Ihre Einstellung zur Technik ist eher distanziert und die Umwelt spielt in ihrem Verhalten eine sehr wichtige Rolle. Diese Gruppe entspricht den „Konsistent Aktiven" bei Lappe/ Tully/ Wahler 2000, die sie wie folgt definieren: „Es handelt sich hier um Jugendliche, die ihr Interesse an Umweltsachverhalten deutlich vermitteln, deren kognitive und emotionale Verarbeitung von Umweltproblemen sehr intensiv ist und die daher ihre persönliche Umweltbetroffenheit äußern [...] Entscheidend ist, daß diese Jugendlichen ihre eigenen Aktivitäten, ihre Fähigkeiten und ihre Kontrollkompetenz im Hinblick auf ökologisches Handeln [...] sehr stark betonen" (ebd.: 175f). Entsprechend Tabelle 4.7 gehören zu den Umweltbewußten überwiegend Frauen, Personen höheren Alters und Heranwachsende besserer Bildung. Zu den in der Stichprobe identifizierten konsistent *Technikinteressierten* gibt es keine Entsprechung bei Lappe/ Tully/ Wahler (2000), weil die Technikorientierung in dieser Untersuchung keinen gleichwertigen Stellen-

---

(besteht aus 5 Items mit einer internen Reliabilität von Crombachs alpha .67; Bsp.: „Der Schutz der Umwelt spielt in meinem Verhalten eine große Rolle."; 1-trifft überhaupt nicht zu, 6-trifft voll und ganz zu). Beide Items wurden z-standardisiert und es wurde entsprechend den theoretischen Vorhersagen und praktischer Überlegungen eine 4-Cluster-Lösung angestrebt.

wert wie das Umweltbewußtsein hatte und deshalb kein konstituierendes Element der Typenbildung war. Jugendliche, die sich ohne Rücksicht auf ökologische Aspekte ausschließlich technikinteressiert äußern, finden sich in der U.Move-Studie etwa genauso häufig wie konsistent Umweltbewußte, nur das es sich bei dieser Gruppe um die Spiegelung der letztgenannten handelt: Technikorientierte sind zu 80 % männlich, zu 43 % jüngeren Alters und zu 61,5 % mittlerer bzw. geringer Bildung. Bei der Herkunft gibt es, wie beim Beschäftigungsstatus kaum erwähnenswerte Unterschiede, mit der Ausnahme, daß ungetrübte Technikverbundenheit häufiger bei Auszubildenden als bei Berufstätigen und Studenten zu beobachten ist.

Tabelle 4.7: Charakterisierung der Techniktypen aus Abbildung 4.2
(abgebildet: Mittelwerte* bzw. Prozentwerte; Spaltenprozente)

Variable/ Merkmal		Gesamt	Cluster 1 Technikinteressierte	Cluster 2 Umweltbewußte	Cluster 3 Delegierer	Cluster 4 Desinteressierte
Ich interessiere mich für Technik.		2.7	3.9	1.5	3.7	1.4**
Umweltschutz spielt in Verhalten eine große Rolle.		3.4	2.7	4.1	4.3	2.6**
Geschlecht	Männl.	49,0	80,4	20,9	58,6	30,2
	Weibl.	51,0	19,6	79,1	41,4	69,8
Alter	15-17	35,8	43,2	30,7	28,1	40,9
	18-21	27,8	31,0	26,4	23,3	30,0
	22-26	36,4	25,7	42,9	48,5	29,2
Bildung	Haupts.	14,7	18,0	11,2	12,1	17,4
	Reals.	38,7	43,5	36,8	36,4	37,1
	Abitur	46,6	38,5	52,0	51,5	45,5
Herkunft	Stadt	62,4	60,3	64,3	62,2	63,2
	Land	37,6	39,7	35,7	37,8	36,8
Beschäftigung	Schule	43,4	46,8	41,6	37,3	47,9
	Azubi	22,9	30,7	18,0	17,0	25,3
	Student	16,2	9,4	19,9	25,6	10,2
	Beruf	13,5	9,9	15,9	16,0	12,6

* - Hohe Werte indizieren eine hohe Zustimmung zu den jeweiligen Variablen in der ersten Spalte.
**- Unterschied zwischen Mittelwerten der einzelnen Cluster mind. auf dem 5 %-Niveau signifikant

Zu diesen beiden Extremgruppen gesellen sich noch zwei weitere Mischtypen: zum einen die *Delegierer* und zum anderen die *Desinteressierten*. Zur Beschreibung dieser Typen können wiederum die Ausführungen von Lappe/ Tully/ Wahler (2000) herangezogen werden. Die Autoren zum „konsistenten Delegierer": „In diesen Typus haben wir diejenigen Jugendlichen eingestuft, die Umweltprobleme eher plakativ beschreiben und deren Wahrnehmung der Umweltzerstörung eher als eingeschränkt zu bezeichnen ist [...]. Entscheidend für die Einstufung in diesen Typus war jedoch, daß die Probanden die ökologische Handlungsverantwortung entweder an die Eltern, die Geschwister oder an öffentliche Instanzen [...] delegieren und damit externalisieren" (ebd.: 176). Gerade diese letzte Eigenschaft des Delegierers war der Grund, die Typenbezeichnung zu übernehmen. Im gegebenen Fall kann zwar nicht davon gesprochen werden, daß die Umwelt im Verhalten der Delegierer keine Rolle spielt, wichtiger ist aber, daß gleichzeitig die Technikaffinität stärker ausgeprägt ist als bei den konsistent Umweltbewußten. Wir haben es hier vielleicht mit einem besonderen Untertypus des Delegierers von Lappe/ Tully/ Wahler (2000) zu tun, nämlich mit Jugendlichen, die um die persönliche Verantwortung für den Umweltschutz wissen (und auch entsprechend handeln), die aber gleichzeitig dem technischen Fortschritt die Lösung der derzeitigen Umweltprobleme zutrauen. Sie delegieren quasi teilweise Verantwortung an moderne Technologien. Als weiteres Argument für eine derartige Vermutung können zusätzliche Items herangezogen werden: Die Delegierer haben den höchsten Mittelwert auf der Skala „Andere Personen meinen, daß man umweltschonende VM benutzen sollte" und „Andere Institutionen wie Politik und Wirtschaft sind für Umweltschutz verantwortlich", d.h. ihnen liegt tatsächlich ein Bewußtsein zugrunde, was sie besonders sensibel für die „signifikanten Anderen" (nach Mead sind dies wichtige Gegenüber wie Eltern, Freunde...) macht und welches sie dazu veranlaßt, Verantwortung z.T. zu verschieben. Es sollte jedoch nicht verschwiegen werden, daß sie eine genau so hohe persönliche Verantwortung für den Umweltschutz empfinden wie die konsistent Umweltbewußten. Bei der Benutzung umweltschonender Verkehrsmittel (besonders Auto) stehen sie hingegen wieder hinter den Umweltbewußten zurück. Die Gruppe der Delegierer ist alles in allem die ambivalenteste Gruppe und die Bezeichnung mag auch nicht für alle Personen die treffende sein. Sie zeigt aber, daß ein Verständnis für Umweltangelegenheiten und Technikinteresse gleichzeitig koexistieren können, d.h. daß es Jugendliche verstehen, teilweise konfligierende Einstellungen und Verhaltensweisen in ein kognitives Gleichgewicht zu bringen. Ob dies nur über den Weg der Verantwortungsverschiebung möglich ist („Technik löst unsere Umweltprobleme") oder ob es andere Möglichkeiten gibt, kann an dieser Stelle nicht weiter ausgeführt werden. Soziodemographisch läßt sich die Gruppe der Delegierer wie folgt beschreiben: Es finden sich in etwa gleicher Häufigkeit Männer und Frauen wieder; ältere Befragte und höhere Abschlüsse dominieren; besonders oft (im Vergleich zu den anderen Typen) tauchen Studenten auf.

Schließlich finden sich sowohl bei Lappe/ Tully/ Wahler (2000) als auch bei U.Move Adoleszente, deren eigener Alltag weder von der Umwelt noch von der Technik in entscheidender Weise tangiert wird. Desinteressierte zeigen „in fast allen für die Einstufung benutzten Variablenbereichen Uninformiertheit, Desinteresse und mangelndes Engagement" (ebd.: 199). Dies gilt besonders für Frauen und Auszubildende (auch Schüler). Hinsichtlich des Alters gibt es keine erwähnenswerten Effekte.

Führt man schließlich diese Typen mit denen aus Abbildung 4.1 zusammen (Tabelle 4.2), so kann erneut festgestellt werden, daß „kontrollierende" Nutzer zu über 50 % den „konsistent Technikinteressierten" angehören. Nur jeder 10. kann als „Umweltorientiert" bezeichnet werden. „Instrumentelle" Nutzer hingegen finden sich am häufigsten bei den Umweltschützern (34%) und am seltensten bei ausschließlich Technikinteressierten (19%).

4.5 Technikaffinität und soziale Bezugssysteme

Den „nichtnatürlichen Selbstverständlichkeiten", wozu auch das Auto als „Tandem von Technik und Individualität" gehört, wurde bislang wenig Aufmerksamkeit geschenkt. Zu lange wurde ein rationeller Umgang mit Fahrzeugen im Kontext der Mobilität unterstellt und in Befragungen auch so erhoben. Das heißt, verzeichnet wurden Weglänge, Wegziele, benutzte Verkehrsmittel u.a.m. Andererseits wissen wir (und das gilt nicht nur für Jugendliche), daß einfache Wegbewältigungen wohl die Ausnahme sind. In der Regel ist Mobilität nicht Zwang, sondern Chance und es bieten sich immer auch mehrere Möglichkeiten: vom (Stehen-)Bleiben über langsamere Fortbewegung mit Pausen, bis hin zu zügigen (nur von Staus gestoppten) Bewegungen. Von daher muß den individuellen Zugängen mehr Aufmerksamkeit zukommen. Gerade da Autos technisch gefertigte Designerstücke sind, angefangen beim Türschlag über den Motorsound bis hin zum Aussehen, wäre es reichlich verfehlt, rationelle, emotionsferne Umgangsstile bei der Ausgestaltung der Mobilität zu unterstellen. Da Mobilität mit dem Auto wie auch mit anderen Vehikeln gerade nicht nur mit Wegebewältigung gleichzusetzen ist, wurde im Rahmen dieses Artikels in drei Schritten eigenes empirisches Material zum Stellenwert von Technik im Jugendalltag präsentiert. Mittels typisierender Verfahren ließ sich zeigen, daß die eingangs formulierte These der erlebnisorientierten Techniknutzung Jugendlicher richtig ist und zukünftige Forschung diese Erlebnisdimension in stärkerer Weise als bisher zu berücksichtigen hat. Jugendliche besitzen zwar auf der einen Seite einen kühlen, reflektierten Zugang zur Technik. Es lassen sich aber ebenso typische (meist männliche) Adoleszente identifizieren, für die Technik und besonders Automobile mehr als nur schlichte Gebrauchsobjekte darstellen. Das Leben dieser jungen Menschen ist von einem eher emotionalen Verhältnis zur Technik geprägt, wie Technik insgesamt in der Lebensführung eine wichtigere Rolle spielt. Gleichzeitig sind für „kontrollierende Nutzer" bestimmte Bewußtseinslagen fremd, wie der Exkurs zum Verhältnis von Umwelt und Technik verdeutlichen sollte.

Mit diesen Analysen hat die Untersuchung jugendlichen Technikinteresses erst wirklich begonnen, da der Artikel zwei fundamentale Neuerungen offerierte: Zum einen ist es notwendig, Technikinteresse nicht abstrakt zu erforschen, sondern immer unter einem Verwendungsaspekt; in diesem Falle der individuellen Mobilität. Darauf aufbauend ist zweitens die in diesem Artikel heraus gearbeitete Unterscheidung von „instrumentellen" und „kontrollierenden Nutzern" neuartig und könnte für weitere Analysen jugendlichen Technikbezugs hilfreich sein, wenn es nicht um Fahren, sondern um andere Formen der Techniknutzung geht. Mit seiner Anwendung sind nicht nur methodische und konzeptionelle Anregungen in Richtung Jugendforschung und Techniksoziologie erwartbar, sondern es lassen sich, wie der Artikel ebenfalls zeigte, unschwer Verbindungen zu angrenzenden Fachgebieten wie der Ökologie herstellen.

5 Mobilitätstypen von Jugendlichen und jungen Erwachsenen

In den letzten beiden Kapiteln wurde dargestellt, welche Zusammenhänge zwischen den Einstellungen von Jugendlichen und ihrem Mobilitätsverhalten zu beobachten sind. Hierbei zeigt sich ein Einfluss von normativen Erwartungen, von Bewertungen der eigenen Handlungsmöglichkeiten, von technikbezogenen Einstellungen, sowie von symbolischen Mobilitätsorientierungen auf das Mobilitätsverhalten. Diese Einzelbefunde machen deutlich, dass neben raum- und verkehrsinfrastrukturellen Merkmalen auch innerpsychische Bewertungsprozesse das Mobilitätsverhalten beeinflussen.

5.1 Lebensstile, Mobilitätsstile und Mobilitätstypen
Marcel Hunecke

In der empirischen Verkehrsforschung sind innerpsychischen Bewertungsprozesse bisher auf vielfältige Weise operationalisiert worden. In U.Move wird dieser Beliebigkeit durch eine handlungstheoretische Fundierung begegnet, die es ermöglicht, die Einflussfaktoren der Verkehrsmittelwahl auf dem Hintergrund eines allgemeinen Handlungsmodells zu beschreiben (vgl. S. 59). Dieses gewählte Vorgehen hat aber den entscheidenden Nachteil, dass durch die Betrachtung der Gesamtstichprobe jene Einflussfaktoren ausgemittelt werden, die nur in spezifischen Subgruppen eine Bedeutung erlangen. Die Einsichten in subgruppenspezifische Zusammenhänge zwischen Einstellungen und Mobilitätsverhalten können dann dazu genutzt werden, begründete Ansatzpunkte für verkehrsplanerische Maßnahmen abzuleiten. Insgesamt bietet sich daher eine methodische Vorgehensweise an, die neben der Überprüfung von allgemeinen Handlungsmodellen gleichzeitig Subgruppen in der Gesamtpopulation identifiziert.

In der Verkehrsursachenforschung ist erstmals eine subgruppenspezifische Perspektive über das Konzept der verhaltenshomogenen Gruppen eingeführt worden. Die hier vorgenommene Typenbildung basiert auf individuellen Verhaltensmustern, die als Resultat einer Überlagerung von individuellen Merkmalen, rollenspezifischen Anforderungen und räumlich-zeitlichen Sachsystemen angesehen werden (Kutter 1972). Als personenbezogene Merkmale gehen nur direkt beobachtbare Größen (Alter, Geschlecht, Position im Lebenszyklus) in die Modellbildung ein. Einstellungen und Orientierungen als Bestandteile von innerpsychischen Bewertungsprozessen sind bei dieser Form der Typenbildung nicht mitberücksichtigt worden.

Eine Integration einstellungsbasierter Merkmale in die verkehrwissenschaftliche Typenbildung fand zum ersten Male in dem Konzept der "Mobilitätsstile" statt, wie es im Rahmen des Forschungsverbundes CITY:mobil entwickelt worden ist. Hier wurde auf Grundlage von Mobilitätsorientierungen eine einstellungsbasierte Typenbildung vorgenommen. Die resultierenden Typen werden als Mobilitätsstile bezeichnet und verweisen damit nicht nur auf Unterschiede in den Mobilitätsorientierungen, sondern ebenso auf Unterschiede im Mobilitätsverhalten. Mobilitätsstile grenzen sich von Lebensstilen durch ihren Fokus auf das Mobilitätsverhalten ab. Durch ihre spezifisch auf den Verhaltensauschnitt Mobilität ausgerichtete Operationalisierung ermöglichen Mobilitätsstile eine bessere Prognose des Mobilitätsverhaltens als ein ganzheitlich orientierter Lebensstil-Ansatz, der unterschiedliche Aspekte der Alltagsgestaltung mit einbezieht. Mittlerweile ist das Mobilitätsstil-Konzept um weitere Aspekte ergänzt und zu unterschiedlichen theoretischen Kontexten in Beziehung gesetzt worden. So wurden Mobilitätsstile aus der Perspektive des Rational-choice-Ansatzes betrachtet (Lanzendorf 2000). Weiterhin sind die vier symbolischen Dimensionen der Mobilität Autonomie, Erlebnis, Status und Privatheit als grundlegende Elemente von Mobilitätstilen herausgearbeitet und deren Verhaltenswirksamkeit im Kontext psychologischer Handlungsmodelle empirisch nachgewiesen worden (Hunecke 2000).

Fasst man den gegenwärtigen Stand zu Forschungsstrategien im Bereich der verhaltens- und sozialwissenschaftlichen Mobilitätsforschung zusammen, so lassen sich die folgenden drei Empfehlungen für die Forschungspraxis aussprechen:

1) *Insgesamt ist eine möglichst hohe Korrespondenz zwischen den erhobenen einstellungsbasierten Merkmalen und dem Zielverhalten anzustreben.* Daher sollten zur Erklärung des Mobilitätsverhaltens Einstellungen erfasst werden, die sich konkret auf die Mobilität von Personen beziehen. Von allgemeinen Umweltbewusstseinseinstellungen ist dagegen nur ein geringer Zusammenhang mit dem Mobilitätsverhalten zu erwarten. Gleiches gilt für allgemeine Lebensstil-Merkmale, die im Vergleich zu mobilitäts-

spezifischen Merkmalen und Orientierungen nur wenig Varianz im Zielverhalten aufklären können.

2) *Die Operationalisierung der mobilitätsbezogenen Einstellungen sollte sich an theoretisch und empirisch fundierten Handlungsmodellen orientieren.* Hierdurch wird die Beliebigkeit bei der Erfassung der innerpsychischen Bewertungsprozesse eingeschränkt und langfristig eine Vergleichbarkeit der Ergebnisse sichergestellt. Die handlungstheoretischen Konstrukte können entweder direkt dazu genutzt werden, ein mobilitätsspezifisches Handlungsmodell zu überprüfen oder sie können als Einzelmerkmale in einen Typenbildungsprozess einfließen, durch den sich Subgruppen bestimmen lassen. Da die handlungstheoretischen Konstrukte grundlegende Einflussfaktoren des Verhaltens beschreiben, lassen sich bei beiden Vorgehensweisen individuumsinterne Ansatzpunkte zur Verhaltensänderung ableiten (vgl. Schlaffer/ Hunecke/ Dittrich-Wesbuer/ Freudenau, H. im Druck).

3) *Ziel eines typologisierenden Verfahrens ist es, unterschiedliche Personengruppen aufgrund ihrer jeweils spezifischen Merkmalskombinationen zu identifizieren.* Im Praxiskontext kommt diesen Personengruppen die Funktion von Zielgruppen zu, die sich auf der Grundlage von verbalen Beschreibungen oder von statistisch abgeleiteten Merkmalsprofilen auf idealtypische Weise charakterisieren lassen. Die Beschreibung der Zielgruppen erreicht ein höheres Maß an Anschaulichkeit, wenn sie auf idealtypischer Grundlage erfolgt als wenn unzählige subgruppenspezifische Handlungsmodelle überprüft werden müssen. Diese für den Praktiker attraktive Anschaulichkeit ist auf das systematische Ausblenden von Informationen beim Konstruieren der Typen zurückzuführen, da jeweils nur die auffälligen Merkmale zur Charakterisierung der einzelnen Typen verwendet werden. Die für den jeweiligen Typ unauffälligen Merkmale werden nicht weiter berücksichtigt. Positiv gesehen wird auf diese Weise durch den Typenbildungsprozess eine Komplexitätsreduktion erreicht – negativ betrachtet findet ein Informationsverlust statt. Weitere Informationen gehen verloren, wenn bei einer statistisch gestützten Typenbildung die einzelnen Personen den jeweils ermittelten Zielgruppen eindeutig zugeordnet werden. Die Charakterisierung der Zielgruppen erfolgt hierbei auf der Grundlage einer idealtypischen Beschreibung. Da die der Zielgruppe zugordneten realen Personen hierbei in der Regel nicht dem abstrahierten Idealtyp exakt entsprechen, gehen die jeweils personenspezifischen Informationen verloren. Dieser Prozess muss allerdings nicht negativ als Informationsverlust interpretiert werden, sondern kann auch hier als eine wünschenswerte Komplexitätsreduktion betrachtet werden.

Typologisierende Verfahren stellen das Verfahren der Wahl dar, wenn es darum geht, zielgruppenspezifische Maßnahmen zur Verkehrsplanung zu entwerfen. Gerade die Entwicklung neuer Mobilitätsangebote und -dienstleistungen hat die Notwendigkeit zur Berücksichtigung von Nachfrage- und Zielgruppenorientierungen verstärkt. Entsprechend ist in U.Move für die Analyse der jugendlichen Mobilitätserfordernisse und -bedürfnisse ein typologisierender Mobilitätsstilansatz gewählt worden. Dieser Ansatz setzt die drei oben formulierten Empfehlungen um, indem er sich eines mehrstufigen Analyseverfahrens bedient.

Die in U.Move ermittelten Typen werden als Mobilitätstypen bezeichnet. Die Mobilitätstypen werden anhand von mobilitätsspezifischen Einstellungen, jugendkulturellen Orientierungen und Verhaltensweisen in der Freizeit gebildet. Damit basiert das Mobilitätstyp-Konzept im Wesentlichen auf mentalen Orientierungen und klammert damit explizit das Mobilitätsverhalten als typkonstituierenden Bestandteil aus. Der Begriff des Mobilitätsstiles soll für Typologisierungen reserviert bleiben, in denen das Mobilitätsverhalten als typkonstituierendes Merkmal mitberücksichtigt wird.[1] Die Grundlage für die Typenbildung bilden die im standardisierten Fragebogen erhobenen Daten von 4.417 Jugendlichen und jungen Erwachsenen. Durch die Anwendung von drei statistischen Analyseschritten sind letztlich zehn Mobilitätstypen ermittelt worden:

1) eine Itemanalyse zur Bestimmung der Reliabilität der Messinstrumente
2) eine Validierung der potenziellen Typmerkmale an dem Verhaltenskriterium Verkehrsmittelwahl
3) die Bildung der Typen über eine Clusteranalyse

Im ersten Schritt sind mittels Item- und Faktorenanalysen reliable und trennscharfe Messskalen für die personenbezogenen Einflussfaktoren des Mobilitätsverhaltens entwickelt worden. Insgesamt konnten 28 Indikatoren für die vier Bereiche Handlungstheorie, symbolische Dimensionen der Mobilität, Jugendkultur und Freizeitverhalten gebildet werden. In Tabelle 5.1 findet sich ein Überblick von 28 Indikatoren, für die in U.Move reliable Messskalen konstruiert werden konnten.[2]

---

[1] Damit entsprechen sich die Mobilitätstil-Konzepte von U.Move und CITY:mobil in ihrem definitorischen Kern. Allerdings wird die in CITY:mobil entwickelte Typologie häufig unscharf als Mobilitätsstile zitiert, obwohl das Mobilitätsverhalten hierfür kein typkonstituierendes, sondern lediglich ein typbeschreibendes Merkmal darstellt. Die Typologie in CITY:mobil basiert damit ausschließlich auf einstellungsbasierten Mobilitätsorientierungen (Götz/ Jahn/ Schulz 1998: 76f.)und kenn-zeichnet damit – genau wie in U.Move – Mobilitätstypen.

[2] Die beiden handlungstheoretischen Konstrukte Intention und habit sind trotz ihres starken Zusammenhanges mit der Verkehrsmittelwahl nicht in die Bildung der Mobilitätstypen eingegangen, weil sich aus ihnen keine direkten Ansatzpunkte für Interventionen zur Veränderung des Mobilitätsverhaltens ableiten lassen.

Tabelle 5.1: Typkonstituierende Merkmale der Typenbildung

BEREICH	MERKMAL	TYPEN-BILDUNG
Handlungs-theoretische Konstrukte	Persönliche ökologische Norm	+
	Subjektive soziale Norm	+
	Wahrgenommene Verhaltenskontrolle	+
	Wissen um Handlungskonsequenzen	+
	Externe Verantwortungszuschreibung	-
Symbolische Dimensionen der Mobilität: Autonomie, Erlebnis, Status, Privatheit	Autofan	+
	Radfan	+
	Antifußgänger	+
	ÖV-Fan	+
	Belästigungsvermeidung	-
	Belästigungserleben	-
	Status Umweltverbund	-
	Statussensibilität	-
Jugendkultur & Zufriedenheit mit Freizeit-möglichkeiten	Technikorientierung	+
	alternative Jugendkulturen	+
	Raver	-
	Technikorientierte	-
	Ökos	-
	Zufriedenheit mit Freizeitmöglichkeiten	+
Freizeitverhalten	Außerhäusliche Freizeitgestaltung	+
	Häusliche Freizeitgestaltung	+
	PKW orientierte Freizeitgestaltung	+
	Freizeitgestaltung relaxen	+
	Freizeitgestaltung Sport	-
	Mitgliedschaft in Turn- & Sportverein	+
	Mitgliedschaft im Computerclub	-
	Mitgliedschaft in politisch. & gesellschaftl. Vereinen	-
	Mitgliedschaft in traditionellen Vereinen	-
Soziodemo-graphische Merkmale	Schulabschluss	+
	Alter	+
	Stadt-Land	+

Ein wesentliches Ziel von U.Move besteht in der Identifizierung von Mobilitätstypen, die sich nicht nur in ihren Einstellungen, sondern auch in ihrem Mobilitätsverhalten deutlich voneinander unterscheiden. Um dieses Ziel zu erreichen, wurde in einem zweiten Schritt eine Validierung der Mobilitätstypen an einem Verhaltenskriterium vorgenommen. Als Kriterium dient hier die Verkehrsmittelwahl, die in der standardisierten Befragung mittels der Stichtagsmethode erhoben wurde. Über eine multiple Regressionsanalyse sind die Zusammenhänge zwischen den ermittelten Einstellungsskalen, grundlegenden soziodemographischen Angaben, der Wohnregion und der Verkehrsmittelwahl ermittelt worden. Die multiple Regressionsanalyse ermöglicht in diesem Zusammenhang eine Quantifizierung des Einflusses, den die einzelnen Faktoren auf die Verkehrsmittelwahl ausüben. In der ersten Spalte von Tabelle 5.1 findet sich ein Überblick der personenbezogenen Faktoren, von denen ein Einfluss auf die Verkehrsmittelwahl erwartet wird und die in U.Move reliabel erfasst werden konnten. In der letzen Spalte sind dann jene 19 Einflussfaktoren mit einem Pluszeichen markiert, die sich in der multiplen Regressionsanalyse als Prädiktor tatsächlich empirisch bestätigt haben und die damit als konstituierende Merkmale in die nachfolgende Typenbildung eingegangen sind.

Auf der Grundlage dieser 19 verhaltenswirksamen Einflussfaktoren sind in einem dritten Analyseschritt mit Hilfe einer iterativen Clusteranalyse die Mobilitätstypen gebildet worden. Die Clusterung ist jeweils getrennt für die Altersgruppe der "Unter-18jährigen" und der "Ab-18jährigen und älteren" durchgeführt worden. Diese Zweiteilung der Gesamtstichprobe erfolgte zum einen, weil sich die Handlungsspielräume mit der Möglichkeit zum Führerscheinerwerb ab 18 Jahren deutlich verändern und sich damit zwei grundlegende unterschiedliche Handlungssituationen ergeben. Zum anderen zeigt ein Vergleich der Clusterlösungen für die Gesamtstichprobe und die zwei Teilgruppen, dass die resultierenden Typen für die zwei Alters-gruppen bedeutend besser zu interpretieren sind. Tabelle 5.2 gibt einen Über-blick der ermittelten Mobilitätstypen und weist gleichzeitig auf Parallelitäten zwischen Typen in den beiden Altersgruppen hin.

Tabelle 5.2: Die Mobilitätstypen in U.Move

TEILGRUPPE "UNTER-18JÄHRIGE"		TEILGRUPPE "AB-18JÄHRIGE"	
"Technik- und Autoorientierte"	15,6%	"Technik- und Autoorientierte"	18,7%
		"Etablierte"	20,6%
"Ökosensibilisierte"	22,1%	"Ökosensibilisierte"	22,8%
"junge Technikfans"	17,0%		
"Unauffällige"	23,6%		
		"Übergangsphase"	22,0%
"Distanzierte"	21,7%	"Distanzierte"	15,9%

(die Prozentzahl gibt den Anteil der Mobilitätstypen in der jeweiligen Gesamtstichprobe an)

Für jeden der Mobilitätstypen lässt sich ein spezifisches Merkmalsprofil erstellen, das auf den 19 typkonstituierenden Merkmalen basiert (s. Anhang).

Zusätzlich können die Mobilitätstypen bezüglich aller weiteren Merkmale beschrieben werden, die in der standardisierten Befragung erfasst worden sind (z.B. Geschlecht oder Nutzungshäufigkeit von Mobilitätszentralen). Eine ausführlichere, statistisch orientierte Beschreibung der Mobilitätstypen findet sich im Anhang.

Ein zentrales Ziel von U.Move besteht in der Identifizierung von Mobilitätstypen, die sich nicht nur in ihren Einstellungen und Orientierungen, sondern ebenso in ihrem Mobilitätsverhalten deutlich von einander unterscheiden. Innerhalb des Mobilitätsverhaltens ist hierfür die Verkehrsmittelwahl als Beurteilungskriterium ausgewählt worden. In den Abbildungen 5.1 und 5.2 sind die Unterschiede in der Verkehrsmittelwahl zwischen den einzelnen Mobilitätstypen getrennt für Werk- und Wochenendtage wiedergegeben.

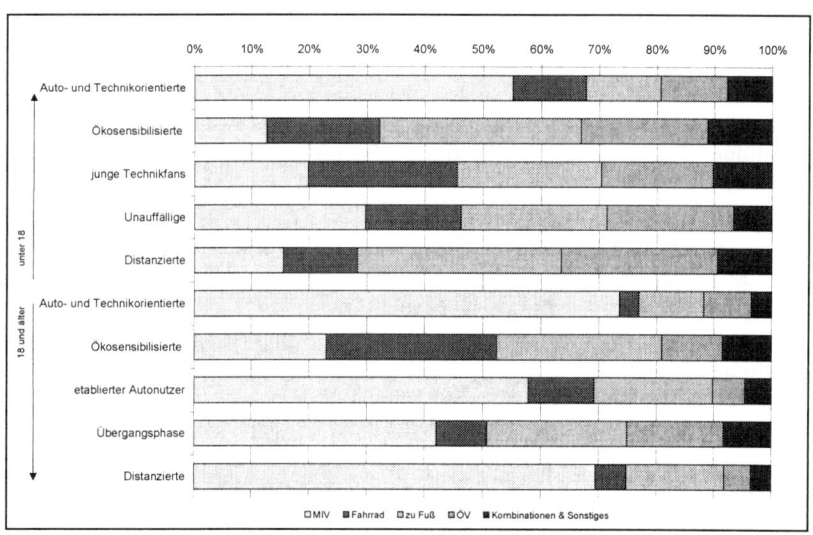

Abbildung 5.1: Verkehrsmittelwahl der Mobilitätsstile an Wochentagen

Die Ergebnisse aus Abbildung 5.1 machen deutlich, dass große Unterschiede in der Verkehrsmittelwahl an Werktagen zwischen den ermittelten Mobilitätstypen existieren. Die größten Unterschiede finden sich hier zwischen den beiden Kontrasttypen der „Technik- und Autoorientierten" und der „Ökosensibilisierten". Während in der Altersgruppe der Ab-18jährigen die erstgenannten 73,6 % ihrer Wege mit dem Motorisierten Individualverkehr (MIV) und 11,3 % zu Fuss zurücklegen, nutzen die letztgenannten nur für 23 % ihrer Wege den MIV und für 28,5 % ihre Füße.

95

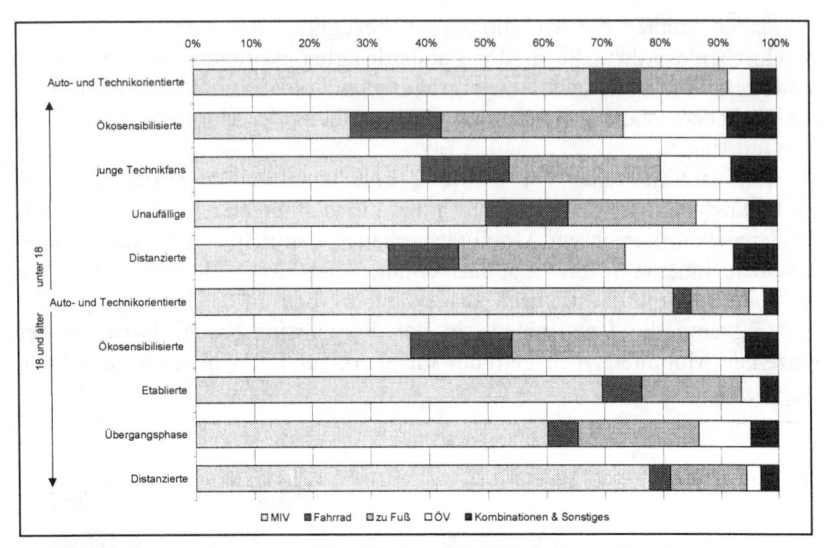

Abbildung 5.2: Verkehrsmittelwahl der Mobilitätsstile an Wochenendtagen

Am Wochenende werden von allen Mobilitätstypen die Verkehrsmittel des MIV deutlich häufiger genutzt. Trotzdem sind weiterhin bedeutsame Unterschiede zwischen den einzelnen Mobilitätstypen vorhanden. So variiert der Anteil des MIV in der Altersgruppe der Ab-18jährigen von 36,9 % bei den „Ökosensibilisierten" bis zu 81,9 % bei den „Autoorientierten", die wiederum nur unwesentlich häufiger den MIV nutzen als die „Distanzierten" mit 77,6 %. Die Nutzung von Bus und Bahn fällt ebenso wie die Kombination von Verkehrsmitteln bei allen Mobilitätstypen schwach aus, was in den Nutzungswerten nur geringe Differenzen nach sich zieht. Deutlichere Unterschiede finden sich dagegen wieder beim Radfahren und beim Zufussgehen, das die „Ökosensibilisierten" mit 17,3 % bzw. 30,4 % auffällig häufig praktizieren. Insgesamt belegen diese Ergebnisse für die Verkehrsmittelwahl an Werk- und Wochenendtagen, dass sich die in U.Move ermittelten Typen auf einer Verhaltensebene deutlich von einander unterscheiden. Dieses Resultat rechtfertigt den methodischen Anspruch, bei der Bildung von Mobilitätstypen auf theoretisch und empirisch bewährte Konstrukte zurückzugreifen.

Im folgenden Abschnitt 5.2 findet sich eine kurze Beschreibung der zehn ermittelten Mobilitätstypen. In den darauf folgenden Abschnitten werden Unterschiede zwischen den Mobilitätstypen bezüglich Stadt/ Land, Technik und Kommunikation und Umweltbewusstsein vorgestellt. An dieser Stelle wird auch auf die Ergebnisse aus den vertiefenden Interviews eingegangen, die mit ausgewählten Vertretern der jeweiligen Mobilitätstypen zur Konkretisierung und Bebilderung der statistisch ermittelten Mobilitätstypen durchgeführt wurden. Im abschließenden Abschnitt werden einige Hypothesen zum Zusammenhang von Mobilitätstypen und Lebensalter präsentiert, die sich aufgrund der Ergebnisse in U.Move zwar begründet formulieren, aber noch nicht eindeutig absichern lassen. Diese Hypothesen verstehen sich daher als Anregungen für zukünftige Forschungsprojekte.

5.2 Beschreibung der Mobilitätstypen
Christian Klöckner

Zur genaueren Betrachtung der Bedürfnisse und Wünsche spezifischer Teilgruppen der Population der befragten Jugendlichen, wurde eine Klassifizierung der Befragten nach statistischen Kriterien in zehn einzelne Gruppen – im Folgenden als Typen bezeichnet – vorgenommen. Dabei wurden jeweils fünf Typen in der Teilgruppe der Unter-18jährigen und der Jugendlichen, die zum Zeitpunkt der Befragung 18 Jahre und älter waren, gebildet, um den für die Verkehrsmittelwahl wichtigen Zeitpunkt des potenziellen Führerscheinerwerbs zu berücksichtigen. Drei der Typen („Technik- und Autoorientierte", „Ökosensibilisierte" und „Distanzierte") finden sich in beiden Teilgruppen, jeweils zwei der Typen treten nur in der Teilgruppe der Unter-18jährigen („junge Technikfans", „Unauffällige") bzw. in der Teilgruppe ab 18 Jahre („Etablierte", „Übergangsphase") auf. Zur Charakterisierung der einzelnen Typen erfolgt nun eine pointierte Beschreibung der prototypischen Vertreter bzw. Vertreterinnen jeden Typs unter Berücksichtigung der wesentlichen Merkmale des Typs. Die Wahl eines Geschlechtes für die beschriebene typische Person erfolgte nach der Geschlechterverteilung in der jeweiligen Subgruppe. In allen Gruppen sind – mit unterschiedlicher Häufigkeit – allerdings Männer und Frauen enthalten. Einige Typen sind eindeutig durch ein Geschlecht dominiert, andere eher geschlechtsneutral. Eine detailliertere Beschreibung der Typen inklusive soziodemografischer Merkmale, einer Visualisierung der Typprofile und tabellarischer Darstellung der Merkmalsausprägungen findet sich im Anhang.

5.2.1 Unter-18jährige:

5.2.1.1 Der Technik- und Autoorientierte

> *"Gehen ist das Schlimmste. Wenn ich Geld habe, will ich einen BMW",*
> *Andreas, Passau.*

Der typische Technik- und Autoorientierte ist ein 17jähriger Mann, der in einer ländlichen Umgebung wohnt. Er befindet sich in der Berufsausbildung oder besucht eine Realschule und wohnt noch im Elternhaus. Er hat ein ausgeprägtes Interesse an Technik, vor allem was PKWs und Motorräder angeht. Er besitzt einen Motorroller und nutzt ihn häufig, träumt aber bereits vom eigenen PKW und dem Erwerb des Führerscheins. Im Verhältnis zu seinen AltersgenossInnen kann er durch die Lehre über relativ viel Geld frei verfügen, das er für Freizeitaktivitäten, Kleidung und die Finanzierung seiner Motorisierung verwendet. Mit den Freizeitangeboten in seinem Wohnort ist er nicht zufrieden und legt häufig weite Wege zu attraktiven Angeboten zurück. Bedingt durch seinen ländlichen Wohnort sieht er keine andere Möglichkeit, als mit motorisierten Verkehrsmitteln seine Mobilität sicherzustellen. Der Gedanke, die Umwelt durch die Nutzung von Bus, Bahn, Rad oder Fuß zu schützen, liegt ihm fern, denn er erkennt keinen Zusammenhang zwischen seiner Verkehrsmittelwahl und Umweltschäden. Öffentliche Verkehrsmittel, das Fahrrad oder die eigenen Füße werden als Verkehrsmittel stark abgelehnt.

5.2.1.2 Die Ökosensibilisierte

> *"Benzin kann nicht teuer genug sein.", Matthies, Greifswald.*[3]
> *"Es gibt wichtigeres als Technik, ich möchte einmal ausprobieren, ob man auch ohne sie auskommt", Sophie, Potsdam.*

Die Ökosensibilisierte ist durch einen ausgeprägt ökologisch bewussten Umgang mit ihrer Umwelt und der Wahl ihrer Verkehrsmittel gekennzeichnet. Sie ist typischerweise eine 16jährige Gymnasiastin, die in städtischen Räumen noch im Elternhaus wohnt. Der Zusammenhang zwischen der Wahl von Verkehrsmitteln und der Zerstörung der Umwelt ist für sie offensichtlich. Sie fühlt sich verantwortlich für die Erhaltung einer intakten Umwelt und richtet ihr Alltagsleben entsprechend aus, wenngleich auch Sie den Erwerb

---

[3] Die Beispielaussagen der TypvertreterInnen wurden nach inhaltlichen Gesichtspunkten ausgewählt. Daher kann es vorkommen, dass eine Aussage von einer Person stammt, deren Geschlecht innerhalb des Typs nur die Minderheit stellt.

eines PKW-Führerscheins plant. Technischen Entwicklungen steht sie generell skeptisch gegenüber. Sie beurteilt Verkehrsmittel des Umweltverbundes (öffentlicher Verkehr, Rad, Fuß) ausgesprochen positiv und lehnt die Nutzung eines PKWs deutlich ab. Ihre Freizeit verbringt sie häufiger als die anderen Jugendlichen ihres Alters zu Hause mit Beschäftigungen wie beispielsweise Lesen. Insgesamt stellt sie somit einen deutlichen Kontrast zum „Technik- und Autoorientierten" dar.

5.2.1.3 Der junge Technikfan

„Die Jugend soll mal die Altmodischen ablösen, deshalb sollen sie sich mit Technik auskennen", Henrik, Greifswald.

Der junge Technikfan ist typischerweise ein 15jähriger Schüler. Auch er wohnt noch im Elternhaus. Der junge Technikfan ist sowohl in ländlichen als auch in städtischen Gebieten anzutreffen. Sein Leben wird vor allem durch Sport und Technikfaszination geprägt. Einerseits ist er häufig Mitglied eines Sportvereins und nutzt auch gerne sein Fahrrad, andererseits hat er eine ausgeprägte Begeisterung für alle technischen Bereiche. Häufig besitzt der Technikfan bereits ein Mofa und bastelt in seiner Freizeit gerne daran herum. Auch er träumt von einem PKW-Führerschein. Zusätzlich beschäftigt sich der junge Technikfan gerne mit seinem Computer. Mit dem Freizeitangebot an seinem Wohnort ist er relativ zufrieden.

5.2.1.4 Die Unauffällige

„Der allgemeine Verkehr ist gut und wichtig für die Mobilität. Er muss nur besser organisiert werden", Christa, Dortmund.

Wie die Ökosensibilisierte ist auch die Unauffällige typischerweise eine 16jährige Gymnasiastin, die allerdings im Unterschied zur Erstgenannten in ländlichen Regionen lebt. Auch sie lebt noch im Elternhaus. Wie die Ökosensibilisierte weiß auch sie, dass es einen Zusammenhang zwischen der Autoverkehr und Umweltzerstörung gibt, fühlt sich aber im Gegensatz zu dieser nicht persönlich verantwortlich für den Umweltschutz. Die Verkehrsmittel Rad und Fuß lehnt sie ab, bei öffentlichem Verkehr und dem PKW ist sie noch unentschieden. Auch die Unauffällige verbringt ihre Freizeit häufig zu Hause. Beschäftigungen mit Technik lehnt Sie eher ab. Sie ist mit dem Freizeitangebot an ihrem Wohnort nicht zufrieden. Die Unauffällige korrespondiert in vielen Punkten mit der „Ökosensibilisierten", mit dem wichtigen Unterschied, dass sie den Schutz der Umwelt nicht als ihr zentrales Anliegen empfindet.

5.2.1.5 Die Distanzierte

„Ich kann das Gerede über die Umwelt nicht mehr ertragen", Stefan, Dortmund.

Die Distanzierte zeichnet sich vor allem durch ihre ablehnende und distanzwahrende Grundhaltung aus. Häufig wohnt sie in einem städtischen Umfeld im Elternhaus, ist 16 Jahre alt und besucht noch die Schule. Ein Mofa oder einen Motorroller besitzt sie eher selten. Die Freizeitaktivitäten lassen sich vor allem über die Ablehnung von bestimmten Tätigkeiten kennzeichnen. Wenig Sport, kein Interesse an Technik und die Ablehnung von Jugendsubkulturen wie Punks, Grufties oder Hippies sind die Hauptkennzeichen. Für das Thema Umweltschutz interessiert sich die Distanzierte ebenso wenig wie für die meisten anderen Themen. Eine Lebensmaxime der Distanzierten scheint es zu sein, ihr Leben möglichst ohne größere Störungen durch andere Menschen zu verbringen.

5.2.2 Ab-18jährige

5.2.2.1 Der Technik- und Autoorientierte

„Ich benutze das Auto immer, auch auf dem kleinsten Stück. Mir ist es zu kalt",
Andy, Greifswald.

Der typische „Technik- und Autoorientierte" in der Gruppe der Ab-18jährigen ähnelt stark dem entsprechenden Typen der Unter-18jährigen. Mit 20 Jahren ist der „Technik- und Autoorientierte" Mann allerdings drei Jahre älter und hat seine Schulausbildung beendet. Er befindet sich noch in der Berufsausbildung und wohnt noch immer im Elternhaus in ländlicher Umgebung. Er besitzt einen eigenen PKW, den er auch ausgiebig nutzt. In seiner Freizeit möchte er vor allem relaxen, aber auch die Beschäftigung mit seinem Hobby, dem PKW, nimmt viel Raum ein. Häufig bastelt er an seinem Auto oder fährt damit „einfach nur so" durch die Gegend. Das meiste Geld, das er zur Verfügung hat, steckt er in dieses Hobby. Ausgehen ist ihm ebenfalls wichtig. Verbunden mit der Unzufriedenheit mit den lokalen Freizeitangeboten ergeben sich häufige Fahrten zu entfernt gelegenen Freizeitangeboten. Seine PKW-Nutzung sieht er unabhängig von der Umweltproblematik. Auch in seinem Freundeskreis ist das kein Thema.

Selbst wenn er es nicht wollte – so glaubt er – könnte er seinen Freizeitstil doch nur mit dem PKW verwirklichen. Entsprechend positiv bewertet er den PKW als Verkehrsmittel und wertet die Verkehrsmittel des Umweltverbundes ab.

5.2.2.2 Die Etablierte

„Verkehr ist notwendig, aber manche Wege kann man mit umweltfreundlichen Verkehrsmitteln ausführen oder durch Telefonate ersetzen", Björn, Dortmund.

Die Etablierte ist mit einem Alter von 24 Jahren deutlich älter als die meisten anderen befragten Jugendlichen. Die Etablierte findet man vor allem in der Stadt, wo sie studiert oder bereits einem Beruf nachgeht. Sie wohnt in einer eigenen Wohnung, ist finanziell gut ausgestattet und besitzt einen eigenen PKW. In ihrer Freizeit ist die Etablierte häufig zu Hause. Wenn sie ausgeht, ist sie mit dem Freizeitangebot an ihrem Wohnort zufrieden. Urlaubsreisen sind den Etablierten im Vergleich zu den anderen Gruppen viel Geld wert. Die Nutzung des PKW wird von der Etablierten weitgehend pragmatisch gesehen. In ihren Augen ist der PKW das praktischste Verkehrsmittel. Für die Etablierte hat der PKW oder die Technik also keine ausgeprägte Symbolfunktion, wie man sie beim Technik- und Autoorientierten findet. Über die Umwelt macht sie sich relativ wenig Gedanken, fühlt sich aber durch ökologische Argumente auch nicht persönlich angegriffen, wie es dem Technik- und Autoorientierten oft ergeht. Entsprechend sind die Präferenzen für den PKW und die Ablehnung der öffentlichen Verkehrsmittel auch nur mäßig ausgeprägt.

5.2.2.3 Die Ökosensibilisierte

„Mobilität, die sich auf's Auto stützt, ist nicht der richtige Weg", Anke, Greifswald.

Die Ökosensibilisierte in der älteren Teilgruppe ist typischerweise Studentin und mit 24 Jahren vergleichsweise alt. Sie wohnt entweder in einer eigenen Wohnung oder in einer Wohngemeinschaft. Sie ist etwa gleich häufig in städtischen und ländlichen Gebieten zu finden. Auch die Ökosensibilisierten ab 18 Jahren haben ein ausgeprägtes ökologisches Gewissen und fühlen sich für den Erhalt der Umwelt verantwortlich. Die Positionen für die Umwelt sind dabei noch deutlicher ausgeprägt als bei den jüngeren Ökosensibilisierten. Der technische Bereich wird von der Ökosensibilisierten sehr skeptisch beurteilt, PKWs interessieren sie als Freizeitbeschäftigung überhaupt nicht. In ihrer Freizeit möchte sie sich statt dessen überwiegend zu Hause beschäftigen, wobei die Hauptbeschäftigung allerdings nicht das Relaxen ist, sondern eher Lesen und Weiterbildung. Wenn sie ausgeht, ist sie mit dem Freizeitangebot am Ort sehr zufrieden. Der Ökosensibilisierten ist es besonders wichtig, im Urlaub in der Welt herum zu kommen.

5.2.2.4 Übergangsphase

„Ich denke schon umweltbewusst, würde aber das Auto nehmen, wenn es vor der Tür steht", Julia, Dortmund.

Die typische Jugendliche[4] in einer Übergangsphase kennzeichnet sich durch eine weitgehende Unentschlossenheit in ihren Positionen. Sie findet sich in städtischen wie ländlichen Bereichen ähnlich häufig. Mit 20 Jahren ist sie erst vor relativ kurzer Zeit volljährig geworden und ist durch dieses Ereignis und dem möglicherweise damit verbundenen Führerscheinerwerb in ihrer Haltung zu verschiedenen Verkehrsmitteln unentschieden. Folglich hat sie wenig klare Präferenzen für oder gegen bestimmte Verkehrsmittel. Den öffentlichen Verkehr beurteilt sie noch leicht positiv, alle anderen Verkehrsmittel eher neutral. In der Freizeit möchte sie vor allem relaxen. Ansonsten hat sie keine klaren Präferenzen für bestimmt Freizeitbeschäftigungen. In der Übergangsphase scheint also vieles offen zu sein, Umbrüche zeichnen sich ab und Übergänge in eine profilschärfere Position sind möglich.

5.2.2.5 Die Distanzierte

„Die Umwelt ist mir egal, ich brauche mein Auto und nutze es auch", Heike, Greifswald.

Wie schon bei den Unter-18jährigen ist die Distanzierte durch eine Grundhaltung gekennzeichnet, die typischerweise wenig Interesse für die Probleme der Welt offenbart. Die typische Distanzierte ist 22 Jahre alt, berufstätig oder in Berusausbildung und lebt in ländlicher Umgebung. Sie hat einen Realschulabschluss. Entweder bewohnt sie bereits eine eigene Wohnung oder wohnt immer noch im Elternhaus. Sie besitzt einen eigenen PKW. In der Freizeit möchte die Distanzierte gerne ausgehen, findet vor Ort aber keine adäquaten Angebote. Daher gibt sie neben Ausgaben für Kleidung viel Geld für den PKW aus. Technik an sich ist für die Distanzierte aber uninteressant. Wird das Thema Umweltschutz angeschnitten, ist das für die Distanzierte

---

4 Frauen finden sich in dieser Gruppe leicht häufiger.

höchstens ein ärgerliches Eindringen in ihre Privatangelegenheiten. „Nicht einmischen" und „in Ruhe gelassen werden" scheinen ihre Lebensmaximen zu sein.

5.3 Betrachtung der ermittelten Mobilitätstypen im Hinblick auf Stadt und Land
Ulrike Schulz

> „Leben in der Stadt heißt für mich: kurze Wege."
> „Ohne Auto tät ich ziemlich untergehen."

Das Aufwachsen in städtischen oder ländlichen Räumen unterscheidet sich in mehreren Aspekten, denn die unterschiedlichen Räume konstituieren durch ihre unterschiedliche Beschaffenheit differenzierte Bedingungen, mit denen sich die Jugendlichen auseinandersetzen müssen. Dies reicht von den Möglichkeiten der Schul- und Berufsausbildung, dem Arbeitsplatzangebot, der Beschaffenheit von Freizeiteinrichtungen, der vorhandenen (Jugend-)Kultur bis zu den gegebenen Mobilitätsformen (vgl. Kapitel 3.5 in diesem Band). Denn was nutzt z.B. ein vielfältiges (Freizeit-)Angebot, wenn es nicht erreicht werden kann? Unsere Untersuchung hat bestätigt, dass Jugendliche in ländlichen Regionen auf ein weitaus weniger breites ÖPNV-Angebot zurückgreifen können als solche, die in verdichteten Regionen leben. Dementsprechend fällt auch die Bewertung der Anbindung an öffentliche Verkehrsmittel aus: ein Drittel (34,8 %) der befragten Jugendlichen aus Dortmund und Potsdam äußert Unzufriedenheit bzgl. der öffentlichen Anbindung, 65,2 % sind zufrieden.[5] In Passau und Greifswald[6] zeigt sich ein umgekehrtes Bild. Hier sind zwei Drittel (64,7 %) der Befragten mit ihrer Anbindung an öffentliche Verkehrsmittel unzufrieden, nur ein Drittel (35,3 %) ist zufrieden.

Bevor im einzelnen auf die Mobilitätstypen eingegangen wird, werden zunächst die Bereiche genannt, anhand derer die Stadt-Land-Differenzen

---

5   Von den insgesamt 4.417 befragten Jugendlichen finden sich in den städtischen Untersuchungsregionen in Dortmund 1.181 und in Potsdam 922, d.h. insgesamt 2.103 Personen. In den ländlich strukturierten Gebieten wurden 2.314 Jugendliche befragt, davon entfallen 995 auf Passau und 1.319 auf Greifswald.
6   Die Untersuchungsräume Passau und Greifswald stellen ländlich geprägte Räume dar, Dortmund und Potsdam verdichtete städtische Räume (siehe dazu Kapitel 2 in diesem Band sowie BBR 2000).

erläutert werden. Die Bedeutung jugendrelevanter Stadt-Land-Bezüge hat Claus J. Tully anhand der U.MOVE-Untersuchung auf einer ersten Ebene in Form einer Synopse dargestellt und erläutert (Tully 2000b: 19f), „wie jugendkultureller Alltag durch infrastrukturelle Vorgaben differenziert wird" und zwar anhand der Handlungsfelder Kultur, Schule, Arbeit, Reproduktion. An diese Synopse anschließend werden nun – mit bezug auf die ermittelten Mobilitätstypen – der Mobilitätszugang (Ausstattung mit Führerscheinen und Fahrzeugen), die Bildungs- bzw. Arbeitssituation und die Freizeitpräferenzen der Jugendlichen in den städtischen und ländlichen Regionen dargestellt. Die hier vorgestellten Typen dienen der Beschreibung jugendlichen Mobilitätsverhaltens, welches durch verschiedene Faktoren bestimmt wird. Neben Alter, Geschlecht, Schul- bzw. Ausbildungssituation, finanzieller Ausstattung, Freizeitpräferenzen ist auch der Umstand von Bedeutung, ob man in der Stadt oder in einer ländlichen Region wohnt. Dies soll im folgenden gezeigt werden.

Von den zehn ermittelten Mobilitätstypen finden sich je vier überwiegend in den städtischen und den ländlichen Untersuchungsräumen (siehe Abb. 5.3 und 5.4). Zwei Typen verhalten sich hinsichtlich des Stadt-Land-Kriteriums indifferent, d.h. sie sind nahezu gleich häufig in den vier Regionen vertreten. „Ökosensibilisierte" (beider Altersgruppen) finden sich überwiegend in den städtischen Regionen Dortmund und Potsdam, ebenso „Distanzierte unter 18" und „Etablierte über 18". Die „Technik- und Autoorientierten" (beider Altersgruppen) sind überwiegend in den ländlichen Regionen Passau und Greifswald anzutreffen, ebenso wie „Unauffällige unter 18" und „Distanzierte über 18". Annähernd gleich verteilt in Stadt und Land sind die Typen „Technikfans unter 18" und „Übergangsphase über 18".

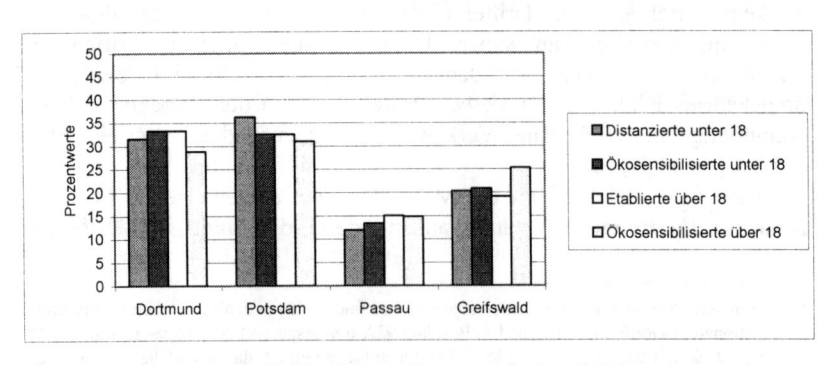

Abbildung 5.3: Räumliche Verteilung der „städtischen" Typen

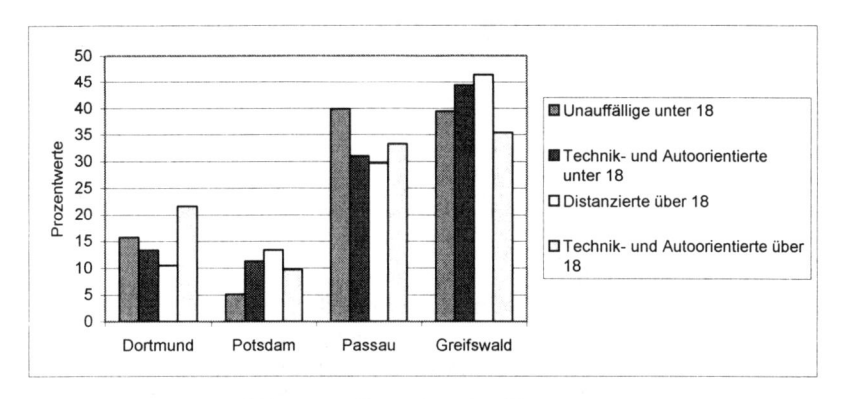

Abbildung 5.4: Räumliche Verteilung der „ländlichen" Typen

Anhand der eingangs erwähnten Systematik (insbesondere Bildung/ Arbeit, Jugendkultur, Reproduktion) werden nun die „städtischen" und „ländlichen" Mobilitätstypen erläutert, zuvor jedoch noch ein Blick auf die Mobilitätsmöglichkeiten, die im jeweiligen Raum vorhanden sind. Diese stellen ein wesentliches Kriterium zur Unterscheidung von Mobilitätsbedürfnissen und -stilen dar und beinhalten das Angebot des öffentlichen Verkehrs ebenso wie die Verfügbarkeit über eigene (motorisierte) Fahrzeuge oder Fahrzeuge Dritter. In dieser Hinsicht ist in unseren Untersuchungsregionen von einer differierenden verkehrsinfrastrukturellen Ausstattung auszugehen, d.h., dass in den ländlichen Räumen das ÖPNV-Angebot weniger gut ist als in den städtischen Gebieten.

Betrachtet man nun die Fahrzeugverfügbarkeit über MIV[7], so ist auffällig, dass bei den Unter-18jährigen der überwiegend ländlichen Typen „Unauffällige" und „Technik- und Autoorientierte" die MIV-Verfügbarkeit 15,4 % bzw. 64,5 % beträgt. Bei den Unter-18jährigen „Distanzierten" und „Ökosensibilisierten" (beide mehr in den städtischen Räumen vertreten) ist dagegen für 96,8 % bzw. 96,6 % *keine* MIV-Verfügbarkeit vorhanden. Die höheren Anteile in den ländlichen Regionen deuten auf die Notwendigkeit der individuellen Motorisierung mangels öffentlicher Verkehrsangebote hin. Die Jugendlichen greifen hier – vor allem die Unter-18jährigen – auf Fahrdienste Dritter (vor allem der Eltern) oder motorisierte Zweiräder zurück. Bei den Ab-18jährigen der ländlichen Regionen ist es in erster Linie das Auto, welches das mangelnde ÖPNV-Angebot ersetzt. In den von uns geführten Interviews äußerte sich ein Jugendlicher aus dem Raum Passau bzgl. seiner Mobilitätsmöglichkeiten folgendermaßen:

---

7   MIV = Motorisierter Individualverkehr (Mofa/ Moped/ Motorrad/ Auto)

„Ich muss Auto fahren. Sagen wir's mal so, weil ich weiß zwar schon, ich trag meines bei zur Umweltverschmutzung, aber ohne Auto tät ich ziemlich untergehen. So, und da ist mir das wichtiger wie die Umwelt, so kann man sagen". Und warum würdest Du untergehen? „Weil ich dann einfach nicht von daheim weg käme, also nicht so oft. Ich tät halt die meiste Zeit daheim sitzen und wenn man nur daheim sitzt, was weiß ich, den ganzen Tag Fernseh schaut, oder..." (ID 309121, 18 Jahre, Wehrdienstleistender, „Technikorientierte Autonutzer über 18", Land)

Die Vorrangstellung des Autos wird im ländlichen Raum u.a. bei der Verkehrsmittelwahl für den Besuch von Freunden deutlich. Hier präferieren die Ab-18jährigen der ländlichen Typen mit 74,4 % („Distanzierte") und 82,2 % („Technik- und Autoorientierte") den Pkw. Dies gilt auch für Kneipenbesuche (66,7 % bzw. 72 %). Bei den städtischen Typen, insbesondere dem „Ökosensibilisierten über 18", stellt sich dies anders dar, hier nutzen nur 19,6 % das Auto zum Besuch von Freunden und 24,1 % zum Kneipenbesuch. Es lässt sich also festhalten, daß – obwohl die Mehrheit *aller* Ab-18jährigen über einen Pkw-Führerschein verfügt – die Pkw-Nutzung bei den ländlichen Typen stärker ausfällt als bei den städtischen. Unterschiede zwischen städtischen und ländlichen Regionen hat unsere Untersuchung auch für andere Bereiche gezeigt. Im folgenden geht um die Bildungssituation der befragten Jugendlichen.

Jugendphase ist Bildungsphase. Dieser Umstand ist ein wichtiger Baustein jugendkulturellen Alltags (siehe Kapitel 1 in diesem Band). Jugendliche gehen zur Schule, machen eine Berufsausbildung, studieren oder arbeiten bereits. Auch für den Bildungsbereich gibt es in unserer Untersuchung Unterschiede in Stadt und Land. So weisen die „städtischen" Typen – im Vergleich zu den „ländlichen" – einen höheren Bildungsgrad auf. Hier finden sich mehr Studenten und mehr Jugendliche, die das Abitur als höchsten Abschluss anstreben oder bereits erreicht haben. Beim Typ des „Ökosensibilisierten" der beiden Altersgruppen unter bzw. ab 18 Jahren geben bspw. von den Unter-18jährigen 60,3 % Abitur als höchsten *angestrebten* Bildungsabschluss an, das ist der höchste Wert in dieser Altersgruppe. Bei den älteren „Ökosensibilisierten" sind es 76,7 %, die Abitur als höchsten *erreichten* Schulabschluss nennen (gegenüber 12,7 % und 8,7 % bei den Ab-18jährigen der „ländlichen" Typen). Auffällig ist, dass sich in den ländlichen Typen weitaus mehr Jugendliche befinden, die einer Berufsausbildung nachgehen und dafür größere Distanzen zurückgelegt werden müssen. Auch wenn sich der Ausbildungsbetrieb zuweilen in näherer Umgebung des Wohnortes findet, so muss doch zur Berufsschule nach Passau oder Greifswald gefahren werden, dabei sind einfache Entfernungen von 30 km keine Seltenheit. So liegt die Schule/ Arbeit bei den ländlichen Typen meist nur bei einem Drittel der Befragten im Wohnort.[8] Bei den städtischen Typen trifft dies auf mindestens zwei Drittel zu, bei den „Ökosensibilisierten über 18" liegt der Wert sogar bei 73,4 %.[9] Und auch Schulen wie Realschule oder Gymnasium haben nicht selten einen Einzugsbereich von gut 30km. Dies bedeutet, dass auf dem Land größere Wegstrecken von den Jugendlichen zurückgelegt werden müssen. Angesichts des Umstandes, dass sich Freundschaften in der Regel über den gemeinsamen Schulbesuch entwickeln, ergibt es sich oft, dass Jugendliche aus dem ländlichem Raum auch in ihrer Freizeit mit größeren Weglängen konfrontiert sind als Gleichaltrige in städtischen Gebieten. Häufig wohnen der Freund oder die Freundin in einer Ortschaft in 5-20km Entfernung, und diese Distanz gilt es erst einmal zu bewältigen. Dabei ist das Zusammentreffen mit Freunden und Freundinnen zur gemeinsamen Freizeitgestaltung wichtiger Bestandteil im jugendkulturellen Alltag. Angesichts des schmalen ÖPNV-Angebots in den ländlichen Regionen müssen die Jugendlichen dabei häufig auf die Fahrdienste der Eltern oder die Mitnahme durch Dritte (Nachbarn, Bekannte) zurückgreifen. Sie sind auf diese Personen bzgl. ihrer Mobilitätsgestaltung angewiesen und daher ist es nicht verwunderlich, dass der Wunsch, einen Führerschein zu machen, sehr stark ausgeprägt ist. Denn dadurch ergibt sich die Möglichkeit, sich unabhängig(er) zu bewegen und eigenbestimmt zu handeln, ein Umstand, der im Ablösungsprozess der Jugendphase von großer Bedeutung ist (vgl. Kapitel 1 in diesem Band). Dazu eine Jugendliche:

> *„Was eben bei vielen ist, auch vor allem in meinem Alter, die fahren gerne Auto, aber die fahren deswegen gern Auto, weil's halt einfach bloß hingehen müssen, sich in das Auto reinsetzen und losfahren und dann irgendwo hinfahren, einfach einmal drauf los und dann überlegen sie, ah, jetzt fahr ich schnell zu ner Freundin und besuch die, und dann halt wieder heimfahren, wann's möchten. Und nicht auf jeden dran angewiesen sind, oh Gott, der nächste Bus geht erst in zwei Stunden und dann muss ich erst wieder an den Bahnhof kommen, und dann die Mutter von der Freundin bitten, mei, könnten's mich vielleicht schnell an Bahnhof fahren, drum fahren Jugendliche gern Auto."* (ID 304111, 18 Jahre, Schülerin, „Technikorientierte Autonutzer unter 18"[10], Land).

Anders gestaltet sich dies bei den Jugendlichen in der Stadt. Hier wird nur selten über Probleme, Freunde oder Treffpunkte eigenständig zu erreichen,

---

8   „Unauffällige unter 18": 40,9 %, „Technik- und Autoorientierte" unter 18: 31 %, „Distanzierte über 18": 34,3 %, „Technik- und Autoorientierte über 18": 33 %.
9   Der größte Anteil bereits berufstätiger Jugendlicher liegt mit 40,4 % bei den über 18jährigen „Distanzierten", die mehrheitlich in den ländlichen Untersuchungsregionen erscheinen.
10 Zum Zeitpunkt der quantitativen Erhebung war die betreffende Person 17 Jahre alt, somit ist sie den unter 18jährigen Typen „Technikorientierte Autonutzer" zuzurechnen.

berichtet. Den Jugendlichen stehen mehr Mobilitätsmöglichkeiten zur Verfügung:

> Wie beurteilst du die Erreichbarkeit von Freizeitzielen in deiner Region/ Stadt? *"Ja – doch gut. Zu den Inlineskates – da, wo ich mich immer mit meinen Freunden treffe – da fahre ich mit dem Fahrrad hin. Oder gehe auch manchmal zu Fuß. Das ist eigentlich fünf bis zehn Minuten. Und in die Stadt fahre ich mit der Bahn. Das ist eigentlich ganz gut zu erreichen mit der Bahn."* (ID 404009, 15 Jahre, Schülerin, „Ökosensibilisierte unter 18"; Stadt).

> Wie beurteilst du die Erreichbarkeit von Freizeitzielen in deiner Region/ Stadt? *"Krafttraining, Kampfsport ... Das ist ziemlich praktisch, man ist in 10 Minuten mit dem Bus da. Abends sind Diskos mein Ziel, die in der Innenstadt sind. Die Freizeitziele sind mit Bus und Bahn gut erreichbar. Das ist kostengünstig, weil ich das School-Ticket habe. Damit kann ich zur Schule fahren und für 10,- DM extra im Monat auch tagsüber überall innerhalb von Dortmund hin."* (ID 404133, 16 Jahre, Schüler, „Distanzierte unter 18", Stadt)

> Auf die Frage zur Beurteilung von Stadt: *"Leben in der Stadt heißt für mich: kurze Wege. Also z.B. wo ich jetzt wohne, da ist es schon eigentlich alles zu Fuß oder mit dem Fahrrad gut in zehn Minuten zu erreichen. Leben in der Stadt heißt, den Vorteil zu haben, alles nah bei sich zu haben. Also Einkaufsmöglichkeiten, einfach alles, die ganze Infrastruktur, Ärzte, was es so gibt."* (ID 493653, 24 Jahre, Student, „Ökosensibilisierte über 18", Stadt)

Im folgenden wird nun anhand der Kriterien Vereinszugehörigkeit und Präferenzen der Freizeitbeschäftigung auf die Bedeutung der Freizeitgestaltung der städtischen und ländlichen Mobilitätsstiltypen eingegangen. Für die Vereinszugehörigkeit zeigen unsere Ergebnisse, dass von den städtischen wie den ländlichen Typen gut die Hälfte der jeweiligen Typen Mitglied in einem Verein ist.[11] Lediglich die Typen „Distanzierte unter 18" (ländlich) und „Distanzierte über 18" (städtisch) sind nur zu rund einem Drittel in einem Verein organisiert.[12] Was die Art des Vereins betrifft, so ist allen Typen (städtisch wie ländlich, unter wie ab 18 Jahren) gemeinsam, dass Sportvereine den größten Anteil ausmachen, bis auf einen Fall geben mehr als die Hälfte des jeweiligen Mobilitätstyps an, einem Sportverein anzugehören.[13]

---

11   Städtische Typen: „Ökosensibilisierte unter 18" 50,9 %, „Etablierte über 18" 56,3 %, „Ökosensibilisierte über 18" 53,8 %.; Ländliche Typen: „Unauffällige unter 18" 57,9 %, „Technik- und Autoorientierte unter 18" 55,3 %, „Technik- und Autoorientierte über 18" 53,3 %.
12   „Distanzierte unter 18": 36,8 %, „Distanzierte über 18": 38,9 %.
13   Städtische Typen: „Distanzierte unter 18" 52,9 %, „Ökosensibilisierte unter 18" 70,7 %, „Etablierte über 18" 65,4 %, „Ökosensibilisierte über 18" 47 %.; Ländliche Typen: „Unauffällige unter 18" 76,6 %, „Technik- und Autoorientierte unter 18" 59,2 %, „Distanzierte über 18" 56,5 %, „Technik- und Autoorientierte über 18" 64,2 %.

Daneben weisen die Ergebnisse jedoch auf Unterschiede des Vereinsangebots in den städtischen und ländlichen Räumen hin. Auf dem Land kommt nach dem Sportverein der Feuerwehr besonderes Gewicht zu. Bei drei der vier ländlichen Typen steht sie auf Platz zwei der Vereinszugehörigkeit.[14] Größere Bedeutung haben auf dem Land ferner Schützenvereine und Gewerkschaft, die von den städtischen Typen weniger oft genannt werden.[15] Der verhältnismäßig hohe Anteil der Gewerkschaft ist nach unseren Ergebnissen darauf zurückzuführen, dass sich in unserer Untersuchung von den ländlichen Jugendlichen ein höherer Anteil in Berufsausbildung findet als in den städtischen Regionen, wo der Anteil Studierender höher ist. In der Gruppe der Ab-18jährigen Jugendlichen der städtischen Untersuchungsgebiete nimmt, unseren Ergebnissen zufolge, die Bereitschaft, sich politisch oder gesellschaftlich zu engagieren, zu. Vor allem Umweltgruppen und kirchliche bzw. soziale Organisationen wurden hier von den Befragten genannt.[16] Bei den Unter-18jährigen finden sich in Dortmund und Potsdam häufiger Mitglieder eines Computerclubs als in Passau und Greifswald[17].

Bei der Interpretation dieser Ergebnisse ist berücksichtigen, dass bei der Bildung der Mobilitätsstiltypen deren Angaben zur Freizeitgestaltung in die Berechnung eingeflossen sind. Daraus resultiert bspw., dass von den „Ökosensibilisierten" 12,7 % Mitglied einer Umweltgruppe sind. Davon unabhängig zeigt sich jedoch, dass die Vereinsstruktur auf dem Land von der in der Stadt differiert. Es findet sich in den ländlichen Untersuchungsregionen eine begrenzte Angebotslandschaft, welche in erster Linie traditionelle Vereine wie Sport (meist Fußball) Schützenvereine oder Freiwillige Feuerwehr beinhaltet. Dies haben uns die Jugendlichen in den Interviews wiederholt bestätigt:

„Das ist halt bei unserem Kaff ein bißl anders. Ich hab halt die Sportmöglichkeiten, wo mich reizen täten, dann doch weiter weg, bis auf Fußball, das wär in der Nähe, wenn ich nicht in einem anderen Verein wär, okay, so

---

14 „Technik- und Autoorientierte unter 18" 24,6 %, „Distanzierte über 18" 13,3 %, „Technik- und Autoorientierte über 18" 16,4 %; „Unauffällige unter 18" 6,2 %, das entspricht dem fünften von zehn Rängen.
15 Schützenverein: ländliche Typen „Distanzierte über 18" 7,3 %, „Technik- und Autoorientierte über 18" 6,3 % gegenüber städtischen Typen „Etablierte über 18" 1,9 %, „Ökosensibilisierte über 18" 1,2 %.; Gewerkschaft: ländliche Typen: Distanzierte über 18" 10,2 %, „Technik- und Autoorientierte über 18" 9,3 % gegenüber städtischen Typen „Etablierte über 18" 7,3 %, „Ökosensibilisierte über 18" 5,3 %.
16 Von den „Ökosensibilisierte über 18" engagieren sich 12,7 % in einer Umweltgruppe, 11,5 % in einer kirchlichen und 13,6 % in einer sozialen Organisation. Von den „Etablierten Autonutzern über 18" geben 17,5 % an, einer sozialen Organisation anzugehören, 9,5 % einer kirchlichen Organisation und 8,5 % sind Mitglied einer Partei.
17 „Distanzierte unter 18" 9,1 %, „Ökosensibilisierte unter 18" 6,9 % gegenüber „Unauffällige unter 18" 4,3 % und „Technik- und Autoorientierte unter 18" 3,8 %.

Basteleien wären möglich, interessiert mich aber weniger, es ist halt vom Angebot her bei mir nicht ganz so, dass ich in meinem Ort alles machen kann oder im nahen Umkreis". (ID 304043, 17 Jahre, Schüler, „Junge Technikfans", Land)
Wie sieht es in Deinem Wohnort mit Freizeitangeboten aus? „Direkt hier? Nee. Überhaupt nicht. Da gibt's fast überhaupt nichts außer dem Fußballverein. Sonst gibt's da – ahja, am Donnerstag ist da noch so ein Jugendtreff von 20-23 Uhr, sonst gibt's nichts, 500 Einwohner, kann man nichts erwarten." Und was tust Du dann so? *„Ja, Führerschein machen, weg fahren und woanders was machen ... immer wo was los ist."* (ID 305018, 17 Jahre, Masseurlehrling, „Unauffällige unter 18", Land)

Diese Aussage verdeutlicht die Situation, mit der sich viele Jugendliche im ländlichen Raum konfrontiert sehen, einem unzureichenden Angebot zur Freizeitgestaltung[18] und der damit verbundenen Notwendigkeit, sich „auf den Weg zu machen", um etwas zu erleben. In Passau und Greifswald geben über die Hälfte der Befragten an, dass sie für ihre Freizeitbeschäftigung einen Weg von bis zu 20km in Kauf nehmen würden (53 %), in Dortmund und Potsdam sind es 42,2 %. Es lässt sich anhand unserer Ergebnisse ferner festhalten, dass "Fahren" als Mittel zur Freizeitbeschäftigung auf dem Land weitaus mehr verbreitet ist als in städtischen Gebieten. Dies trifft insbesondere auf die Typen zu, die ein höheres Interesse an Technik (und Auto im besonderen) zeigen.[19]

Die hier erläuterten Befunde unserer Untersuchung zeigen, dass der Umstand, ob in ländlichen Regionen oder in der Stadt gelebt wird, bei der Ausbildung von Mobilität ebenso bedeutsam ist wie z.B. Alter oder Geschlecht der betreffenden Person. Dies gilt es zu berücksichtigen, möchte man jugendspezifische Mobilitätsangebote entwickeln. Jugendkultureller Alltag ist differenziert, es kann nicht von dem Jugendlichen gesprochen werden und entsprechend der Vielzahl von Interessen und Jugendkulturen existiert eine Vielzahl von Mobilitätsstilen. Was dies im Hinblick auf die Entwicklung alternativer jugendspezifischer Mobilitätsangebote bedeutet, darauf wird im Kapitel 8 dieses Bandes eingegangen.

---

18 Der Aussage „Mein Wohnort bietet mir ausreichend Möglichkeiten zur Freizeitgestaltung" stimmten in den städtischen Untersuchungsräumen gut ein Drittel (36,5 %) der befragten Jugendlichen zu, in den ländlichen Regionen waren es lediglich 15 %.
19 Von den „Technik- und Autoorientierten unter 18" geben 77 % in ihrer Freizeit oft Auto/ Motorrad/ Moped zu fahren bzw. zu reparieren (32 %). Bei den Über-18jährigen „Technik- und Autoorientierten" sind es 85,2 % (Fahren) bzw. 24,6 % (Reparieren). Bei den städtischen Typen ist der höchste Wert für Fahren mit 55,5 % bei den „Etablierten über 18" zu finden (Reparieren 2,2 %).

5.4 Technik und Kommunikation – IuK aus der Sicht Jugendlicher[20]

Claus J. Tully

Modernisierung bedeutet Ausdifferenzierung von Kommunikation in unterschiedlichen Systemen (vgl. Luhmann 1998) und Zunahme von Kommunikationen und Informationen wird so zum Charakteristikum moderner Gesellschaften (vgl. z.B. Hauf 1996; Münch 1995; Wagner 1996). Im Zusammenhang mit der Mobilität Jugendlicher kommt der Informations- und Kommunikationstechnik[21] zumindest in dreierlei Hinsicht wachsende Bedeutung zu: Einerseits werden ihr Substitutionseffekte zugeschrieben (vgl. Maurer 2000: 105); wenn Informationen statt Personen oder Waren eine Reise unternehmen, entfällt die Nutzung von PKW, Bus oder LKW. Voraussetzung ist lediglich die Existenz leistungsfähiger Datennetze. Andererseits ist die Telematik[22] in der zweiten Hälfte der 90er Jahre als ein neues Zauberwort in die öffentliche und wissenschaftliche Mobilitätsdebatte eingetreten (vgl. Krönig/ Radermacher 1997; Gaßner/ Keilinghaus/ Nolte 1994). Mit ihr, so die Hoffnung, ist der Eingang in eine staufreie Zukunft möglich, da sie für eine gleichmäßige Auslastung der Transportwege, sowie eine frühzeitige Stauwarnung und -umleitung sorgt. Schließlich kann IuK-Technik in Gestalt von Wegstreckenplanung und Reiseorganisation als mobilitätserschließende Technik in den individuellen Alltag einziehen. In dieser Hinsicht erzeugt IuK-Technik Mobilität, die es in einem zweiten Schritt durch dieselbe Technik zu organisieren und eventuell zu reduzieren gilt, was die Dialektik dieser Technik sichtbar macht. Optimistische Stimmen zu den mobilitätsrelevanten Auswirkungen der IuK-Technik stehen deshalb gleichzeitig neben eher pessimistischen Vorstellungen.

Soll die IuK-Technik der Optimierung des Straßenverkehrs, d.h. der Verringerung von Fahrtzeiten und des Verkehrsaufkommens dienen, dann scheint die Realisierung eines kooperativen Verkehrsmanagments sinnvoll.

---

20 Dirk Baier von der Universität Chemnitz danke ich für statistische Vorarbeiten und Anregungen.
21 Im folgenden „IuK-Technik" abgekürzt.
22 Telematik: Aus den Begriffen *Tele*kommunikation und Infor*matik* zusammengesetzte Bezeichnung für eine Technik, deren Anliegen es ist, das Wissen aus den Informationswissenschaften praktisch umzusetzen. Gleichzeitig basierte Telematik auf Telemetrie, d.h. auf der Übertragung von Informationen über größere Strecken. Telematik setzt sich also aus den Schritten (computergestützte) Datenerhebung, Datenübertragung, (computergestützte) Datenauswertung und Entscheidungsplanung, erneute Datenübertragung und Entscheidungsumsetzung zusammen. Diese einzelnen Schritte sind kybernetisch gekoppelt.

Dieses impliziert Informationsübertragung zwischen einzelnen Fahrzeugen und zentralen Verkehrsleitrechnern, nutzungsabhängige Kostenpflicht (sog. Roadpricing), Erhöhung der Fahrsicherheit (Straßenzustandsberichte, Kontrolle der Fahrzeugabstände), individuelle Routen- und Verkehrsmittelempfehlungen (P+R, Konvoifahrten, Kooperation im Personenverkehr), Überwachung und Lenkung des Verkehrsflusses, sowie kommunale und regionale Verkehrsplanung.

Steht die Relevanz der IuK-Technik für die gesamtgesellschaftliche Mobilität außer Frage, so ist dennoch unklar, welche Zugänge und Nutzungserfahrungen Jugendliche bezüglich dieser Techniken besitzen. Deshalb wurde im qualitativen und quantitativen Teil der U.Move-Studie nach der Bedeutung von Kommunikation und Informationstechnik gefragt. Die Leser dürfen hier allerdings keine Kontroverse zur Telematik erwarten. Vielmehr steht die Meinung der Jugendlichen, ihr subjektiver Blick auf die Zusammenhänge zwischen Kommunikation, Mobilität und technisches Informationssystemen im Vordergrund. Wie bereits an anderer Stelle erläutert (siehe den Beitrag von Tully in diesem Band), geht es bei jugendlicher Mobilität weniger um rationale Wegeplanung, als vielmehr um das Event, um Unterwegssein an sich. Wege werden „einfach mal so" erledigt, um „etwas los zu machen". Neue Informationstechnik scheint deshalb weniger wichtig, weil auch bei Routinewegen (zur Schule, Arbeit) eher die herkömmlichen Nachschlagewerke (Fahrplan) befragt werden. Unverkennbar ist aber auch, das der Jugendalltag von Handy, Computer und Internet in entscheidender Weise geprägt wird. Die neuen Technologien bieten insofern Mobilitätsanlässe und gleichzeitig Informationen, um den induzierten Bedürfnissen in geeigneter Weise nachzukommen.[23] Jugendliche sind keine Handlungsreisenden, die rational ihre Wege planen, noch sind sie den technischen Offerten gegenüber völlig verschlossen. Unsere Interviews zeigen, daß den Jugendlichen IuK-Technik bekannt ist[24], daß sie auch um deren mobilitätserschließende Funktion wissen, diese z.T. auch schon selbst benutzt haben, daß aber keine Substitution von Wegen stattfindet. Vor allem, Informationstechnik ist nicht ausschlaggebend für die individuelle Mobilitätspraxis. Andere Faktoren, wie z.B. die regionale Herkunft spielen dabei eine weit wichtigere Rolle. Zur Unterstützung dieser These wird im weiteren qualitativ und quantitativ gewonnenes Material präsentiert.

---

23 In dieser Weise werden z.B. gemeinsame Fahrten zur Love-Parade oder zu Fußballspielen organisiert.
24 Diese Kenntnis geht soweit, daß von Wissen über technische Gadgets berichtet wird, die zum Zeitpunkt der Befragung noch gar nicht existierten bzw. nur der Idee nach angedacht waren (z.B. der Personal Travel Assistant).

Im folgenden werden Urteile zu und typische Umgangsweisen Jugendlicher mit der IuK-Technik skizziert. Kommunikationstechnik vermittelt zwischen zwei interagierenden Einheiten, was in analoger wie dialoger Form geschehen kann. Das Telefon und das Internet (chats, emails) zählt zu den analogen Kommunikationstechniken. Zugleich kann Informationstechnik weiter gefaßt werden und Fernsehen, Radio, Videotext und Faxabruf als analogische, und Telefon- und Internetauskünfte als dialogische Hilfen mit einbezogen werden. Im Dienste der Mobilität lassen sich über diverse Kanäle Informationen zu Staus, Radar- und Schwarzfahrerkontrollen, Verspätungen von Bussen und Bahnen, Fahrplänen und Reiseverbindungen, Tarifen usw. übermitteln. Eine bündelnde Darstellung der Verwendungsmöglichkeiten von IuK-Techniken liefert Abbildung 5.5:

	Privater (Auto) Personenverkehr	öffentlicher Personenverkehr
Informations- und Kommunikationstechnik	♦ Stau- und Radarmelder ♦ Navigationshilfen im Pkw ♦ Staumeldungen per Handy & SMS	♦ Fahrplanauskünfte z.B. via Telefon /Internet/Faxabruf ♦ Routenplanung per Internet
Telematik	♦ Verbesserung des Verkehrsflusses	♦ Verbesserung des Verkehrsflusses/ der Vertaktung der Verkehrsmittel

Abbildung 5.5: IuK-Technik im jugendlichen Mobilitätsalltag

IuK-Techniken sind sowohl bei der Ausgestaltung des privaten, als auch des öffentlichen Verkehrs von Bedeutung. Die Jugendlichen partizipieren an beiden Formen der technisch unterstützten Bewegung und haben, wie unsere Daten zeigen, erste Erfahrungen mit diesen Techniken gesammelt.

5.4.1 *Informations- und Kommunikationstechnik im Jugendalltag – Ergebnisse aus qualitativen Interviews*

> *„.... Via Internet, gibt's ja diese Fahrplanauskunft der Bahn ... Ist gut zu handhaben, doch. Man muß generell ein bißl mit'm PC umgehen können, aber es ist nicht schwieriger als wie alle anderen Seiten ... "*
> (ID 391123 Etablierte über 18, m)

In den Einzelinterviews fragten wir nach der Bedeutung von Technik für die alltägliche Kommunikation. Die Auswertung zeigt, daß die vorhandenen neuen Technologien in den jugendlichen Lebensalltag eingepaßt sind, ja diesen sogar zu strukturieren scheinen. Hierfür spricht z.B. die enorme

Bedeutung des Handy-Besitzes. Über Anrufe und Kurzmitteilungen werden Verabredungen organisiert, über die Funktion des Internetzugangs Informationen gezogen und über die Klingeltöne Zugehörigkeiten präsentiert. Weder Handy noch Internet erzeugen oder reduzieren Verkehr, haben also auf das Mobilitätsverhalten einen geringen Einfluß. Unterschiede zwischen den einzelnen U.Move-Typen scheinen nicht zu existieren. Viel wichtiger als bestimmte Einstellungen sind sozialstrukturelle Gegebenheiten, wie die regionale Zugehörigkeit. Ebensowenig spielt das Geschlecht der Befragten eine Rolle. Mädchen und Jungen bauen gleichermaßen Kommunikationstechnik in ihren Alltag ein. Hierzu einige Interviewpassagen:

Der 18jährige Denis meint, das Internet ersetze ein *„ bisschen das Telefon. Ich schreibe jetzt Emails anstelle anzurufen ... Ein Handy habe ich mittlerweile auch ... Früher hat man die Uhren verglichen, heute tauscht man die Handynummern aus und ruft sich dann halt an, wenn man sich treffen möchte – früher hat man eine Uhrzeit vereinbart ... Da hat sich viel verändert."* (ID 491639 Etablierter über 18, m)

Diese Veränderung schlägt sich im Mobilitätsverhalten nieder, wenn Kommunikation dazu führt, Mobilität zu reduzieren. Ein anderer Befragter schildert diesen Umstand so:

„Früher war es so, man ist zu nem anderen gefahren, damit man was bereden konnte. Weil Telefon war eindeutig zu teuer ... Da war natürlich die Mobilität entscheidend für den sozialen Status, für Kontakte zu anderen Jugendlichen ... Heute ist es so, ich kenn ein Mädchen, das ist pro Tag, ungelogen, zwischen 6 und 8 Stunden in den Ferien am Telefon. Sie wird natürlich auch öfters angerufen, hat einen wahnsinnig großen Freundeskreis, jeder beneidet sie um den Freundeskreis, bloß andererseits sagt ein jeder, nie hat's Zeit für mich, immer kommt sie spät, das ist dann wieder die Kehrseite von dem Ganzen."
(ID 306089 Ökosensibilisierter unter 18, m)

Es zeigt sich, daß Anerkennung und Status über andere Möglichkeiten erworben werden kann. Wichtig ist, daß alle die eigene Handynummer besitzen und anrufen bzw. SMS schreiben. Insofern stellt der Handybesitz eine Form der Integration dar, wie das Zitat von Jan belegt:

„Ich habe genug Freunde, die sogar nebeneinander in einem Raum sitzen und sich SMS schreiben und da nicht großartig drüber nachdenken. Das Problem beim Handy ist aber schon, daß ich, weil ich keins habe, auch viele Sachen verpasse. Weil 90% meiner Freunde ein Handy haben und bei denen läuft alles über SMS ab und da werde ich schon mal leicht unabsichtlich vergessen."
(ID 405053 Unauffälliger unter 18, m)

Manche Jugendliche scheinen dem Rausch an Kommunikationsmöglichkeiten verfallen zu sein. So zumindest klingt es, wenn ein Mädchen

berichtet, es habe zwei Festanschlüsse plus ein Handy und könne so
„mit zwei Leuten gleichzeitig telefonieren und mit'm Handy mit drei."
(ID 304037 Unauffällige unter 18, w)

Unter der Vielfalt neuer Chancen kann durchaus die psychische und physische Gesundheit leiden.

Zum Stellenwert der Kommunikationstechnik sind sich die Jugendlichen also weitestgehend einig: „Ohne geht's nicht". Welche Erfahrungen haben sie aber mit Informationssystemen gemacht? Im Bezug auf den *Individualverkehr* kann den Daten entnommen werden, daß es vor allem die technisch interessierten Adoleszenten sind, die verschiedene Angebote kennen und nutzen. In dieser Hinsicht scheinen also Einstellungen eine wichtige Determinante zu sein. Dies soll wiederum anhand einzelner Zitate verdeutlicht werden:

„Was mir auf alle Fälle in letzter Zeit aufgefallen ist, daß sind diese Navigationssysteme, da hab ich zwar noch keine Erfahrung damit gemacht persönlich, ich hab einige Berichte schon gesehen und auch gelesen, im Fernsehen und so." (ID 304043 Technikfan unter 18, m).

Ähnlich äußert sich der folgende Befragte, ebenfalls ein „Technikinteressierter":

„Ich finde neue Techniken schon ganz interessant. Ja doch, Navigationssysteme sind ganz gut und Neuerungen technischer Art interessieren mich auf jeden Fall. Jetzt nicht so für Motorräder, aber für das Auto auf jeden Fall"
(ID 404059 Technik- und Autoorientierter unter 18, m).

Das die Informationssysteme in den Mobilitätsalltag eingreifen, zeigt dieses Zitat:
„Ja, ich nehm das Beispiel, letzte Woche waren wir in der Expo, das hab ich am Computer geplant ... der druckt dann das aus und dann paßt das."
(ID 393339 Etablierter über 18, m)

Dies bedeutet gleichzeitig, daß zwar der Weg ein über das Internet bestimmter ist, daß aber der Anlaß zur Mobilität selbst aus individuellen Motiven resultiert, d.h. nicht durch die Medien induziert wurde.
Es gibt aber auch weniger euphorische Stimmen:

„Also, ich weiß zwar schon, daß auf meinem Handy von D2 irgendwie so ein Service angeboten wurde. Aber das waren die ersten Sachen, die ich runtergelöscht habe. Ich fahre immer blindwegs da hin, wo ich hin will."
(ID 413085 Technik- und Autoorientierte über 18, w)

Wegbewältigung ist bei Jugendlichen, wie bereits eingangs festgehalten, nicht immer Resultat rationaler Planung. Wichtig ist, daß zusammen gefahren wird, daß zusammen etwas gemacht wird. Eine längere Verweildauer im

Auto ist weniger das Ziel, als vielmehr eine Rahmenbedingung der Freizeit, was auch zur Gleichgültigkeit gegenüber den Informationsangeboten führen kann:

> „Auch wenn es WAP-Handys gibt, mit denen man ins Internet gehen kann ... wird es nur eine kleine Gruppe von Leuten interessieren, wie es mit den Navigationssystemen auch ist. Ich kenne aus meinem Bekanntenkreis keinen, der sich so was nachgerüstet hat ... Ein WAP-Handy oder Travel Assistant wäre für mich nicht interessant ... weil, wenn ich eine Strecke raus suchen will, dann gucke ich im Atlas nach. Normaler Weise habe ich sowieso noch einen Freund oder eine Freundin dabei, wenn ich längere Strecken fahre. Die können dann im Atlas nach gucken." (ID 407093 Übergangsphase über 18, m)

Das Interesse an Informationsangeboten des *öffentlichen Verkehrs* hängt im wesentlichen von zwei Bedingungen ab: Ob es regelmäßige Wege zur Schule oder zur Ausbildung zu bewältigen gilt und (nicht unabhängig davon) ob man unter 18 ist. In beiden Fällen ist das Interesse an neuen Angeboten größer; d.h., daß die Begeisterung für moderne und zeitgemäße Technik für die Wahl des Reisevehikels und der Informationsdienstleitungen weniger zentral ist. Geld spielt insofern eine Rolle, als neue Techniken auch immer etwas mehr kosten:

> „Es kommt darauf an, bei welcher Altersgruppe man nachfragt. Bei den jüngeren Leuten hätte das glaube ich schon Einfluß. Bei älteren Leuten nicht; ich merke das bei meiner Mutter – sie fährt nur Auto – wenn ich ihr sage ‚Fahr' doch mal mit dem Bus, der hält direkt vor unserer Haustür', dann sagt sie ‚nein', weil sie sich einfach nicht damit auskennt ... Jüngere Leute in meinem Alter sind da eher flexibel und sind froh, wenn sie sich ihre eigene Strecke so vom Supermarkt nach Hause suchen können" (ID 405012 Unauffällige unter 18, w)

Die Jugendlichen lieben es in lockerer Distanz zur Erwachsenenwelt zu leben, wozu auch die Selbstbestimmung bei der Bewältigung von Wegen zählt. Sämtliche Verkehrsmittel und Informationssysteme geraten dabei in den Blick, insofern beides finanzierbar ist:

> „Neueste Technologie hat für mich nur geringen Einfluß, weil Hochgeschwindigkeitstechnologien wie der ICE nicht erschwinglich sind. Ich bin erst 17 Jahre alt. Wenn ich mich mit dem Zug fortbewege, dann ist es entweder mit dem Wochenend-Ticket, wo ich dann acht Stunden durch Deutschland kurve, oder, was ich jetzt auch öfters gemacht habe, ist mit dem TwenTicket zu fahren ... Mit dem Wochenend-Ticket war ich sechs Stunden unterwegs und habe 35,- DM bezahlt und für die gleiche Strecke mit dem Interregio hätte ich fünf Stunden gebraucht und hätte über 100,- DM bezahlt. (Weshalb) ... solche neuen Entwicklungen aus finanziellen Gründen für mich ausgeschlossen (sind)."
> (ID 405012 Unauffällige unter 18, w)

Bei den älteren Befragten wird allerdings deutlich, daß nicht jedes Verkehrsmittel gleichermaßen relevant ist. Die Mobilitätsprofile sind zu diesem Zeitpunkt geschärft, d.h. es wird weniger experimentiert. Das Auto erhält mit dem Einsetzen des 18. Lebensjahrs seinen zentralen Stellenwert. Auf die Frage, ob es im höheren Jugendalter eine Bereitschaft zur Veränderung der individuellen Mobilität, d.h. zur Benutzung öffentlicher Verkehrsmittel gibt, antwortete eine junge Frau:

„Kann ich mir nicht vorstellen. Überhaupt nicht. Also, ich denke mal nicht, daß jemand, der zum Beispiel über das Auto oder über irgendein anderes Verkehrsmittel so denkt, wie ich über das Auto, daß der dann umsteigen würde. Kann ich mir einfach nicht vorstellen."
(ID 413085 Technik- und Autoorientierte über 18, w)

5.4.2 Informations- und Kommunikationstechnik im Jugendalltag – Ausgewählte statistische Befunde

Die Ergebnisse der Einzelinterviews zur Bedeutung von Kommunikationstechnik und Informationssystemen lassen sich entlang der zehn U.Move-Mobilitätstypen[25] weiter analysieren. Im Fragebogen wurde zum einen nach der persönlichen Wichtigkeit von Kommunikation im Vergleich zu anderen Dingen, für die man jährlich Geld ausgibt (Kleidung, Auto, etc.), gefragt. Zum anderen sollten die Befragten Auskunft geben, ob sie bestimmte Informationsangebote kennen oder nutzen würden bzw. ob ihnen neuere Mobilitätsmöglichkeiten bekannt sind bzw. ob sie bereit wären, diese zu nutzen (Carsharing, Anruf-Sammel-Taxis, etc.).

5.4.2.1   Ein differenzierter Überblick

Tabelle 5.3 zeigt die Ergebnisse zur Wichtigkeit von Kommunikationsmitteln. Jeweils ein Fünftel bis ein Viertel der Befragten gaben an, daß ihnen das Handy bzw. das Internet so wichtig sind, daß sie über das ganze Jahr gesehen, sehr viel Geld dafür ausgeben. Dabei spielt Kommunikation für die jüngeren Befragten (Unter-18jährigen; Gruppen 1 bis 5) eine etwas weniger wichtige Rolle als für ältere Befragte. Gleichzeitig existieren Unterschiede dahingehend, daß die technikinteressierten Gruppen immer etwas häufiger Geld für derartige Technik zur Verfügung haben. Die umweltbewußten Gruppen hingegen können bedingt auf Kommunikationstechnik verzichten.

---

25   Vgl. zur Typenbildung Kapitel 5.2 dieses Bandes.

Insgesamt lassen sich aber die Ergebnisse des qualitativen Teils reproduzieren: Ohne Kommunikationstechnik geht es bei keiner der Gruppen.

Tabelle 5.3: Hohe Ausgaben der U.Move-Typen für Kommunikation

Gruppe	Anteil in %
1 Unauffällige	21,2
2 Distanzierte	23,9
3 Technik-und Autoorientierte	24,4
4 Ökosensibilisierte	18,8
5 Technikfans	28,0
6 Ökosensibilisierte	26,3
7 Distanzierte	30,7
8 Übergangsphase	28,2
9 Technik- und Autoorientierte	30,5
10 Etablierte Autonutzer	32,1
Gesamt	27,1

Weniger homogene Urteile lassen sich beobachten, wenn die Zustimmung zur Nutzung diverser Informationsangebote analysiert wird. Die Tabellen 5.4 und 5.5 zeigen, daß zwar hier ebenso Altersunterschiede bestehen, daß aber Einstellungsmuster wichtiger sind. Paradox mag dabei der Befund anmuten, daß es bei den Ab-18jährigen gerade die Ökonsensibilisierten sind, die eine große Offenheit gegenüber neuen Angeboten bezeugen, und nicht die technikinteressierten Gruppen.

Tabelle 5.4: Bereitschaft zur Nutzung folgender Informationsangebote
(abgegebene „Ja"-Antworten; *Unter-18jährige*)

Gruppe Angebot	Unauffällige (N=376)	Distanzierte (N=345)	Technik- und Autoorientierte (N=248)	Ökosensi- bilisierte (N=351)	Technik- fans (N=269)	Gesamt (N=4417)
Internet	59,7	51,6	45,1	52,2	60,6	60,2
Faxabruf	33,4	31,3	30,5	27,0	29,9	28,1
Telefon-Hotline	58,6	47,9	50,7	46,9	39,7	55,6
Personal Travel Assistant	33,6	27,6	36,4	30,0	35,4	30,4
Neue Ticket-Automaten	76,4	71,0	60,3	79,1	65,1	75,3
Service Point	67,9	61,2	54,9	65,6	51,1	74,0
Mobilitätszentrale	67,2	53,9	51,8	59,6	46,3	66,2

Dies könnte darauf zurückgeführt werden, daß fast alle angeführten Angebote eine Nähe zum ÖPNV aufweisen, dem die Ökosensibilisierten gewöhnlich etwas näher stehen. Leider wurde die Einschätzung eher individualverkehrsorientierter Technik kaum abgefragt (z.B. General Positioning System). Einzig der Personal Travel Assistant kann dahingehend ausgewertet werden.

Hier zeigt sich dann auch, daß Technikinteressierte eine höhere Bereitschaft zur Nutzung äußern und Ökonsensibilisierte diesen eher ablehnende gegenüber stehen. Am wichtigsten für alle Gruppen sind jedoch Ticket-Automaten und Service-Points. Interessant auch, daß sich fast zwei Drittel zur Nutzung des Internets bereit erklären.

Tabelle 5.5: Bereitschaft zur Nutzung folgender Informationsangebote (abgegebene „Ja"-Antworten; *Ab-18jährige*)

Angebot \ Gruppe	Ökosensi-bilisierte (N=645)	Distanzierte (N=448)	Übergangsphase (N=622)	Technik- und Autoorientierte (N=528)	Etablierte (N=582)	Gesamt (N=4417)
Internet	74,5	54,7	53,3	53,2	77,0	60,2
Faxabruf	23,0	30,0	30,9	29,6	21,9	28,1
Telefon-Hotline	69,8	55,8	56,3	51,5	57,9	55,6
Personal Travel Assistant	23,5	28,7	30,0	32,9	32,6	30,4
Neue Ticket-Automaten	83,9	66,7	81,2	67,5	82,6	75,3
Service Point	95,9	70,7	79,2	65,6	86,4	74,0
Mobilitätszentrale	83,4	61,8	72,0	55,9	76,9	66,2

Ziehen wir Parallelen zu den qualitativen Interviews, so lassen sich diese teilweise replizieren: Technikinteresse schlägt sich dann in der Offenheit gegenüber Informationssystemen nieder, wenn diese für den Individualverkehr relevant sind. Die Nutzung von sich auf den ÖPNV beziehenden Systemen ist hingegen vom Vorhandensein eines ökologischen Bewußtseins abhängig. Ältere Befragte interessieren sich allerdings mehr für diese Angebote.

5.4.3 *Ausgewählte Entwicklungslinien und abschließende Thesen*

Unsere Ergebnisse können im Lichte der Individualisierungsthese und der Technikakzeptanzdebatte betrachtet werden. Erste erhellt, warum den Jugendlichen Kommunikationstechnik so ungemein wichtig ist: Sie ist Möglichkeit und praktizierte Form der Integration in die Clique. Ohne Handy läuft nichts. Zweite macht uns die Notwendigkeit von Differenzierungen einsichtig. Die Affinität zu bestimmten Techniken ist zwar abhängig von sozialstrukturellen Merkmalen wie dem Geschlecht und der Herkunftsregion. Kognitive Einstellungsmuster spielen aber eine zentrale Rolle. Unsere Ergebnisse sprechen gegen eine pauschale Technikfeindlichkeit der Jugendlichen. Neue Informationstechniken werden daraufhin geprüft, ob sie sich im Alltag bewähren können, ob sie für die Gestaltung der eigenen Erlebniswelten zu gebrauchen sind. Das Urteil fällt dann jeweils individuell anders aus. Fünf abschließende Thesen sollen die wesentlichen Ergebnisse nochmals zusammenfassen und existierende Entwicklungstrends aufzeigen:

1. Ökologisch aufgeschlossene Jugendliche sind entgegen dem gängigen Vorurteil keine Technikfeinde. Sie nutzen tendenziell technisch avancierte Auskunftssysteme zur Planung ihrer Wege.
2. Technik-, speziell Autofans interessieren sich für Navigationssysteme, nutzen diese jedoch kaum und würden sie wegen der Bekanntheit der alltäglich zurückzulegenden Wege auch nicht brauchen.
3. Mädchen und Jungen sind der gegenwärtigen Kommunikations- und Informationstechnik gegenüber in gleichem Maße aufgeschlossen.
4. Handy und besonders Kurzmitteilungen bestimmen die Kontaktgestaltung der Jugendlichen mehr als die räumlichen Distanzen. Es ist eine Veränderung des Verabredungsverhalten in Richtung erhöhte Flexibilität zu konstatieren.
5. Technik substituiert Wege nicht. Wohl aber wirkt sie gestaltend in den Jugendalltag hinein. Sie wird situativ genutzt.

5.5 Umweltbewußtsein im Jugendalltag – Ergebnisse aus qualitativen Interviews[26]

Marcel Hunecke & Christian Klöckner

Um die Einstellungen der einzelnen Typen anschaulicher zu machen und eine tiefere Einsicht in ihre unterschiedlichen Argumentationsweisen zu ermöglichen, werden im folgenden Abschnitt die Ergebnisse der qualitativen Interviews für den Bereich „Umweltprobleme, Umweltbewusstsein, Umweltverhalten" vorgestellt und bewertet.

Der Schwerpunkt der Auswertung lag auf der Frage, wem die Befragten die Verantwortung für die Umweltbelastungen durch den Verkehr beimessen, welche Rolle ihre eigene Verkehrsmittelwahl dabei spielt und welche alternativen Handlungsmöglichkeiten sich daraus ergeben.

Allen Befragten ist bewusst, dass der MIV zur Umweltverschmutzung beiträgt. Von allen Mobilitätstypen wird befürwortet, dass eine Verringerung der Umweltverschmutzung angestrebt werden muss. Umweltschutz wird grundsätzlich und allgemein positiv bewertet.

---

[26] Wir danken Manuela Papke für ihre Vorarbeiten zu diesem Kapitel

Aber die Befragten der einzelnen Mobilitätstypen haben unterschiedliche Zugänge zum Thema Umwelt und Umweltbewusstsein, die sich in ihrem gesamten Antwortverhalten zeigen und sich besonders dann abzeichnen, wenn es um ihr persönliches Verkehrsverhalten geht bzw. darum, das eigene Verkehrsverhalten zu hinterfragen und umweltgerechter zu gestalten.

Zunächst gibt es eine Gruppe von Befragten, vor allem bei den Typen der „*Distanzierten > 18*" und den „*Unauffälligen < 18*", für die das gesamte Thema der Umweltproblematik uninteressant zu sein scheint. Ihr Antwortverhalten zeugt von einer eher oberflächlichen Einsicht in die Thematik. Sie betrachten sich selbst entweder gar nicht als Umweltverschmutzer und wenn doch, so ist dies für sie kein Grund ihr Verkehrsverhalten zu ändern. Sie empfinden dabei auch keinen Rechtfertigungsdruck.

Die „*Technik- und Autoorientierten*" hingegen weisen erwartungsgemäß eine eher ablehnende und wenig aufgeschlossene Haltung zum Thema Umweltbewusstsein auf. Der Besitz und die Nutzung des eigenen Pkw ist für die „*Technik- und Autoorientierten*" eine Selbstverständlichkeit, auf die sie nicht verzichten möchten und zu der sie auch keine Alternativen sehen. Da die Forderung nach einem umweltgerechten Verkehrsverhalten ihren persönlichen Vorlieben entgegenläuft, zeigen sie in ihrem Antwortverhalten zum Teil recht deutlich, dass sie der Rechtfertigungen überdrüssig sind. Dementsprechend messen sie technischen Innovationen im Automobilbau größere Bedeutung zu als der Veränderung des persönlichen Verkehrsverhaltens.

Die „*Ökosensibilisierten*" heben sich von den anderen Typen besonders durch ein umfassenderes Wissen und eine vielseitige Sichtweise der Zusammenhänge hervor. Sie entwickeln neben einer selbstbozogenen Perspektive, die sich vor allem auf die Verantwortlichkeit des Einzelnen stützt, eine Gesamtperspektive, in der sie die Rechte der Umwelt gegenüber der Gesellschaft vertreten.

5.5.1 Wie kann die verkehrsbedingte Umweltbelastung reduziert werden? – Differenzierung der Argumentationsweisen

Zur Lösungen der anstehenden Verkehrsprobleme werden von den Interviewten drei grundlegende Positionen eingenommen.

Zum Einen gibt es das Konzept der technischen Lösungen, das vor allem die „*Technik- und Autoorientierten*" favorisieren, in geringerem Maße auch von den „*Ökosensibilisierten*", den „*Etablierten*" und den Befragten der „*Übergangsphase*" genannt wird. Die Hauptforderung hierbei ist, das Auto durch technische Innovationen umweltfreundlicher zu gestalten. In diesem

Konzept wird nicht davon ausgegangen, dass der MIV reduziert werden muss, sondern dass umweltfreundlichere Antriebstechniken die Schadstoffemissionen vermindern oder qualitativ verändern werden, wodurch die Umweltbelastung abnimmt. Charakteristisch für diese Position ist, dass einerseits die eigene Verantwortung keine Rolle spielt, sondern an den Staat und die Autoindustrie, also externe Verantwortungsträger delegiert wird. Andererseits wird die Lösung des Problems in die Zukunft verschoben, wodurch zunächst kein aktueller, persönlicher Handlungsbedarf entsteht.

Die zweite Position fokussiert auf die gegenwärtigen „realen Verhältnisse" und argumentiert auf der Ebene von Kosten und Nutzen. Vor allem die „*Etablierten*", der Typ der „*Übergangsphase*", die „*Ökosensibilisierten*", ferner auch die „*Distanzierten < 18*" und die „*Unauffälligen < 18*" argumentieren aus dieser Perspektive. Ausgehend von der Annahme, dass die Alternativen zum MIV, vor allem der ÖPNV, zu teuer und nicht attraktiv und komfortabel genug sind, ist es möglich, den Einzelnen über ein verbessertes und billigeres Angebot zum „Umsteigen" zu bewegen. Alternativen zum Auto werden erst dann wirksam, wenn ihre „Nachteile" gegenüber dem Auto durch andere „Vorteile" aufgewogen werden. Diese Einstellung führt ebenfalls dazu, dass man sich der eigenen Verantwortung entledigen kann. Die Schwelle, ab der jemand bereit ist, sein Auto stehen zu lassen, wird hier sehr subjektiv. Diese Position bietet deshalb sehr weitreichende Möglichkeiten für Rechtfertigungen.

In Kombination der ersten und zweiten Position wird auch die Auffassung vertreten, umweltfreundliche, technische Innovationen müssten gefördert und preiswerter vertrieben werden.

Die dritte Position, welche von den „*Ökosensibilisierten*" vertreten wird, geht davon aus, dass man sich seiner persönlichen Verantwortung für die Umwelt zu stellen hat und dementsprechend umweltgerecht handeln muss. Voraussetzung hierfür sind zum einem eine Beschäftigung mit der ökologischen Problematik und die Bewertung der Umwelt als Kollektivgut, das erhalten und geschützt werden muss. Die Perspektive der „*Ökosensibilisierten*" reicht hiermit über das eigene Handeln hinaus. Sie sehen sich aus einer Anwaltschaft für die Umwelt heraus verpflichtet, Lösungen nicht nur für ihr eigenes Verhalten, sondern auch tragfähige Lösungen für andere Gruppen zu entwickeln. Sie versuchen dabei nicht, z.B. den Autofahrern ihr eigenes Konzept der Selbstkontrolle und -einschränkung überzustülpen. Sie sind sich darüber bewusst, dass dem mangelnden Umweltbewusstsein anderer mit passenden Konzepten begegnet werden muss. Sie integrieren somit die anderen Lösungsansätze und ihren eigenen Ansatz, um zu einem Gesamtkonzept zu gelangen, bei dem parallel unterschiedliche Ansätze verwirklicht werden müssen.

5.5.2 Einschätzung des Handlungspotentials des Einzelnen bzw. des eigenen Verhaltens

Die verschiedenen Konzepte, von denen sich die Befragten eine Lösung der Umweltprobleme durch den Verkehr versprechen, schlagen sich deutlich in der Frage nieder, welche Bedeutung dem eigenen Beitrag bzw. dem Beitrag „des Einzelnen" zur Verringerung der Umweltbelastung beigemessen wird.

Übergreifend für alle Typen wird umweltgerechtes Verkehrsverhalten für eine nicht näher definierte Allgemeinheit, also für „den Einzelnen" oder „die Gesellschaft" grundsätzlich befürwortet. „Dem Einzelnen" stehen eine Reihe von Handlungsalternativen zugunsten des Umweltschutzes offen. Erst wenn es darum geht, diese Handlungsmöglichkeiten in Beziehung zum persönlichen Verhalten der Befragten zu setzen, offenbaren sich die Unterschiede.

Bei den „Ökosensibilisierten" liegt mehr Gewicht auf den Aktivitäten des Einzelnen gegenüber den Aktivitäten von Kommune, Staat und Wirtschaft. Sowohl die „Ökosensibilisierten < 18", als auch die „Ökosensibilisierten > 18" sehen eine breite Palette von umweltgerechten Handlungsmöglichkeiten jenseits des MIV. Neben den allgemeinen Vorschlägen wie „Kurzstrecken mit dem Auto vermeiden", „mehr/ öfter den ÖPNV nutzen" und „Fahrgemeinschaften bilden", die von fast allen Typen genannt werden, stehen hier vor allem die Alternativen zum Auto (eher von den jüngeren genannt), und die Möglichkeiten zur umweltgerechteren Nutzung des Autos (Carsharing, Park&Ride) (eher von den älteren genannt), zur Debatte. Im Unterschied zu den anderen Typen werden diese Alternativen von den *Ökosensibilisierten* nach Selbstaussage auch praktiziert.

Johannes (Potsdam): *„Ich benutze in Potsdam das Fahrrad. So bin ich schneller als mit dem Auto. Ansonsten nehme ich Straßenbahn und Bus. Die Öffentlichen sind umweltfreundlicher. Damit die Leute sie verstärkt nutzen, müssten sie aber billiger werden."* (Ökosensibilisierte < 18)

Auch den Vertretern der anderen Typen ist bewusst, dass der Einzelne mit seinem Verhalten zur Verringerung von Umweltproblemen beisteuern kann, jedoch mit einer geringeren Bedeutung im Vergleich zur Verantwortung von Industrie und Staat. Über die drei Standardantworten „*Kurzstrecken und Spaßfahrten mit dem Auto vermeiden*", „*mehr/ öfter den ÖPNV nutzen*" und „*Fahrgemeinschaften bilden*", was allerdings eher durch „Benzinsparende Autos fahren" ersetzt wird, reicht die Phantasie der „*Technik- und Autoorientierten*", der „*Etablierten*" und „*Distanzierten*" kaum hinaus.

Diese Handlungsmöglichkeiten werden zwar genannt, aber meist nicht auf sich selbst bezogen, der Selbstbezug wird zum Teil sogar deutlich abgelehnt, wie es vor allem die „*Distanzierten > 18*" zeigen:

Heike (Greifswald): *„Die Umwelt ist mir egal. Ich brauche mein Auto und nutze es auch."* (Distanzierte > 18)
Ronny (Greifswald): *„Umweltschutz ist O.K., aber ich halte es für übertrieben. Ich sehe keinen Anlass, mein Verkehrsverhalten zu ändern."* (Distanzierte>18)

Während die *„Etablierten"* sich aufgrund pragmatischer Zwänge, wie Zeitdruck, Kosten-Nutzen-Aspekt etc. nicht in der Lage sehen, ihr Verhalten umweltgerechter zu gestalten, bestehen die *„Technik- und Autoorientierten"* darauf, ihr Auto zu benutzen. Sie sehen keinen Anlass, die eigene Bequemlichkeit zu überwinden, die *„Technik- und Autoorientierten < 18"* wollen vor allem nicht auf einen antizipierten Spaß am Autofahren verzichten, der ihnen bislang wegen ihres Alters noch verschlossen geblieben ist. Ebenso die *„Distanzierten > 18"*, die zudem auch auf andere Umweltverschmutzer verweisen, wie Lkws und Industrie. Die *„Unauffälligen"* begnügen sich mit dem Argument, dass das Auto doch praktischer und bequemer sei.

Auffällig ist, dass vor allem bei den Befragten der *„Technik- und Autoorientierten"*, der *„Distanzierten > 18"* und *„Etablierten"*, die Alternativen Zufußgehen und Radfahren kaum eine Rolle spielen und auch fast gar nicht genannt werden. Auch mit den Möglichkeiten der umweltgerechteren Nutzung des Autos scheinen diese Typen nur wenig vertraut zu sein.

5.5.3 Bedeutung technischer Innovationen

Demgegenüber werden die Potentiale zur Lösung der Umweltprobleme vor allem bei den *„Technik- und Autoorientierten"* in schwächerem Maße auch von den anderen Mobilitätstypen den technischen Entwicklungen zugeschrieben und damit in die Verantwortung der Autohersteller und des Staates gegeben. Vor allem die *„Technik- und Autoorientierten < 18"* zeigen sich optimistisch, dass mit Hilfe technischer Innovationen, die das Auto umweltfreundlicher gestalten, wie alternative Antriebsenergien, benzinsparender Autos, Elektro-, Gas- und Hybridautos oder besserer Abgasfiltertechniken die anstehenden Umweltprobleme zu lösen seien. Gleichzeitig werden Umweltschützer und ihre Forderungen eher negativ, übertrieben und ohne wirksamen Einfluss beurteilt. Auch die *„Ökosensibilisierten"* sehen in technischen Innovationen eine Chance, die Umweltbelastung zukünftig zu verringern. Die Verantwortung von Industrie und Staat in dieser Hinsicht rangiert bei den *„Ökosensibilisierten"* allerdings weit hinter der Verantwortlichkeit des Einzelnen.

5.5.4 „Umsteigen?" – Bewertung der Alternative ÖPNV

Das Kosten-Nutzen-Argument bei der Verkehrsmittelwahl wird vor allem auf der Ebene des Vergleichs der finanziellen und qualitativen Unterschiede von ÖPNV (Bus und Bahn) und Auto, also über die Aspekte Preise, Komfort und Attraktivität, geführt.

Allgemein liegt diesem Argument die Annahme zugrunde, dass man über Preise und Kosten das Verhalten der Menschen besser regulieren kann, als sie zum Umdenken anzuregen und an ihr Umweltbewusstsein zu appellieren. Alternativen können also nur dann erfolgreich sein, wenn sie kostengünstiger oder qualitativ attraktiver sind.

Paradoxerweise wird aber die Benzinpreiserhöhung als eine Maßnahme dieser Art fast durchgängig von allen Mobilitätstypen abgelehnt. Preissenkungen bei Bussen und Bahnen werden befürwortet, aber die Kosten des Pkw sollen nicht erhöht werden.

Da für einige Typen das Auto konkurrenz- und alternativlos zu sein scheint, findet der ÖPNV in ihren Statements fast überhaupt keine Berücksichtigung.

Für die „Technik- und Autoorientierten", die „Jungen Technikfans" und die „Distanzierten > 18" ist die Benutzung des Autos absolute Selbstverständlichkeit. Während sich beispielsweise die „Etablierten" immerhin bemühen, den ÖPNV argumentativ auszuschalten, steht dieser für die Erstgenannten gar nicht zur Debatte. Dieses spiegelt deren Orientierung an externen Verantwortungsträgern und technischen Lösungen sowie die geringe Affinität zu eigenem verantwortungsvollem Handeln im Sinne der Umwelt wider.

Die anderen Typen setzen sich mit der Rolle des ÖPNV als Alternative zum MIV auseinander, indem sie zum einen seine Nachteile als Begründung dafür heranziehen, dass sie ihn selbst nicht benutzen (können), wie es die „Etablierten" tun. Einhellige Meinung hierbei ist, dass die öffentlichen Verkehrsmittel im Vergleich zum Pkw zu teuer sind, dass ihre Nutzung unpraktischer, unbequemer und zeitintensiver ist. Den „Etablierten" genügt das Auto als Gebrauchsgegenstand für ihre täglichen Wege und wird kaum symbolisch besetzt, wie beispielsweise von den „Technik- und Autoorientierten". Da die Benutzung öffentlicher Verkehrsmittel ihren Alltag verkomplizieren würde, entstünden ihnen daraus vielfältige Nachteile, die sie nicht allein zu tragen bereit sind:

Markus (Passau): „Warum soll man als Einzelner verzichten." (Etablierte)
Johanna (Dortmund): „Ich sehe einen Zusammenhang von Verkehr und Umweltverschmutzung. Ich nutze das Auto und nicht die Bahn, da ich sonst viel mehr Zeit für alles brauchen würde." (Etablierte)

Die Nutzung des ÖPNV wird also hinsichtlich der Faktoren Geld, Zeit und Komfort als Verlust bzw. als ein Opfer empfunden. Eine interessante Frage ist, ob eine Verbesserung des ÖPNV-Angebots für die „*Etablierten*" jemals die Nachteile aufwiegen könnte. Denn auch für die „*Etablierten*" ist der Pkw ein selbstverständlicher Bestandteil ihrer Mobilitätskultur, wenn auch hauptsächlich aus pragmatischen Gründen:

Markus (Passau): *„Das Auto ist Bestandteil unserer Wohlfahrtsgesellschaft. Manche müssen mit dem Auto fahren."* (Etablierte)

Für die „*Ökosensibilisierten*" scheint dagegen die Attraktivität des ÖPNV eine deutlich nachrangige Rolle bei ihrer eigenen Verkehrsmittelwahl zu spielen. Obwohl auch sie fordern, dass der ÖPNV wie alle anderen umweltgerechteren Alternativen zum Auto kostengünstiger und damit attraktiver angeboten werden müssten, scheint sein jetziger Zustand für sie keine Barriere zur Nutzung darzustellen.

Die Einstellung, dass mehr Menschen den ÖPNV nutzen würden, wenn er billiger und attraktiver wäre, teilen auch die „*Distanzierten < 18*", die „*Unauffälligen < 18*" und die Befragten der „*Übergangsphase*". Die Vorschläge, was am ÖPNV konkret verändert werden sollte, bleiben allerdings auf einem sehr allgemeinen Niveau. Neben der immer wiederkehrenden Äußerung, dass Bus und Bahnen „billiger werden" sollten, wird angeführt, dass das Netz ausgebaut werden solle, die Busse öfter fahren sollten und das Angebot besser organisiert werden müsse. Von den „*Ökosensibilisierten > 18*" wird noch die unterstützende Rolle des Staates ins Feld geführt, der den Rad- und Busverkehr gezielt fördern müsse. Ansonsten bleiben die Forderungen der Jugendlichen aber meist ohne direkten Adressaten. Verkehrsbetriebe und Stadtplaner sowie die Kommunen als verantwortliche Ansprechpartner werden nur selten genannt. Es entsteht der Eindruck einer geringen Kenntnis von kommunalpolitischen und -wirtschaftlichen Zusammenhängen.

5.5.5 *Externe Verantwortungsträger – Staat, Industrie und Umweltschützer*

5.5.5.1 Staat und Politik (Bewertung von Verantwortlichkeit und Maßnahmen)

Bei der Zuweisung der Verantwortung an den Staat, die Kommune etc. tun sich die Befragten schwer oder anders formuliert: sie machen es sich leicht. Von den „*Technik- und Autoorientierten > 18*" und den „*Distanzier-*

ten > 18" werden der Staat und die Politik bzw. die Politiker oder die Parteien einfach nur als Verantwortliche genannt, ohne dass sie in einen engeren Zusammenhang zu ihren Aufgaben oder Handlungsmöglichkeiten gestellt werden. Am ehesten scheint es den Befragten möglich zu sein, auf bereits bestehende Gesetze oder schon durchgeführte Maßnahmen im Zusammenhang mit der Umweltproblematik zu reagieren. Zur Ökosteuer bzw. zur Benzinpreiserhöhung existiert bei allen Typen eine Meinung – diese ist fast immer ablehnend.

Nur in wenigen Fällen, bei den Befragten der *„Übergangsphase"*, den *„Distanzierten > 18"* und den *„Ökosensibilisierten > 18"*, wird die Verantwortung auf kommunaler Ebene gesucht. Was die Stadt/ Kommune, Stadtplaner und Verkehrsbetriebe zu tun haben, um die Probleme zu lösen, bleibt aber allerdings unklar und schemenhaft.

Die Bewertung von Eingriffen und Maßnahmen des Staates reicht von kategorischer Ablehnung über einfache Ablehnung bis zur Befürwortung. Diesen unterschiedlichen Einschätzungen müssen grundsätzlich unterschiedliche Vorstellungen von der Funktion und Kompetenz des Staates zugrundeliegen.

Auch hier wirken sich wieder der Zugang und das Wissen der Jugendlichen zur Thematik aus. Die Befragten des Typs der *„Technik- und Autoorientierten > u. < 18"* können sich unter Maßnahmen des Staates scheinbar nicht anderes als Restriktionen vorstellen, die als negative Eingriffe in die persönliche Freiheit interpretiert werden. Diese Sichtweise kulminiert in der Nennung der Benzinpreiserhöhung als „dem" negativem Symbol für politische Maßnahmen.

Anders hingegen antworten die *„Ökosensibilisierten"*, bei denen durch das tiefere Kontextwissen und die grundsätzlich positivere Einstellung zum Umweltschutz ein größeres Wissen über staatliche Maßnahmen zu finden ist. Neben die Restriktion, die von den älteren *„Ökosensibilisierten"* eher abgelehnt wird, tritt bei ihnen die Förderung als staatliche Maßnahme in Erscheinung.

Christoph (Passau): *„Man kann keine Zwangsmaßnahmen durchführen zum Umweltschutz, sondern jeder muss dafür sensibilisiert werden."* (Ökosensibilisierte > 18)

Anke (Greifswald):*„Man selbst ist fürs Umdenken verantwortlich, aber die Politiker müssen den Rahmen dafür schaffen."* (Ökosensibilisierte < 18)

Von ihnen wird gefordert, dass die Alternativen zum Auto, aber auch die Entwicklung technischer Innovationen im PKW vom Staat gefördert werden sollen. Dem ÖPNV und der Bahn kommt dabei das größere Gewicht zu. Die Alternativen zum PKW sollen ihrer Meinung nach attraktiver und billiger werden.

Den restriktiven Eingriff des Staates durch Verbote usw. befürworten vor allem die „*Ökosensibilisierten* < *18*":

Constanze (Dortmund): „*Die Politiker müssen es mit Verboten einschränken.*" (Ökosensibilisierte < 18)
Johannes (Passau): „*Die Industrie soll man zwingen zur umweltschonenderen Produktion.*" (Ökosensibilisierte < 18)
Matthias (Greifswald): „*Das Benzin kann nicht teuer genug sein.*" (Ökosensibilisierte < 18)

Da eine Selbsteinschränkung zu ihrem Verhaltensrepertoire gehört, entwikkeln die „*Ökosensibilisierten*" nicht im gleichen Maße wie die anderen das Gefühl, ihnen würde etwas weggenommen.

5.5.5.2 Verantwortung der Wirtschaft

Die Verantwortlichkeit von Industrie, Mineralölgesellschaften und Autoherstellern bei der Verringerung der Umweltbelastung wird vor allem von den auf technische Lösungen vertrauenden Typen, wie den „*Technik- und Autoorientierten*", aber auch von fast allen anderen Typen herausgestellt. Die Aufgabe der Wirtschaft kann auch im Gegensatz zur Rolle des Staates und der Politik konkret beschrieben werden, nämlich die Entwicklung und Verbreitung umweltgerechter Techniken und Antriebsenergien. Nur von den „*Ökosensibilisierten* < *18*" wird in diesem Zusammenhang genannt, dass auch die Wissenschaft zur Entwicklung umweltgerechter Techniken beizutragen hat.

5.5.5.3 Image der Umweltschützer

Ähnlich wie die Auffassungen zu den Eingriffen und Maßnahmen des Staates werden auch die Forderungen von Umweltschützern sehr kritisch dahingehend betrachtet, ob sie die eigene Freiheit beeinträchtigen könnten. Obwohl nur wenige Befragte überhaupt die Kritik der Umweltschützer ablehnen, die meisten sie also zumindest für grundsätzlich berechtigt halten, wird sie von den „*Distanzierten* > *18*", den „*Etablierten*", den „*Jungen Technikfans*" und den „*Technik- und Autoorientierten*" oft als übertrieben und zu radikal bezeichnet.

Die Umweltschützer nehmen für die „*Technik- und Autoorientierten*" die Rolle von Spielverderbern ein:

Fabian (Dortmund): „*Die Umweltschützer sollen einem nicht alles vermiesen, auch wenn sie es gut meinen.*" (Technik- und Autoorientierte < 18)

Guido (Potsdam): *"Ist schon gerechtfertigt die Umweltkritik...Die Umweltschützer sollen auch realistischere Alternativen anbieten, als das Autofahren zu verbieten."* (Etablierte)

Das Bild, welches die „Technik- und Autoorientierten" von den Umweltschützern haben, ist ein sehr einseitiges und radikales. Die stereotype Vorstellung, dass die herausragende Forderung der Umweltschützer sei, das Auto zu verbieten, findet sich auch bei anderen Typen wieder, wie bei den „Jungen Technikfans" und den „Etablierten".

Während diese Typen ein sehr extremes Bild vom Umweltschutz und seinen Akteuren kultivieren, wird gerade von den „Ökosensibilisierten > 18" ein gemäßigteres Bild geprägt. Dieses beinhaltet, dass die Forderung von Umweltschützern gerade nicht die Abschaffung oder das Verbot des Autos sei, sondern nur dessen umweltfreundliche Nutzung oder Gestaltung:

Christoph (Passau): *"Die Umweltschützer wollen auch nicht das Auto grundsätzlich abschaffen, sondern wollen alternative Antriebsmöglichkeiten entwickeln."* (Ökosensibilisierte > 18)
Christoph (Dortmund): *"Ich verteufele nicht das Auto. Man muss es umweltfreundlich nutzen."* (Ökosensibilisierte > 18)

5.5.6 Zusammenfassung und Fazit

Insgesamt lässt sich feststellen, dass die Bereitschaft der jugendlichen Befragten zu einem umweltgerechten Verkehrsverhalten eher gering ist. Das Auto und der MIV werden von keinem der Typen grundsätzlich in Frage gestellt. Im Gegenteil wird versucht, die Existenzberechtigung des Autos für den Einzelnen, für private wie wirtschaftliche Zwecke zu verteidigen und zu stärken. Der Pkw gehört fast alle Befragten zu ihrem Mobilitätsverhalten, unabhängig davon, ob sie schon selbst Auto fahren oder aufgrund ihres Alters noch keinen Führerschein erwerben konnten. Unterschiede zwischen Befragten, die in der „Stadt" oder in einer „ländlichen Umgebung" leben, zeigen sich kaum.

Bei fast allen Typen liegt zwar eine positive Einstellung zum Umweltschutz vor, nicht aber eine dem Problem angemessene Auseinandersetzung. Zum einen fällt auf, das die Kenntnis der Thematik und ihrer Zusammenhänge zu gering ist, was sich vor allem in der unreflektierten Wiedergabe stereotyper Vorstellungen von der Rolle und Kompetenz des Staates und der Gesellschaft, der Umweltschützer und der Möglichkeiten zur Verringerung der Umweltbelastung zeigt. Zum anderen zeigt sich, dass der Wille und das Interesse, sich mit der Thematik zu beschäftigen und das eigene Verhalten zu reflektieren, relativ gering ist und zum Teil sogar abgelehnt wird.

Umweltbewusstsein im Sinne einer Verantwortungsübernahme für die Umwelt, die sich zum einen in umweltgerechten Verhaltensweisen, zum anderen in einer übergreifend gesamtgesellschaftlichen Perspektive niederschlägt, ist nur bei den *„Ökosensibilisierten"* zu finden. Bei ihnen kombiniert sich also Verantwortungsgefühl mit Interesse an der Thematik. Ihre Aussagen gründen auf einem tieferen Verständnis des Problemzusammenhangs, welches über das von den meisten anderen Typen benutzte Schema: „Viele Autos = viele Abgase = schlechte Luft" hinaus geht. Bei den *„Ökosensibilisierten"* ist insgesamt ein breiteres Verständnis von Umwelt zu erkennen.

Bei den *„Distanzierten < 18"* sowie den *„Technik- und Autoorientierten"* verbindet sich geringes Interesse, z.T. Ablehnung mit unzureichendem Wissen, vor allem über die Zusammenhänge der Umweltverschmutzung. In einer Art von Spotlight-Denken greifen sie für ihre Argumentation selektiv und weitgehend unreflektiert auf positiv oder negativ besetzte Stereotype zurück, mit denen sie ihre Position stärken können.

Je weniger die Befragten sich der eigenen Verantwortung stellen (*„Technik- und Autoorientierte"*, *„Distanzierte"*, *„Etablierte"*), desto mehr fokussieren sie externe Verantwortungsträger, wie den Staat, die Politik und die Industrie. Umgekehrt ist es aber so, dass die *„Ökosensibilisierten"* zwar eindeutig die Verantwortung des Einzelnen herausstellen, gleichzeitig aber auch die Akteure aus Politik, Wissenschaft und Wirtschaft in die Pflicht nehmen.

5.6 Altersabhängigkeit der Mobilitätsstile

Christian Klöckner

Neben der in Kapitel 5.2 beschriebenen Identifikation von Teilgruppen unter den befragten Jugendlichen mit dem Ziel, Mobilitätsstile und ihre Kennzeichen zu beschreiben, wird in diesem Abschnitt eine weitere Perspektive eingenommen, die die altersabhängige Entwicklung dieser Kennzeichen beschreibt. Jugendliche durchlaufen vom Alter von 15 Jahren bis zum Alter von 26 Jahren eine der wichtigsten Umbruchphasen in ihrem Leben – sie verlassen die Adoleszenz und werden junge Erwachsene. Wie Tully in Kapitel 1 zeigt, geht dieser Umbruch mit teils gesellschaftlich ritualisierten (Volljährigkeit, Wahlalter), teils weniger stark reglementierten Veränderungen (Auszug aus dem Elternhaus, feste Partnerschaft, Heirat, eigene Kinder) einher. Diese Veränderungen haben einen starken Einfluss auf das Mobilitätsverhalten und damit verbundene Variablen (siehe Kap. 1). Besonders der Führerscheinerwerb, der wie in Kapitel 1 dargestellt im Schnitt mit 19 Jahren erfolgt, stellt eine einschneidende Veränderung der Mobilitätsvoraussetzungen dar. Vor diesem Hintergrund befinden sich die befragten Jugendlichen in verschiedenen Lebensphasen, es lassen sich möglicherweise verschiedene Altersko-horten (siehe Kap. 1) mit unterschiedlichen Denk- und Mobilitätsstilen erkennen. Im Folgenden wird daher die Veränderung der zentralen psycho-logischen Variablen mit zunehmendem Alter der Befragten untersucht. Vor allem um den Zeitpunkt der Volljährigkeit und des damit häufig verbundenen Führerscheinerwerbs herum erfahren einige dieser Variablen aufschlussreiche Veränderungen, die deutlich die psychologischen Konsequenzen dieses in unserer Gesellschaft so herausragenden Ereignisses für das jugendliche Einstellungs-, Werte- und Normgefüge in Bezug auf die eigene Mobilität aufzeigen.[27]

Wie die Abbildungen 5.6-5.9 zeigen, gibt es typische Veränderungen in der symbolischen Bewertung der unterschiedlichen Verkehrsmittel, je nach Alter der befragten Personen. Die Verkehrsmittel haben für die Befragten nicht nur eine Beförderungsfunktion, sondern stehen in unterschiedlichem Maße auch für Autonomie, Aspekte von Privatheit spielen eine Rolle oder die Möglichkeit, mit der Benutzung eines bestimmten Verkehrsmittels Ansehen bei anderen Jugendlichen zu erlangen (z.B. Sportwagen, Rennrad). Die Befragten, die zum Befragungszeitpunkt das 18. Lebensjahr gerade vollendet hatten, zeigten die positivste symbolische Bewertung des *Automobils*.

---

27 Vor der Betrachtung der diesbezüglichen Ergebnisse muss allerdings noch eine Überlegung vorangestellt werden, die die Interpretation der Befunde entscheidend beeinflusst. Die hier vorgestellten Daten beruhen nicht auf der längsschnittlichen Untersuchung einer Gruppe von Jugendlichen über einen Zeitraum von 10 Jahren, sondern sind zu einem Erhebungszeitraum als Querschnitt erfasst worden. Daher ist es möglich, dass sich beispielsweise die Gruppe der zum Befragungszeitpunkt 18jährigen deshalb häufig von jüngeren oder älteren Jugendlichen unterscheidet, weil sie unter anderen Bedingungen sozialisiert wurde oder andere Erfahrungen gemacht hat. Die Wahrscheinlichkeit eines solchen sogenannten Kohorteneffektes muss in jedem Einzelfall auf ihre Plausibilität beurteilt werden. Es gilt zu prüfen, inwieweit die Erklärung für ein auffälliges Antwortverhalten bestimmter Altersgruppen auch durch andere Effekte erklärt werden kann, als das Hineinwachsen in ein bestimmtes mit Ereignissen wie dem Führerscheinerwerb verbundenes Alter.

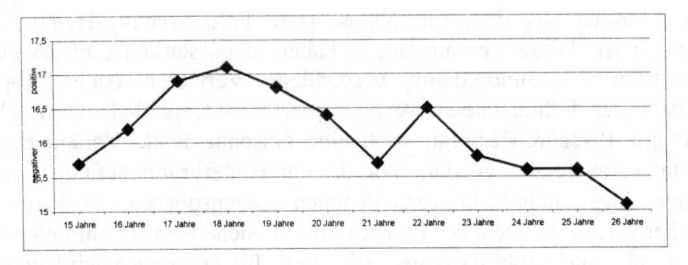

Abbildung 5.6: Symbolische Bewertung des Automobils

Vor dem 18. Geburtstag steigt das Auto in der Wertschätzung deutlich an, nach einer gewissen Zeit aber, wenn der Führerschein nicht mehr ganz so neu ist, geht die positive Einschätzung relativ schnell wieder zurück. Der Zuwachs der Wertschätzung im Alter zwischen 17 und 19 Jahren stellt sowohl im Vergleich zu der Gruppe der 15jährigen als auch zu der Gruppe der 24-26jährigen einen signifikanten Unterschied dar.[28]

Umgekehrt verhält sich die symbolische Bewertung des *Verkehrsmittels Rad*. Dieses besonders für die Mobilität der noch nicht automobilen Jugendlichen wichtige Verkehrsmittel verliert kurz vor dem Erwerb des Führerscheins ebenso rapide an positiver Wertschätzung wie der PKW gewinnt. Jugendliche in einer späteren Lebensphase bewerten das Fahrrad wieder deutlich positiver, möglicherweise mit einer geänderten Funktion, nun stärker als Freizeitgefährt. Auch hier unterscheiden sich die Jugendlichen zwischen 17 und 18 signifikant von den Jugendlichen, die 15 oder älter als 23 sind.

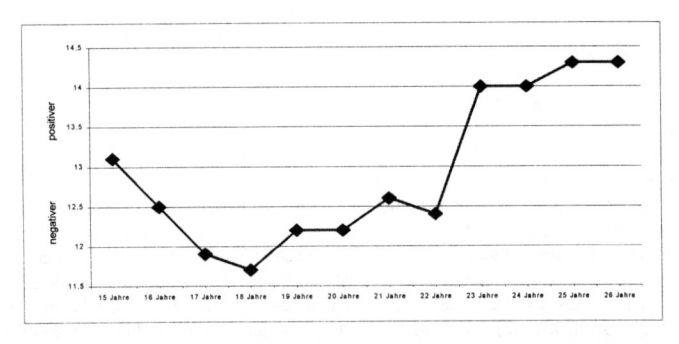

Abbildung 5.7: Symbolische Bewertung des Rad Fahrens

---

28 Die Gruppenunterschiede wurden mit einer Varianzanalyse und anschließender Scheffé-Prozedur berechnet.

Im Bereich des *öffentlichen Nahverkehrs* ist die Entwicklung mit dem Alter nicht so eindeutig. Zwar wird die symbolische Bewertung des ÖV parallel zur Aufwertung des PKW und Abwertung des Fahrrades ebenfalls negativer, aber der Effekt der anschließenden Erholung ist allenfalls zu erahnen. Zumindest bis zum Alter von 26 wird die Bewertung nur leicht besser. Somit ist auch nur der Unterschied zwischen Jugendlichen im Alter von 17-19 und den Jugendlichen im Alter von 15 Jahren signifikant.

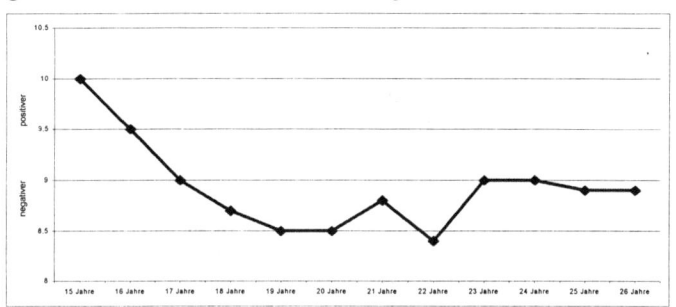

Abbildung 5.8: Symbolische Bewertung des öffentlichen Verkehrs

Das negative Image des *„Zufußgehens"*, das sich in der Haltung des Antifußgängers ausdrückt, geht mit zunehmendem Alter zurück. Hier ist nicht der Effekt einer besonderen negativen Spitze um den 18. Geburtstag herum zu bemerken. Denkbar wäre aber, dass das „Zufußgehen" schon früher, während der Substitution durch das Fahrrad beispielsweise, seinen negativen Höhepunkt in der Bewertung erlebt. In der hier untersuchten Altersgruppe ist nur der Effekt der mit steigendem Alter positiveren Beurteilung des „zu Fuß unterwegs seins" zu verzeichnen.

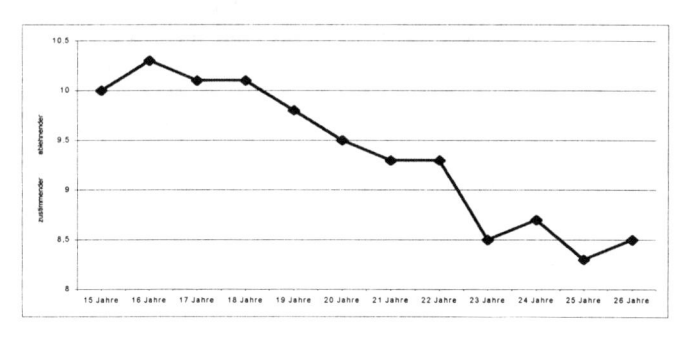

Abbildung 5.9: Symbolische Ablehnung des „Zufußgehens"

Sieht man sich die Variablen des psychologischen Handlungsmodells, das in Kapitel 3 vorgestellt wurde, ebenfalls unter dem Aspekt der Altersabhängigkeit an, so sind die Verläufe auch hier einer näheren Betrachtung wert (siehe Abbildung 5.10-5.14).

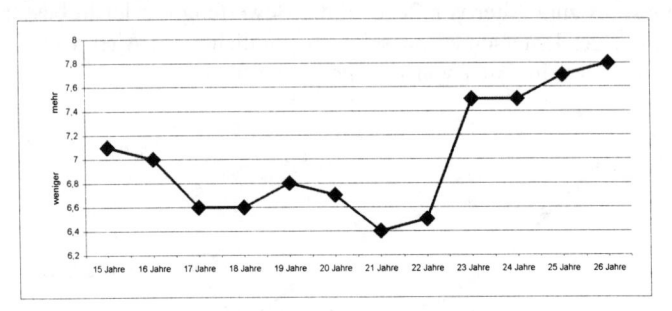

Abbildung 5.10: Erlebte moralische Verpflichtung zu umweltschonender Verkehrsmittelwahl

Die erlebte normative Verpflichtung, sich bei der Wahl seines Verkehrsmittels ökologisch zu verhalten, ist im Alter zwischen 17 und 22 Jahren am wenigsten ausgeprägt. Vor dieser Altersstufe ist die erlebte Verpflichtung stärker, jenseits der 22 Jahre steigt sie wieder deutlich an. Der Unterschied der 17- u. 18jährigen von den 23-26jährigen ist signifikant, der Unterschied zu den jüngeren aber lässt sich nicht statistisch absichern. Möglicherweise setzt der Rückgang der erlebten moralischen Verpflichtung schon früher als mit 15 Jahren ein, so dass das erste Maximum des moralischen Verpflichtungsgefühls außerhalb der von uns erhobenen Stichprobe liegt.

Interessanterweise erreicht die Tendenz, die Verantwortung für eine ökologischere Nutzung der Verkehrsmittel zu externalisieren, also auf Staat oder Wirtschaft zu schieben, mit 18-21 Jahren ebenfalls ein Minimum.[29] Zum einen kommt hier wohl zum Tragen, dass sich die Jugendlichen mit der nun eingetretenen Volljährigkeit für viele Dinge ihres Lebens – also auch für ihre Verkehrsmittelwahl – verantwortlich fühlen. Zum anderen aber steigt bei erhöhter normativer Verpflichtung und gleichzeitigem nicht verpflichtungskonformem Handeln die Notwendigkeit, den Widerspruch zwischen Verpflichtungsgefühl und Handeln aufzulösen, indem die Verantwortung zurückgewiesen wird. Insofern ist es nicht verwunderlich, dass die 18-21jährigen

---

29 Die Unterschiede in dieser Verantwortungszuschreibung zwischen der mittleren und der jüngeren bzw. älteren Altersgruppe lassen sich aber nur ansatzweise statistisch absichern. Jugendliche im Alter von 18 haben eine signifikant niedrigere externale Verantwortungszuschreibung als 25jährige.

weniger Verantwortung externalisieren, sie erleben schlicht seltener einen Widerspruch zwischen Handeln und Verpflichtungsgefühl.

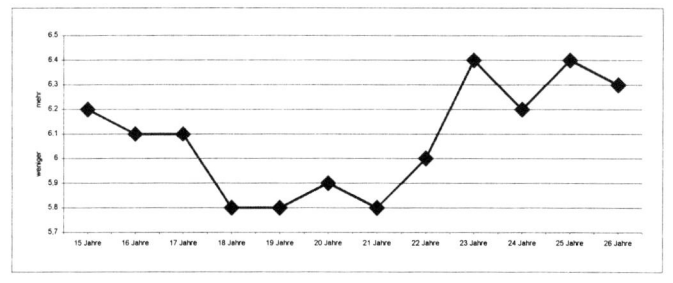

Abbildung 5.11: Tendenz zur Verantwortungsexternalisierung

Die empfundene Kontrolle über die eigene Verkehrsmittelwahl, die sich in dem in Kapitel 3 beschriebenen psychologischem Handlungsmodell als wichtiger Faktor für die Verkehrsmittelwahl erwiesen hat, wird kurz vor dem Zeitpunkt der Volljährigkeit entgegen der Erwartung deutlich geringer. Sobald das Verkehrsmittel Automobil für die Jugendlichen nutzbar wird, erleben sie nicht *mehr* Kontrolle über ihre Verkehrsmittelwahl, sondern *weniger*. Dieser Effekt kehrt sich mit steigendem Alter wieder leicht um. Allerdings ist nur der Unterschied zwischen den 15-16jährigen und den 18-21jährigen statistisch bedeutsam.

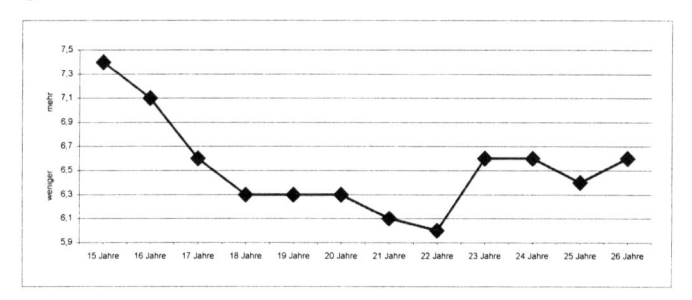

Abbildung 5.12: Erlebte Kontrolle über die eigene Handlung

Dieses zunächst paradox anmutende Ergebnis lässt sich aber dadurch erklären, dass sich zum einen die Art des Unterwegsseins durch die nun mögliche Automobilität so stark verändert, dass die neuen Mobilitätsmuster vermeintlich nicht mehr durch andere Verkehrsmittel bewältigt werden können (z.B. Diskobesuche). Zum andern hat eine gering empfundene Kontrolle über das eigene Verhalten eine Rechtfertigungsfunktion für die Jugendlichen. So wird ein nicht normkonformes Verhalten dann am leichtesten entschuldbar, wenn in der Entscheidungssituation aufgrund äußerer Gegebenheiten keine tatsächliche Wahlmöglichkeit besteht. Wer sich gezwungen sieht, mit dem Auto zu fahren, wird weniger dafür zur Verantwortung gezogen, als jemand, der diese Entscheidung aktiv getroffen hat.

Der erlebte Druck durch wichtige andere Personen wird mit zunehmendem Alter geringer. Allerdings ist dieser Rückgang so schwach, dass sich nur die jüngsten von den ältesten Jugendlichen statistisch signifikant unterscheiden.

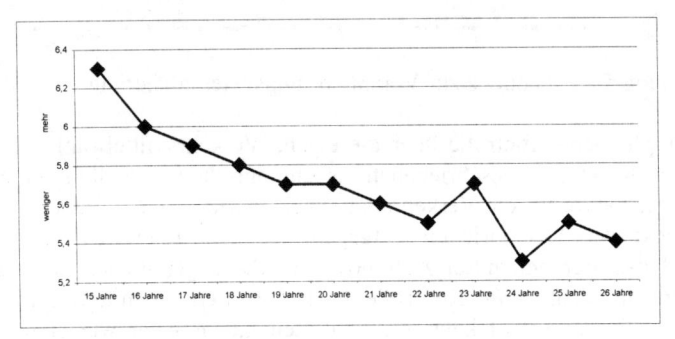

Abbildung 5.13: Erlebte Erwartung durch wichtige andere Personen

Dieser Befund scheint darauf hindeuten, dass der Einfluss, den andere Personen auf die Entscheidungen der älter werdenen Jugendlichen haben, geringer wird. Das ist von daher plausibel, dass zwei wichtige Einflussgruppen, nämlich die Eltern und LehrerInnen, mit steigendem Alter der Jugendlichen durch Auszug aus der elterlichen Wohnung bzw. Beendung der Schullaufbahn an Zugriff auf die Jugendlichen verlieren.

Die Bewusstheit der Konsequenzen des eigenen Handelns wird mit steigendem Alter größer, auch hier ist der Unterschied er jüngeren Gruppe von der älteren statistisch bedeutsam. Dieser Effekt ist wohl vor allem auf ein höheres Wissen über die Zusammenhänge von bestimmten Verhaltensweisen in der Verkehrsmittelwahl mit Konsequenzen für die Umwelt zurückzuführen. Gerade in diesem Bereich wäre aber zu prüfen, ob nicht der Effekt der mit dem Alter steigenden Bewusstheit von Handlungskonsequenzen auch ein *sinkendes* Niveau der Bewusstheit in der nachwachsenden Generation der Jugendlichen bedeuten könnte.

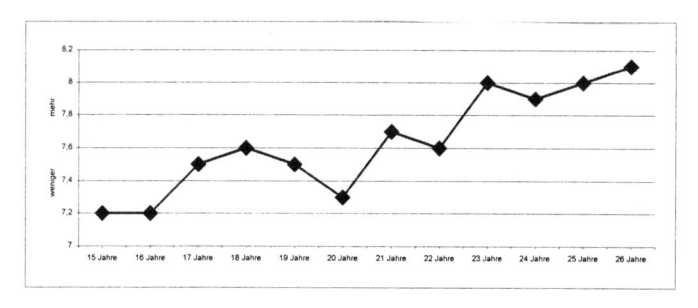

Abbildung 5.14: Bewusstheit der Handlungskonsequenzen

Gleiches gilt auch für die signifikant positivere Einstellung der älteren Gruppe (ab 23 Jahre) zu nicht verkehrsbezogenen Umweltschutzmaßnahmen wie beispielsweise Abfall sortieren (s. Abb. 5.15). Ob sich hier der Effekt einer mit dem Alter steigenden oder der Effekt einer in der folgenden Generation sinkenden positiven Umweltschutzeinstellung zeigt, ist mit den Querschnittdaten nicht zu entscheiden.

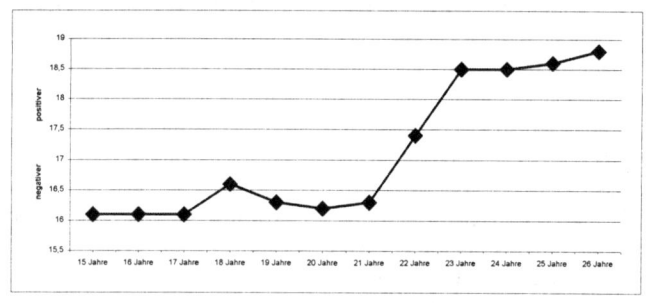

Abbildung 5.15: Einstellung zu Umweltschutzmaßnahmen

Die jungen Männer und Frauen unterscheiden sich nicht in den zuvor beschriebenen Tendenzen. Zwar sind junge Frauen in allen Jahrgängen dem „Zufußgehen" nicht so abgeneigt wie junge Männer und beurteilen den öffentlichen Verkehr positiver, so wie auch die erlebte normative Verpflichtung zu umweltschonender Verkehrsmittelwahl, die erlebte Kontrolle über die eigenen Handlungen, der erlebte Druck durch andere wichtige Personen und die positive Einstellung gegenüber Umweltschutzmaßnahmen ausgeprägter sind, aber die Entwicklungstendenzen sind vergleichbar.

Somit kann aus den Betrachtungen das folgende Fazit gezogen werden. Offenbar stellt der 18. Geburtstag – oft verbunden mit dem unverzüglichen oder sehr baldigen Erwerb der Fahrerlaubnis für den PKW – ein derartig einschneidendes Ereignis dar, dass es das Gefüge der psychologischen Variablen (siehe Kap. 3) nachhaltig erschüttert. Während einige untersuchte Variablen eher einen linearen Zuwachs oder Verlust über die beobachtete Zeit verzeichnen, gibt es bei anderen Spitzenwerte um diesen Zeitraum herum. Die Verkehrsmittelpräferenzen verschieben sich für den Zeitraum von einigen Jahren stark in Richtung Bevorzugung der Automobilität. Das Radfahren wird als so unattraktiv eingeordnet wie das Benutzen des öffentlichen Verkehrs. Während sich ersteres aber nennenswert in der Gunst der Zielgruppe erholt, gelingt es dem öffentlichen Verkehr zunächst nur marginal, verlorenen Boden gut zu machen. Mit diesen veränderten symbolischen Bewertungen geht eine deutliche Veränderung zentraler psychologischer Bedingungsvariablen von Mobilität einher. Die erlebte moralische Verpflichtung zu umweltschonender Mobilität wird für einige Jahre geringer, ebenso die erlebte Kontrolle über die eigenen Handlungen in diesem Bereich. Damit erfahren die wichtigsten psychologischen Variablen des Handlungsmodells aus Kapitel 3 eine altersbezogene Veränderung. Interessanterweise sinkt auch die Tendenz, andere für das umweltgerechte Handeln verantwortlich zu machen.

Parallel dazu gibt es die Effekte eines sinkenden Einflusses von anderen wichtigen Personen und der steigenden Bewusstheit der Konsequenzen der eigenen Handlungen sowie allgemeiner positiver Einstellungen zu Umweltschutzmaßnahmen. Überlagern sich die beiden Effekte, könnten sie ebenfalls einen Hinweis darauf geben, warum das Denken und Handeln der Jugendlichen um das Alter von 18 Jahren herum so autozentriert ist. Während der Einfluss vieler signifikanter Anderer wegbricht, weil die Jugendlichen sich umorientieren, kommt ein auf ökologischem Wissen basierendes umweltschonendes Verhalten erst langsam in Gang.

Ordnet man nun die Typen, die weiter oben in diesem Kapitel beschrieben wurden, nach dem durchschnittlichen Alter und der Ausprägung der zentralen psychologischen Typmerkmale an, so fällt auf, dass sich die Typen, die altersmäßig in der Nähe der Volljährigkeit angesiedelt sind, stärker ähnlich sind, als Typen, die von der Volljährigkeit weiter entfernt liegen. Bei den jüngsten und ältesten Typen ist die Aufsplittung in tendenziell Autobefürwortende und Autoablehnende stärker als in der Altersgruppe um 18 Jahre. Dafür ist dort zusätzlich zur größeren Homogenität die Affinität zum Automobil noch stärker ausgeprägt als bei den Autobefürwortern der jungen oder alten Altersgruppe. Während in der jungen und alten Altersgruppe jeweils eine dem Automobilverkehr gemäßigt positiv gegenüber stehende Gruppe („junge Technikfans" und „Etablierte") einer negativ eingestellten Gruppe (jeweils die „Ökosensibilisierten") gegenübersteht, bewerten alle Typen um die 18 Jahre die Automobilität positiv.

Aus diesen Betrachtungen ergibt sich die Hypothese, dass ein Individuum in seiner Entwicklung mehrere Typen durchlaufen könnte, von denen die mittleren durch eine besonders positive Bewertung des Automobils gekennzeichnet sind. Mögliche Typenfolgen könnten „junge Technikfans" – „Auto- und Technikorientiere (unter und über 18)" – „Etablierte" oder „Ökosensibilisierte" – „Übergangsphase" – „Ökosensibilisierte" sein.

6 Mobilitätsverhalten von Jugendlichen und jungen Erwachsenen

Sebastian Rabe, Gernot Miller & Shi-cheng Lien

Jugendliche und junge Erwachsene gelten als Hoffnungsträger für künftige Entwicklungen – auch im Themenfeld „Mobilität und Verkehr". Auch wenn davon ausgegangen werden kann, dass ihre grundsätzlichen Mobilitätsentscheidungen im Kindes- und Jugendalter geformt werden (Limbourg/ Flade/ Schönharting 2000: 8; VCÖ 1999: 9; Flade 1999: 107; Flade 1997: 3), so sind diese jedoch noch nicht verfestigt. Neue Lebenssituationen – und die Lebensphase der Jugendzeit ist voll davon (etwa der Wechsel von der Schule zur Ausbildung oder die Gründung eines eigenen Haushalts) – führen auch zu neuen Mobilitätsentscheidungen. Mit dem achtzehnten Lebensjahr erweitert sich der dazu zur Verfügung stehende Fuhrpark potentiell um einen Pkw; bis zu diesem Zeitpunkt sind Jugendliche nicht nur mit Mofas und Mopeds, sondern auch mit dem Umweltverbund gut vertraut. Unter diesen Rahmenbedingungen bestünde für verkehrsmittelübergreifende Mobilitätsangebote, die auch die Nutzung eines Pkw einschließen, die Chance, junge Erwachsene auch nach dem Erwerb ihres Führerscheins weiter an den Umweltverbund zu binden. Voraussetzung für das Gelingen dieses Konzepts ist allerdings, dass sich wechselnde Lebensstile und die Nutzung des Umweltverbundes miteinander vereinbaren lassen und eine Bereitschaft zur Änderung des individuellen Verhaltens zugunsten der Nutzung verkehrsmittelübergreifender Angebote besteht.

Welchen Erklärungswert eine untergliedernde, d. h. Subgruppen berücksichtigende Herangehensweise für die Umsetzung dieses Konzeptes der Multimodalität und Intermodalität beinhaltet, ist eine zentrale Fragestellung von U.Move. Je genauer man die Verhaltensweisen einzelner Teilgruppen in Bezug auf ihre Aktivitäten und Verkehrsmittelpräferenzen kennt, desto treffender lässt sich mit entsprechenden Angeboten auf die Bedürfnisse dieser Gruppe reagieren. Einer Methode, die explizit die Unterschiedlichkeit junger Leute nutzt, eröffnet sich damit sowohl die Möglichkeit, das tatsächliche Mobilitätsverhalten von Jugendlichen und jungen Erwachsenen differenziert zu betrachten als auch die Gelegenheit, die Akzeptanz verkehrsmittelübergreifender Mobilitätsangebote bei ihnen zu steigern. Mithin kann diese Typologie Hinweise für die Beeinflussung des Verkehrsgeschehens liefern. Im nachfolgenden Beitrag ist sie daher zentraler Bezugspunkt für die Analyse der Verkehrsmittelwahl. Besonderes Augenmerk gilt der Frage, ob und in welchem Maße die Einstellungen, die der Typenzuordnung zu Grunde liegen, mit der tatsächlichen Verkehrsmittelwahl korrespondieren.

6.1 Erfassung des Verkehrsverhaltens: Zur Methode

Die Verkehrsmittelwahl ist zunächst mit einer Querschnittserhebung erfasst worden, die die Verkehrsmittelwahl an einem Stichtag durch ein Wegeprotokoll erhebt. In ihm sollten die Befragten alle Wege eintragen, die sie an dem letzten Werktag und einem Tag des Wochenendes (einem Samstag) zurückgelegt haben. Das Wegeprotokoll, das sich an das von Nobis (1997) entwickelte Instrument anlehnt, fragt für jeden zurückgelegten Weg nach dem Wegezweck, dem Start- und Zielpunkt, der Anzahl der daran beteiligten Personen, der Startzeit, der Zeitdauer sowie den benutzten Verkehrsmitteln.

Als Kriterium zur Bestimmung des Wegezweckes gilt die Aktivität am Zielort. Um auch kurze (Zu-)Wege zu erfassen, ist keine Einschränkung bei den Wegelängen vorgenommen worden. Fußwege sollten dann eingetragen werden, wenn sie länger als drei Minuten[1] gedauert haben. Damit der Wechsel der Verkehrsmittel auf Hin- und Rückwegen transparent wird, sind die Befragten ferner aufgefordert worden, auch die Rückwege einzutragen. Verkehrsmittelkombinationen innerhalb eines Weges sollten sie ebenfalls notieren.

In einer ersten Auswertung sind aus knapp 50 Wegzwecken insgesamt neun Kategorien abgeleitet worden, die noch einmal in Pflicht- und Freizeitwege unterteilt wurden. Zu Pflichtwegen wurden Wege in Zusammenhang mit Erwerbs- und Versorgungsarbeit eingeordnet, als Freizeitwege galten diejenigen Wege, die nicht für obligatorische Verpflichtungen zurückgelegt wurden. Da Einkaufen immer stärker als eigene Freizeitbeschäftigung wahrgenommen wird (vgl. u. a. Hauck 2000) , sind auch diejenigen Wege, denen der Zweck „in Innenstadt/ Stadtteil/ Dorf/ Bummeln" zugeordnet wurde, unter Freizeitwege subsumiert worden (vgl. Tab. 6.1).

---

[1] Die Durchschnittsgeschwindigkeit von Fußgängern liegt bei etwa vier Stundenkilometern. Eine dreiminütige Wegstrecke entspricht also einem Weg von etwa 200 m Länge.

Tabelle 6.1: Kategorisierung der Wegezwecke

Wegezwecke nach Kategorien	Subsumierte Aktivitäten
Pflichtaktivitäten	
Arbeit	zur Arbeit, zur Ausbildungsstelle
Schule/Universität	zur Schule, zum Internat, zur Universität
Einkaufen/Erledigungen	Einkaufen, Geschäfte (Videothek/ Tankstelle), zum Arzt, zum (Arbeits)Amt, zur Bank, zum Einstellungsgespräch/ -test, jemanden bringen/ abholen
Freizeitaktivitäten	
Freund/ Eltern/ Verwandte besuchen	zur Freundin, zum Freund, zu den Eltern, Verwandte besuchen, Freunde besuchen, private Party
abendlicher Treff/ Ausgehen/ Veranstaltungen	Clique, Treffpunkt Innenstadt, Innenstadt, Stadtteil/ Dorf, zum Sport (als Zuschauer), Ausgehen/ Freizeit (ohne nähere Angabe), Bummeln, Disko, Kino, Kneipe, Essen gehen, Jugendclub/ -gruppe, Internet-Cafe, Veranstaltung (Konzert/ Rave/ Theater etc.)
Sport treiben/ Hobby ausüben	zum Sport (aktiv), Inline-Skaten, Joggen, Musikschule, Kirche/ Gemeinde
Tagesausflug/ Natur und Erholung	Radtour, Garten/ Schrebergarten, zum Strand/Badesee/Baggersee, Ostsee, Naherholungsgebiet (Wald/ Friedhof/ Park), Spazieren gehen, Zoo/ Tierpark, Freizeitpark/ Museum, öffentliches Fest (Dorffest/ Straßenparty), Wochenend-/ Tagesausflug
sonstige	Fahrschule, Nachhilfe, verkehrsbezogene Ziele (Bahnhof/ Bushaltestelle etc.), sonstige
nach Hause	nach Hause, ins Hotel gehen

Die Verkehrsmittelwahl ist in ebenfalls neun Kategorien zusammengefasst; die einzelnen Kategorien illustriert Tab. 6.2.

Tabelle 6.2: Kategorisierung der Verkehrsmittel

Verkehrsmittel nach Kategorien	Subsumierte Verkehrsmittel
Auto als Fahrer	Pkw-Selbstfahrer
Auto als Mitfahrer	Pkw-Mitfahrer, Taxinutzung
Motorisiertes Zweirad	Mofa, Moped, Kraftrad, Motorrad
zu Fuß	Fußgänger
Fahrrad	Fahrrad, Inliner/ Inline-Skates[2], Skateboard
Öffentlicher Personen(nah)verkehr (ÖV)	Bus, Straßenbahn, U-Bahn, S-Bahn, Bahn (DB AG)
Kombination „in(nerhalb) Umweltverbund"	Kombination von Fußweg und ÖV, Kombination von Fahrrad und ÖV, Kombination von ÖV und ÖV
Kombination „Umweltverbund und motorisierter Individualverkehr (MIV)"	Kombination von MIV und ÖV, Kombination von Fußweg und MIV (z. B. Fahrgemeinschaft)

---

2   Inliner/ Inline-Skates sowie Skateboards wurden nur vereinzelt als eigenständige Verkehrsmittel genannt (0,1 % der Wege an Werktagen und ebenfalls 0,1 % der Wege an Wochenenden werden damit zurückgelegt). Da sie zudem in punkto Geschwindigkeit, Aktionsradius und Raumbedarf mit Fahrrädern vergleichbar sind, wurden sie diesen zugeordnet.

Bei Wegeketten ist die Zuordnung des Heimweges zur letzten Aktivität methodisch umstritten.[3] Heimwege sind daher nur dort berücksichtigt worden, wo ausschließlich die Gesamtheit aller Wege von Interesse war. Demgegenüber bezieht die Differenzierung der Verkehrsmittelwahl hinsichtlich der Wegezwecke die Heimwege nicht mit ein, denn „nach Hause" stellt für sich genommen keinen Zweck dar, sondern ist notwendiger Bestandteil zurückliegender Aktivitäten. Bei der Analyse der Wegezwecke bildet also die Gesamtheit aller Wege *abzüglich* der Heimwege die Bezugsbasis der Analysen.

Längsschnittstudien, die die Verkehrsmittelwahl von Personen beispielsweise über mehrere Tage verfolgen (vgl. Chlond/ Lipps 2000), verdeutlichen, dass die Befragten ihr Verkehrsmittel im Laufe der Woche wechseln. Um aufzuzeigen, ob und inwieweit die Personen, die für bestimmte Wegezwecke bei der Stichtags-Erhebung ein bestimmtes Verkehrsmittel genutzt haben, ihre Verkehrsmittelwahl auch tatsächlich im Alltag so gestalten, ist die Verkehrsmittelwahl daher zusätzlich retrospektiv erfasst worden.

6.2 Umfang der Verkehrsbeteiligung

6.2.1 Wegeanzahl

Der Datenbestand der Stichtagserhebung verdeutlicht, dass Jugendliche und junge Erwachsene hoch mobil sind: Rund 4.300 Personen haben mehr als 17.000 Wege an einem Wochentag und knapp 13.500 Wege an einem Wochenendtag zurückgelegt. Damit legt jeder Befragte im Mittel 4,04 Wege an einem Wochentag und 3,17 Wege an einem Tag des Wochenendes zurück; zu beiden Zeitpunkten sind Frauen mobiler als Männer (vgl. Tab. 6.3). Im Vergleich zur Gesamtbevölkerung scheinen die Teilnehmerinnen und Teilnehmer von U.Move überdurchschnittlich mobil zu sein: Das Haushaltspanel zum Verkehrsverhalten ermittelt für 1999 eine durchschnittliche Wegeanzahl von 3,5 Wegen pro Person und Tag (BMV 2001: 223); Brög und Erl (2000: 11) gehen von durchschnittlich 3,0 Wegen pro Tag aus.

Die Betrachtung der Wegeanzahl an Wochentagen lässt erkennen, dass rund drei Viertel der Jugendlichen und jungen Erwachsenen mehr als drei Wege pro Tag zurücklegen, knapp ein Viertel von ihnen legt sogar sechs oder

---

3 Diese Zuordnung verdoppelt die Anzahl der Wege eines bestimmten Wegezwecks und die Verkehrsmittel zu relativen Ungunsten der vorangegangenen Aktivitäten.

mehr Wege zurück. Demgegenüber ist der Anteil der wenig mobilen Jugendlichen eher gering – jeder zwanzigste bleibt an einem Wochentag ganz zu Hause. An Wochenenden – Bezugsgröße ist ein Samstag – legt rund die Hälfte der Jugendlichen mehr als drei Wege zurück, knapp ein Sechstel von ihnen unternimmt sogar sechs Wege.

Mit steigendem Alter wächst die Zahl der Wege. Während die 15- bis 17jährigen mit durchschnittlich 3,71 Wegen pro Werktag noch etwas weniger mobil sind als die Gesamtstichprobe, halten die 23- bis 26jährigen mit 4,43 Wegen an einem zufällig gewählten Werktag den Spitzenwert. Mit 3,99 zurückgelegten Wegen verhält sich die mittlere Altersgruppe – junge Erwachsene im Alter von 18 bis 22 Jahren – nahezu identisch zur Gesamtstichprobe (vgl. Tab. 6.3).

Tabelle 6.3: Mobilitätskennwert „zurückgelegte Wege"

Anzahl der zurückgelegten Wege*	Werktag	Wochenendtag
gesamt	17.512	13.454

Anzahl der zurückgelegten Wege* pro Person pro Tag	Werktag	Wochenendtag
gesamt	4,04	3,17
Männer	3,82	2,90
Frauen	4,26	3,42
15- bis 17-Jährige	3,71	2,65
18- bis 22-Jährige	3,99	3,07
23- bis 26-Jährige	4,43	3,77
Greifswald	4,12	3,12
Passau	4,44	3,55
Potsdam	3,50	2,65
Dortmund	4,03	3,29

* unter Einrechnung der Heimwege

Eine Analyse der durchschnittlichen Wegeanzahl demonstriert ferner, dass im ländlichen Raum an Werktagen tendenziell mehr Wege zurückgelegt werden als im städtischen Raum. Eine gleichgerichtete Entwicklung zeigt sich für den Stichtag am Wochenende allerdings nicht.

6.2.2 Wegezwecke

An Werktagen dominieren erwartungsgemäß die Pflicht-, an Wochenenden die Freizeitwege. Knapp zwei Drittel der Wege an Werktagen lassen sich den Pflichtwegen zuordnen, wobei aufgrund der Stichprobenzusammensetzung die Wege zur Schule bzw. zur Universität dominieren (vgl. Abb. 6.1). An Wochenenden sind ein Viertel der Wege Pflicht- und drei Viertel Freizeitwege. Wie nicht anders zu erwarten, bestimmen die Versorgungswege am Wochenende die Pflichtwege; bei den Freizeitwegen dominiert das Besuchen der Freunde, Eltern, Verwandten und das abendliche Treffen bzw. Ausgehen (vgl. Abb. 6.2).

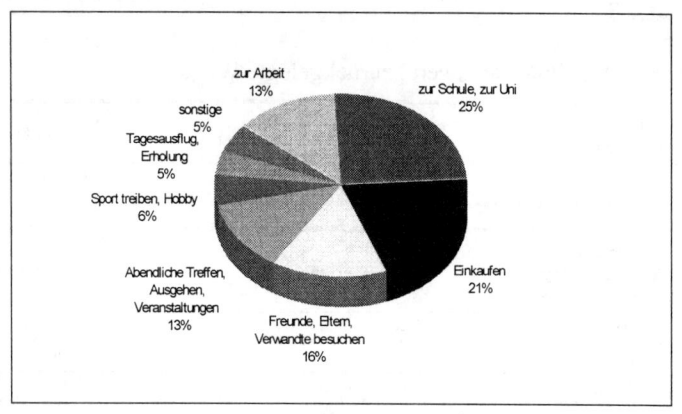

Abbildung 6.1: Wegezwecke an Werktagen (N= 11.210 Wege)

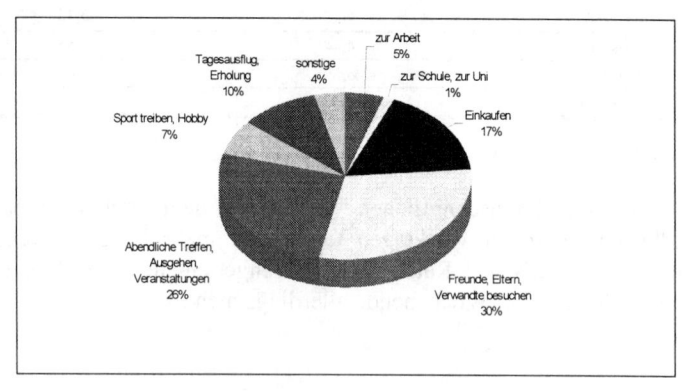

Abbildung 6.2: Wegezwecke an Wochenenden (N= 8.853 Wege)

Differenziert man die Wegezwecke nach Altersklassen, so spiegelt die Aufteilung der Wegezwecke die Lebensphasen der Befragten wieder. In der Gruppe der 15- bis 17jährigen sowie in der nächstfolgenden Gruppe prägen die Wege zur Schule bzw. zur Universität die Pflichtwege, während bei den 23- bis 26jährigen nur noch jeder zehnte Weg die Alma mater zum Ziel hat – dafür aber sind ein Viertel der Wege Arbeitswege. Auffällig ist ferner, dass diese Gruppe deutlich mehr Versorgungswege leistet als die jüngeren Teilstichproben, was vermutlich daraus resultiert, dass diese Gruppe bereits einen eigenständigen Haushalt führt. Demgegenüber zeigen sich bei den Freizeitwegen nur geringe Unterschiede: An beiden Stichtagen prägen die für den Besuch von Freunden, Eltern oder Verwandten aufzuwendenden Wege das Geschehen, an zweiter Stelle steht das (abendliche) Ausgehen. Insgesamt illustriert der Altersvergleich, dass die 23- bis 26jährigen bei ihren Pflichtwegen die Wegemuster von Erwachsenen aufweisen, während sie in ihrer Verteilung der Freizeitwege nach wie vor den Jugendlichen ähnlich sind.

Der Raumbezug hat auf die Wegezwecke kaum Einfluss. In den ländlichen und städtischen Gebieten sind die Wegezwecke werktags wie am Wochenende annähernd gleich verteilt.

6.2.3 Wegeketten

Wie bereits erwähnt, werden an einem Stichtags-Werktag im Mittel 4,04 und an einem Tag des Wochenendes 3,17 Wege zurückgelegt. Dabei gilt es jedoch zu beachten, dass diese Anzahl erheblich durch Rückwege oder „Nach-Hause-Wege" mitbedingt ist, da „das Zuhause in den meisten Fällen den Ausgangsort eines Weges oder einer Wegekette" darstellt, an den „nach dem Erledigen aller Aktivitäten wieder zurückgekehrt wird" (Bauer/ Karg/ Schulze/ Zängler 2000: 46). Wird die Zahl der Rückwege nicht berücksichtigt, verringert sich die Zahl auf 2,59 Wege für Werktage und 2,09 Wege für einen Samstag. Da damit die gemittelte Anzahl der Wege ohne die Heimwege sowohl am Werktag als auch am Wochenende gut doppelt so hoch ist wie die Anzahl der Heimwege (1,46 bzw. 1,08), kann untergestellt werden[4], dass im Mittel drei Wege bzw. zwei Ziele miteinander verknüpft werden.

Damit ergibt sich folgendes – idealtypisches – Muster (vgl. Abb. 6.3): An Werktagen entsteht eine Wegekette, die zwei Ziele miteinander verknüpft, bevor zum Startpunkt zurückgekehrt wird. Der Mittelwert von 2,59 spricht dafür, dass darüber hinaus in einem weiteren Weg ein Ziel aufgesucht

---

4 Unter der Annahme, dass kein systembedingter Fehler dadurch entstanden ist, dass zahlreiche Untersuchungsteilnehmer vergessen haben, ihre Rückwege einzutragen.

wird. An Wochenenden ergibt sich in der Regel nur die Wegekette, in der zwei außerhäusliche Aktivitäten kombiniert werden (vgl. Abb. 6.4).

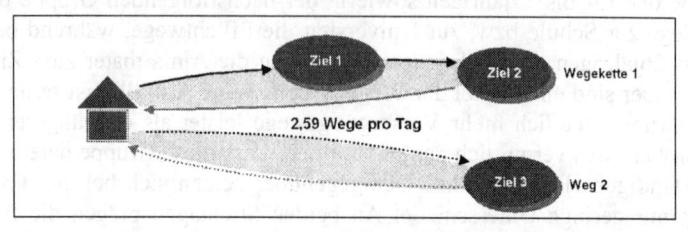

Abbildung 6.3: Anzahl der Wege an einem Wochentag (N=11.210 Wege; Heimwege nicht miteinberechnet)

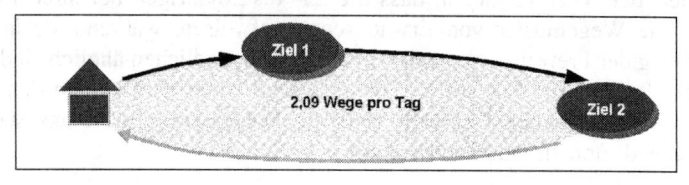

Abbildung 6.4: Anzahl der Wege an einem Tag des Wochenendes (N=8.853 Wege; Heimwege nicht miteinberechnet)

Eine detaillierte Betrachtung der Start- und Zielaktivitäten lässt erkennen, dass Arbeitswege kaum mit weiteren Aktivitäten verknüpft werden – etwa zwei Drittel der Wege führen direkt zum Wohnort zurück –, während die Wege zur Schule bzw. zur Universität häufig nur den Auftakt einer Wegekette bilden: So geht knapp jeder fünfte Weg von der Schule bzw. der Universität zu einem Geschäft oder einer Einkaufspassage; etwa jeder sechste Weg geht ins Kino oder in die Kneipe – Einkaufen an Werktagen scheint für Jugendliche und junge Erwachsene offenbar weniger eine Versorgungs- denn eine Freizeitbeschäftigung darzustellen.

Geht man davon aus, dass Freizeitaktivitäten eher in Wegeketten geknüpft werden, während sich Pflichtwege in „einfachen" Hin- und Rückwegen erschöpfen, dann weisen die für Sport und Hobby zurückgelegten Wege eher das Muster von Pflicht- als von Freizeitwegen auf: Nahezu drei von vier Wegen zum Sport gehen von zu Hause aus und vier von fünf Wegen nach dem Sport führen dahin wieder zurück. Allenfalls an Wochenenden wird der Besuch des Fitness-Centers oder Fußballclubs mit dem Besuch von Freunden oder Veranstaltungen gekoppelt.

Vergleicht man die Start- und Zielaktivitäten in Bezug auf die Wochentage, so werden Unterschiede vor allem im Stellenwert des Einkaufens deutlich: Während an Wochentagen Geschäfte zu gleichen Anteilen direkt von zu

Hause oder dem Weg von der Arbeit bzw. Schule/Universität besucht werden, haben an Wochenenden zwei Drittel der Einkaufswege ihren Startpunkt an der (eigenen) Wohnung. Darüber hinaus wird nach dem Einkaufen wieder nach Hause gefahren, die an Werktagen sichtbare Kombination mit anderen Aktivitäten unterbleibt. Ob dieses Muster aus „fehlenden" Pflichtwegen resultiert oder sich darin begründet, dass Einkaufen am Wochenende eine andere Zielsetzung (Versorgungseinkauf) hat, bleibt unklar.

Insgesamt zeigt sich ein vergleichsweise simples Mobilitätsmuster, denn zahlreiche Wege lassen sich durch eine bescheidene Wegekette oder eine einfache Start-Ziel-Relation darstellen. Typischerweise starten die Wege von zu Hause aus und nach dem Besuch von Ziel eins und Ziel zwei wird wieder zum Ausgangspunkt zurückgekehrt, bevor dann – am gleichen Tag – das nächste Ziel in einem einfachen Hin- und Rückweg aufgesucht wird. Dennoch sollte dieses Muster nicht darüber hinwegtäuschen, dass die Stichprobe insgesamt hoch mobil ist. Dem Wohnort kommt dabei die Funktion eines „Basislagers" zu, das gleichermaßen Ruhepol wie Ausgangspunkt für außerhäusliche Aktivitäten ist.

6.3 Die Verkehrsmittelwahl von Jugendlichen und jungen Erwachsenen

6.3.1 Welche Verkehrsmittel werden genutzt?

Am Stichtag halten sich, unter Betrachtung aller Wege, die Anteile des Umweltverbundes und die des motorisierten Individualverkehrs (MIV) die Waage: 50 % aller Wege werden mit Bussen und Bahnen, zu Fuß, mit dem Fahrrad etc. zurückgelegt; für 49 % der Wege nutzen die Jugendlichen und jungen Erwachsenen die Verkehrsmittel des MIV (vgl. Abb. 6.5).

Eine Ausdifferenzierung des Wahlverhaltens verdeutlicht, dass im Umweltverbund mehr als jede fünfte Wegstrecke zu Fuß und etwa jeder zehnte Weg mit Hilfe des ÖV oder des Fahrrades bewältigt wird. Etwa bei jedem zwanzigsten Weg werden die Verkehrsmittel des Umweltverbundes miteinander verknüpft;[5] die Kombination von Umweltverbund und MIV spielt so gut wie keine Rolle. Hinsichtlich des MIV ist festzuhalten, dass die Jugendlichen und jungen Erwachsenen rund ein Viertel ihrer Ziele als Selbstfahrer

---

5 Umstiege innerhalb eines Verkehrsmittels, beispielsweise der Wechsel zwischen zwei Buslinien, sind nicht berücksichtigt.

ansteuern, rund jeden fünften Weg aus der Beifahrerperspektive erleben und für knapp jeden zwanzigsten Weg ein Mofa, Moped oder Motorrad nutzen.

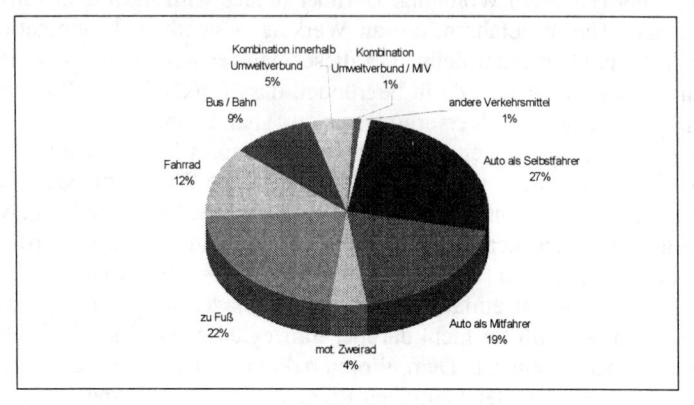

Abbildung 6.5: Verkehrsmittelwahl bei allen Wegen (N=30.649 Wege)

Die Gleichverteilung im Modal Split wird vor allem durch die Nutzung des Umweltverbundes an Wochentagen getragen, mit dem 57 % der montags bis freitags anvisierten Ziele erreicht werden (vgl. Abb. 6.6). Insbesondere bei den Pflichtwegen kann der Umweltverbund punkten: Während der MIV nur einen Anteil von 40 % erreichen kann, werden innerhalb der Woche 59 % der Strecken zu Fuß, mit dem Fahrrad, mit Bussen und Bahnen sowie mit den Kombinationen dieser Verkehrsmittel zurückgelegt.

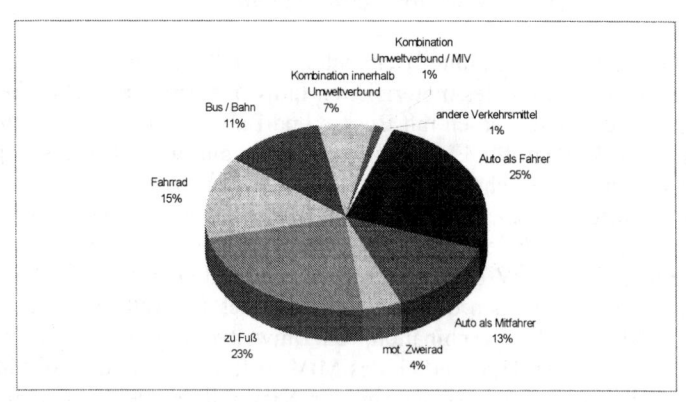

Abbildung 6.6: Verkehrsmittelwahl an Werktagen (N=17.176 Wege)

An Wochenenden verändert sich der Modal Split spiegelbildlich: Während an Werktagen 57 % der Wege mit dem Umweltverbund und 42 % mit dem MIV bewältigt werden, beträgt das entsprechende Verhältnis am Stichtag des Wochenendes 42 % zu 57 % (vgl. Abb. 6.7).

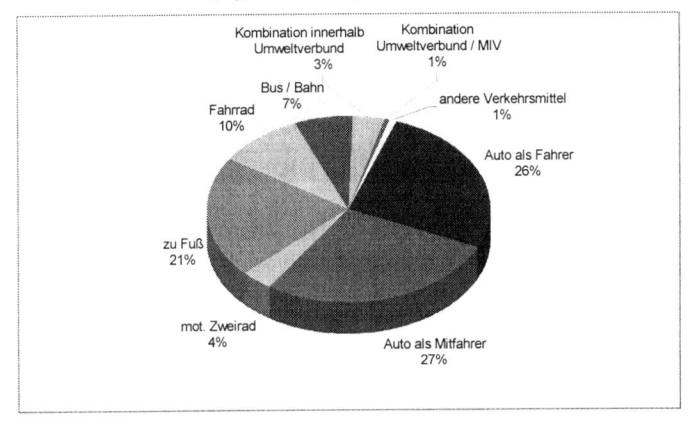

Abbildung 6.7: Verkehrsmittelwahl an einem Tag des Wochenendes (N=13.473 Wege)

6.3.2 Verkehrsmittelwahl im städtisch und ländlich geprägten Raum: Wer fährt wo und wie?

Dass – insgesamt gesehen – in ländlich strukturierten Gebieten der Anteil des Umweltverbundes geringer ist als der des MIV, entspricht der gängigen Erwartung. Während in den städtisch geprägten Untersuchungsräumen 56 % der Wege mit dem Umweltverbund und 43 % per Pkw oder motorisiertem Zweirad bewältigt werden, basieren 54 % der Wege auf dem Land auf dem MIV (vgl. Abb. 6.8 und 6.9).

Ursächlich für die unterschiedliche Ausgestaltung des Modal Split bei Stadt und Land ist die unterschiedliche Nutzungshäufigkeit bei Bussen und Bahnen, die ebenso offensichtlich wie erwartungsgemäß ausfällt: Während in der Stadt 12 % der Wege mit dem öffentlichen Verkehr (ÖV) und weitere 10 % mit Hilfe von Kombinationen innerhalb des Umweltverbundes zurückgelegt werden – auch am Wochenende sinkt die Zahl der Nutzer kaum –, sind Bus und Bahn im ländlichen Raum in der Woche nur bei rund jedem zehnten und am Wochenende bei jedem dreißigsten Weg das präferierte Verkehrsmittel. Parallel dazu erfährt auch die Nutzung mehrerer Verkehrsmittel des Umweltverbundes auf einer Strecke einen Bedeutungsverlust. Diese Art der Nutzung geschieht an Werktagen in ländlichem Raum kaum und ist an

151

Wochenenden so gut wie nicht existent. Zum Vergleich: In Potsdam und Dortmund werden werktags jeder zehnte und am Wochenende jeder zwanzigste Weg dergestalt zurückgelegt. Verknüpfungen von MIV und Umweltverbund finden in beiden Untersuchungsräumen keine Nutzer.

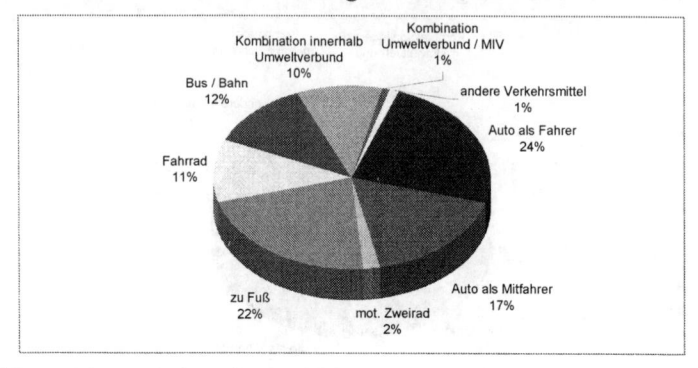

Abbildung 6.8: Verkehrsmittelwahl in der Stadt (Dortmund und Potsdam; N=13.789 Wege)

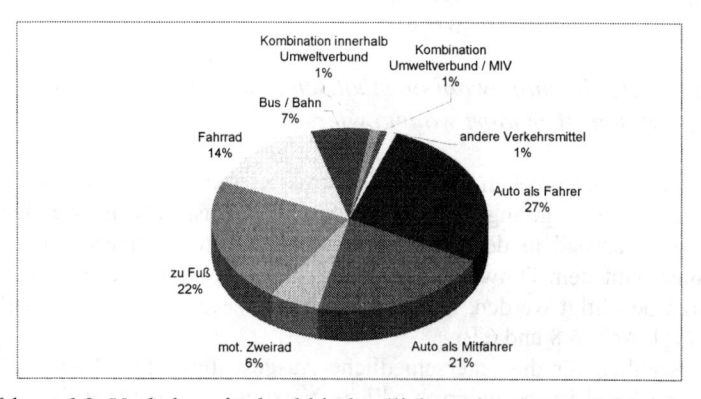

Abbildung 6.9: Verkehrsmittelwahl in ländlich strukturierten Gebieten (Greifswald und Passau; N=16.453 Wege)

6.3.3 Verkehrsmittelwahl nach Altersgruppen: Wer fährt wie?

Zahlreiche Befragungen kommen zu dem Schluss, dass Grundschulkinder mehrheitlich zu Fuß zur Schule gehen, bei Kindern weiterführender Schulen kommen das Fahrrad und die öffentlichen Verkehrsmittel als Alternativen hinzu (vgl. u. a. ProKids/ MWMTV 1999; Flade 1997). Demnach wäre zu vermuten, dass das Fahrrad und der öffentliche Verkehr auch bei der Gruppe der Unter-18jährigen zur Bewältigung der Wege eingesetzt werden. Die Ergebnisse von U.Move zeichnen ein anderes Bild:

Zwar nutzen die Unter-18jährigen auf zwei Dritteln ihrer Wege den Umweltverbund, den größten Stellenwert bei der Verkehrsmittelwahl hat allerdings das Zufußgehen. Rund ein Viertel der Wege werden zu Fuß zurückgelegt, auf Rang zwei steht die Mitfahrt im Auto, Rang drei bekleidet der öffentliche Verkehr, der einen Anteil von 15 % an der Gesamtwegezahl hat. Ebenso viele Strecken legen die 15- bis 17jährigen mit Hilfe des Fahrrades zurück (vgl. Abb. 6.10).

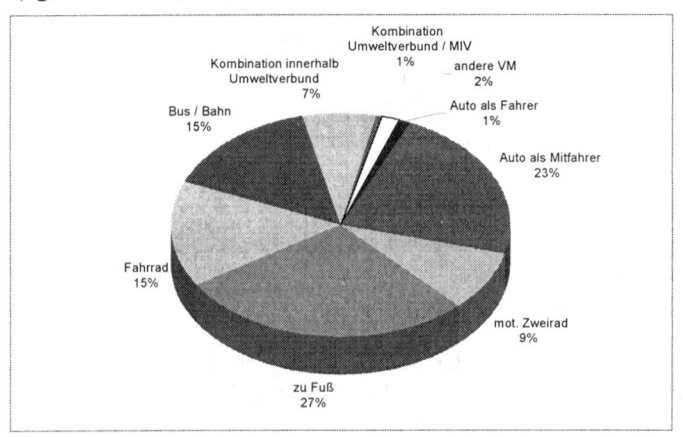

Abbildung 6.10: Verkehrsmittelwahl bei den Unter-18jährigen
(N=9.474 Wege)

Mit dem Eintritt in die Volljährigkeit ändert sich die Verkehrsmittelwahl (vgl. Abb. 6.11): An erster Stelle steht nun das Auto, mit dem ein Drittel der Wege als Selbstfahrer und jeder sechste Weg als Mitfahrer zurückgelegt werden.

Die Verluste des Umweltverbundes resultieren einerseits aus dem Bedeutungsrückgang von Bussen und Bahnen und anderseits zu gleichen Teilen aus dem Ansehensverlust des Radfahrens und des Zufußgehens. Dennoch bilden die Fußwege nach wie vor die tragende Säule des Umweltverbundes. Bemerkenswert ist, dass der Anteil der durch die Kombination von Verkehrsträgern des Umweltverbundes bewältigten Strecken an Werktagen konstant bleibt und der insgesamte Rückgang sich vor allem aus den Verlusten am Wochenende speist.

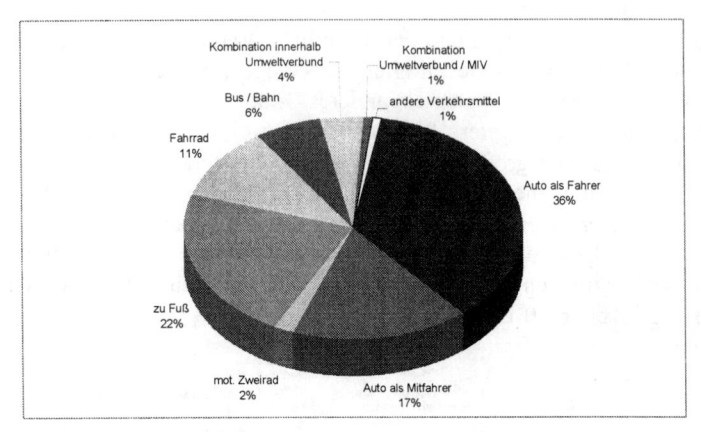

Abbildung 6.11: Verkehrsmittelwahl bei den Ab-18jährigen
(N=20.760 Wege)

Auch wenn die Erwartung, dass Busse und Bahnen mit zunehmenden Alter der Befragten[6] wieder an Stellenwert gewinnen, nicht geteilt werden kann, bedeutet diese Entwicklung nicht, dass der Umweltverbund mehr und mehr zu einer Restgröße schrumpft. Obwohl in der Gruppe der 23- bis 26jährigen der Anteil derjenigen, die über einen Pkw verfügen, weiter steigt, sinkt im Vergleich zur Teilgruppe der 18- bis 22jährigen dennoch der Anteil der mit dem MIV zurückgelegten Wege. Ursächlich dafür ist, dass die als Pkw-Mitfahrer und Motorradfahrer gemachten Wege zurückgehen. Demgegenüber wächst der Anteil des Umweltverbundes von 40 % (bei den 18- bis 22jährigen) auf 47 % in der Teilstichprobe der „älteren" Befragten. Von diesem Wachstum kann zwar nicht direkt der öffentliche Verkehr profitieren – sein Anteil sinkt weiter –, allerdings vergrößert sich die Anzahl der Fußwege; die Anzahl der mit dem Fahrrad zurückgelegten Strecken verdoppelt sich sogar.

6.3.4 Am Stichtag erhobene und retrospektiv abgefragte Wege als Abbild des Alltags?

Parallel zur Stichtagserhebung sind die Teilnehmerinnen und Teilnehmer der Studie gebeten worden, ihr alltägliches Verkehrsverhalten rückblickend zu schildern. So kann eruiert werden, ob Personen, die ausweislich ihres Wegeprotokolls bestimmte Strecken mit einem bestimmten Verkehrsmittel zu-

---

6 Für diese Analyse ist die Gesamtgruppe der über 18jährigen in die Teilstichprobe der 18- bis 22jährigen sowie die der 23- bis 26jährigen aufgegliedert worden.

rücklegen, es auch im Alltag so nutzen – und ebenso abgeschätzt werden, ob die Stichtagserhebung die alltägliche Verkehrsmittelwahl widerspiegelt. Während letztgenannte Messung die Verkehrsmittelwahl der Jugendlichen prozentual erhebt, ist das retrospektiv erfasste Verkehrsverhalten der Jugendlichen und jungen Erwachsenen durch eine Häufigkeitsskala aufgezeichnet worden – dem auf dem Wegeprotokoll basierenden Modal Split sind also Einschätzungen der Nutzungshäufigkeit entgegengestellt worden, die von „nie" bis „immer" reichen.[7] Dadurch ist zwar die unmittelbare Vergleichbarkeit der Daten nicht mehr gegeben; eine überschlägige (prozentuale) Einschätzung auch der zurückschauend erhobenen Verkehrsmittelwahl hätte die Befragten allerdings vermutlich überfordert.

Die Gegenüberstellung der Ergebnisse hinsichtlich der Verkehrsmittelwahl bei Pflichtaktivitäten verdeutlicht zunächst eine Parallelität der Kurven, die darauf hinweist, dass beide Methoden den Alltag gut abbilden (vgl. Abb. 6.12).

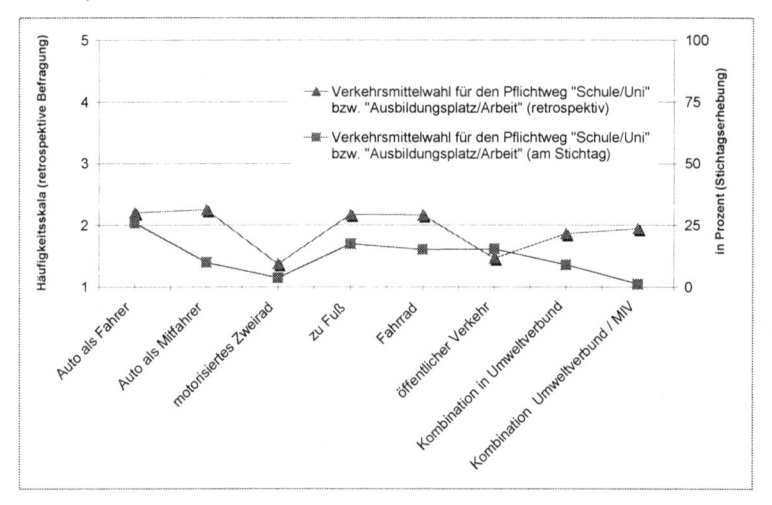

Abbildung 6.12: Verkehrsmittelwahl für den Pflichtweg „Schule/ Universität" bzw. „Ausbildungsplatz/ Arbeit" bei retrospektiver Befragung und Stichtagserhebung

Differenzen ergeben sich bei der Nutzungsfrequenz der Pkw, der laut der retrospektiven Befragung zu gleichen Teilen von Selbst- und Mitfahrern frequentiert wird. Die aus der Stichtagserhebung ableitbare Vormachtstellung der Pkw-Selbstfahrer spiegelt sich dort nicht wider. Unterschiede zeigen sich

---

7 Verbale Marken der Häufigkeitsskala: nie (1) – selten (2) – gelegentlich (3) – oft (4) – immer (5).

auch im Zuspruch zu Verkehrsmittelkombinationen, die – rückblickend beurteilt – offenbar mehr Befragte binden können als es die Stichtagserhebung erwarten lässt. Da in Bezug auf die übrigen Verkehrsträger keine deutlich gegenläufigen Entwicklungsrichtungen augenscheinlich sind, ist davon auszugehen, dass bei diesem Wegezweck beide Methoden das Alltagshandeln ohne gravierende Ergebnisverfälschungen nachzeichnen.

Auch die Abbildung der Freizeitaktivität „Weggehen mit Freunden" gelingt beiden Techniken gleich gut. Abweichungen sind, ähnlich wie bei den Pflichtwegen, wiederum in der Nutzungshäufigkeit von Verkehrsmittelverknüpfungen zu beobachten, die am Stichtag entweder ausnahmsweise nicht genutzt werden oder deren Gebrauch nicht erinnert wird.

Demgegenüber offenbaren sich bei der Darstellung der Verkehrsmittelwahl für einen Tagesausflug klare Unterschiede in den Erhebungsmethoden. Neben den erneut leicht gegenläufigen Entwicklungen in Bezug auf die Nutzungshäufigkeit von Verkehrsmittelkombinationen wird die Parallelität der Kurven auch bei der Beurteilung der Nutzungshäufigkeit des Pkw (als Fahrer und Mitfahrer) sowie bei der Einschätzung der Zahl der Fußwege durchbrochen. Ursächlich für die differierende Einschätzung ist möglicherweise ein falsch verstandenes Item: Am Stichtag werden offenbar die Aktivitäten während des Tagesausfluges – Wandern und Spazieren gehen – beschrieben; im Gegensatz dazu werden in der retrospektiven Befragung die Verkehrsmittel, mit der Tagesausflüge unternommen werden, benannt. Angesichts dieser Beurteilung sind Aussagen über die Verkehrsmittelwahl bei Tagesausflügen vorsichtig zu interpretieren.

Da beide Techniken nur in einem eher untergeordneten Wegezweck zu differierenden Aussagen gelangen, kann insgesamt dennoch davon ausgegangen werden, dass sowohl die Stichtagserhebung als auch die retrospektive Befragung geeignet sind, die Verkehrsmittelwahl von Jugendlichen und jungen Erwachsenen abzubilden. Deren tatsächliche Verkehrsmittelwahl bewegt sich innerhalb der von beiden Erhebungsmethoden aufgezeichneten Spielräume und ist insgesamt weniger autofixiert als es die Stichtagserhebung zunächst vermuten lässt. Stattdessen sind die Jugendlichen und jungen Erwachsenen häufiger intermodal unterwegs – zeigen im Alltagshandeln also eine höhere Bereitschaft zur Nutzung mehrerer Verkehrsmittel auf einem Weg. Monomodale Mobilitätsmuster im Sinne einer eindeutigen Favorisierung eines Verkehrsmittels sind nicht erkennbar.

6.3.5 "Verkehrsmittel-Hopper" oder "Auto-Autisten"?

Die Rahmenbedingungen für Multimodalität sind vorhanden: Rund vier Fünftel aller Befragten besitzen ein Fahrrad, gut jedem zehnten gehört ein Moped oder ein Motorrad, ein Drittel der Befragten hat ein eigenes Auto, ein weiteres Drittel kann das Auto von Verwandten, Bekannten oder Freunden nutzen. Auch öffentliche Verkehrsmittel stehen bereit. Damit sind alle Voraussetzungen geschaffen, je nach Aktivität, Tageszeit und persönlicher Situation das jeweils geeignete Verkehrsmittel zu wählen oder durch deren Kombination die anvisierten Wegeziele anzusteuern.

Die Daten deuten an, dass die U.Move-Teilnehmerinnen und -Teilnehmer sich in der Praxis nicht auf einen einzigen Verkehrsträger reduzieren lassen. Obwohl im Extremfall schon einmal die Hälfte der Wege mit dem Pkw zurückgelegt wird,[8] illustriert die Verteilung der Verkehrsmittel nach Wegezwecken, dass auf allen Strecken stets alle Verkehrsträger in Anspruch genommen werden – wenn auch in unterschiedlichen Relationsgrößen. Inwieweit die beschriebene Multimodalität allerdings aus der Verrechnung mehrerer monomodaler Mobilitätsmuster innerhalb des Sample entsteht, kann erst geklärt werden, wenn die einzelnen Mobilitätstypen in Bezug auf ihre Verkehrsmittelwahl näher analysiert sind (vgl. Kap. 6.4).

Die Integration mehrerer Verkehrsmittel auf einem Weg gelingt den Befragten bisher nur bedingt, wenn auch die Befunde der retrospektiven Befragung darauf hinweisen, dass Verkehrsmittelkombinationen nicht so selten sind, wie es die Stichtagserhebung zunächst glauben machen lässt (vgl. Kap. 6.3.4). Bemerkenswert ist die hohe Varianz in der Nutzungshäufigkeit: Mal gelten Verkehrsmittelkombinationen als durchaus gewählte Option – mehr als jeder zehnte Weg zur Schule wird so bewältigt –, mal werden sie nahezu ignoriert.[9] Dass „Intermodalität [...] bei nicht routinemäßigen Wegen vorbereitungsintensiv" ist (Canzler 2000: 201) und Verkehrsmittelkombinationen daher nicht gewählt werden, ist vermutlich nur ein Teil der Erklärung. Vielmehr scheint Multimodalität eine notwendige, aber keine hinreichende Voraussetzung für Intermodalität zu sein. Intermodales Verkehrsverhalten benötigt offenbar mehr als die genuine Existenz mehrerer Verkehrsmittel, die gemeinsam für einen Weg genutzt werden könnten – bestehende Verknüpfungsmöglichkeiten haben nicht automatisch deren Nutzung zur Folge. Das gilt in besonderem Maße für diejenigen Kombinationen, bei denen der

---

8 57 % der Wege, die an Wochenenden zu Freunden, Eltern oder Verwandten führen, werden mit dem Auto zurückgelegt.
9 An Wochenenden gelingt den Befragten nur auf jedem fünfzigsten Weg für Tagesausflug und Erholung der Übergang zwischen den Verkehrsmitteln.

öffentliche Verkehr und der Individualverkehr in eine Wegekette integriert werden müssen.

6.4 Verkehrsmittelwahl nach Mobilitätstypen

Die Basis für die in dieser Studie verwandten Mobilitätstypen bilden soziodemographische und vor allem psychologische Kriterien. Die Einschätzung des eigenen Mobilitätsverhaltens und die wahrgenommene Präferenz für einzelne Verkehrsmittel determiniert die Zuordnung zu den einzelnen Typen (vgl. auch Kap. 5). Inwieweit sich die zuvor geäußerten Einstellungen in der faktischen Verkehrsbeteiligung widerspiegeln und wie sich also die „alltägliche Mobilität" der unterschiedlichen Mobilitätstypen de facto ausgestaltet, wird im folgenden nachgezeichnet.

6.4.1 Technik- und Autoorientierte unter 18 Jahren

Mit 3,89 Wegen an Werktagen und 2,84 Wegen an Wochenenden sind die Technik- und Autoorientierten insgesamt zwar weniger mobil als die Gesamtstichprobe, in der Teilstichprobe der noch nicht Volljährigen werden sie aber lediglich von den „Unauffälligen unter 18 Jahren" übertroffen. Pflicht- und freizeitbezogene Wege halten sich bei diesem Sample die Waage. Bei den Freizeitaktivitäten haben der Besuch von Freunden und abendliche außerhäusige Aktivitäten einen hohen Stellenwert – an Werktagen ebenso wie am Wochenende.

Mehr als ein Drittel ihrer Wege bewältigen die Jugendlichen mit dem Umweltverbund (vgl. Abb. 6.13), dessen Fundament der Fuß- und der Radverkehr bilden. Der öffentliche Verkehr, mit dessen Netzdichte die Jugendlichen dieses Typs nicht zufrieden sind, wird demgegenüber nur für jeden zwölften Weg genutzt. Kombinationen von Verkehrsmitteln innerhalb des Umweltverbundes sind eher selten. Trotz unterschiedlicher Nutzungshäufigkeiten werden Zufußgehen, Fahrrad, Bus und Straßenbahn fahren gleichermaßen abgelehnt – die erkennbare Diskrepanz zwischen Einstellung und Verhalten deutet darauf hin, dass diese Gruppe als captive riders nur aus Mangel an (anderen) Gelegenheiten auf den Umweltverbund zurückgreift. Einstellungskonform ist demgegenüber die Nutzung des motorisierten Individualverkehrs: Hier überwiegt die Nutzung von Mofas oder Motorrädern, mit denen ein Drittel der Wege bestritten werden. Im Vergleich mit den anderen

Teilsamples der Unter-18jährigen nutzt diese Gruppe motorisierte Zweiräder achtmal häufiger. Für die Fixierung auf das Auto spricht, dass bereits 2 % der Befragten per Sondergenehmigung mit dem Pkw fahren.

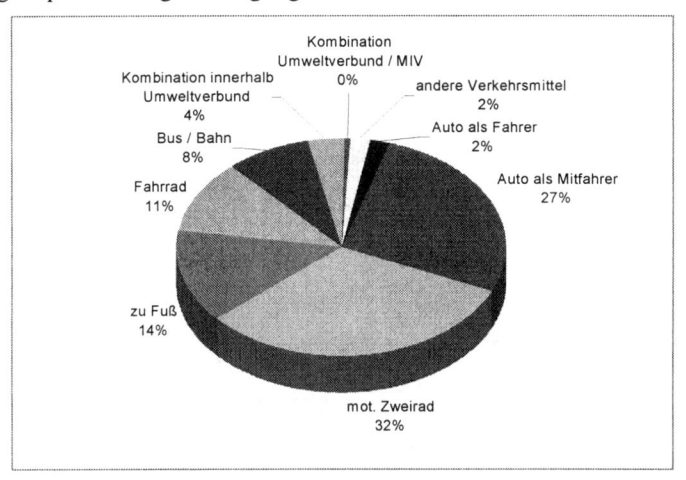

Abbildung 6.13: Verkehrsmittelwahl der Technik- und Autoorientierten unter 18 Jahren (N=1.516 Wege)

In Bezug auf die Multimodalität dieses Typs bleibt festzuhalten, dass vermutlich allein der fehlende Führerschein die Teilnehmer zur Multimodalität zwingt. Die ausgesprochen positive Bewertung und Nutzung der Individualverkehrsmittel, die ihnen bereits zugänglich sind, lässt erwarten, dass sich das Verkehrsverhalten mit der Volljährigkeit in Richtung eines monomodalen Verhaltens verändert.

6.4.2 Ökosensibilisierte unter 18 Jahren

An Wochentagen legen die Mitglieder dieser Gruppe durchschnittlich 3,76 Wege, an Wochenenden 2,45 Wege zurück. Damit entspricht ihre Mobilitätsquote an Werktagen dem Durchschnitt der Unter-18jährigen, an Wochenenden sind sie demgegenüber weniger mobil als Gleichaltrige anderer Mobilitätstypen – möglicherweise deshalb, weil die Freizeitgestaltung dieses Samples eher häuslich orientiert ist (vgl. auch Kap. 5). Dennoch überwiegen die in der Freizeit bewältigten Wege; bevorzugte Freizeitbeschäftigungen an Werktagen sind Treffen mit Freunden sowie Sportaktivitäten; samstags und sonntags tauchen auch junge Ökosensibilisierte gern ins Nachtleben ein.

Die Verkehrsmittelwahl dieser Stichprobe wird – hier decken sich Einstellung und Verhalten – vom Umweltverbund dominiert, der für vier Fünftel der Wege benutzt wird (vgl. Abb. 6.14). Dessen Stütze ist auch hier der Fußverkehr, die Anteile des Fahrrades und des öffentlichen Verkehrs – mit dessen Anbindung zwei Drittel der Befragten dieser Gruppe ziemlich oder sehr zufrieden sind – erreichen nur etwa die Hälfte des Fußverkehrs.

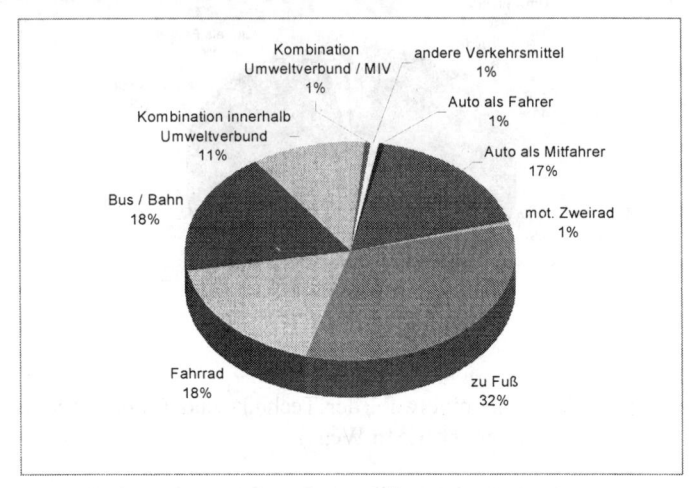

Abbildung 6.14: Verkehrsmittelwahl der Ökosensibilisierten unter 18 Jahren (N=2.042 Wege)

Bemerkenswert ist, dass Ökosensibilisierte unter 18 Jahren im Gegensatz zu anderen Mobilitätstypen die Verknüpfung von Verkehrsmitteln als äquivalente Alternative ansehen und sich dementsprechend bei etwa jedem zehnten Weg intermodal verhalten. Im Unterschied zu den technik- und autoorientierten Jugendlichen üben Mofas oder Mopeds auf junge Ökosensibilisierte keinen Reiz aus. Dass auch der Anteil der Auto-Mitfahrer unterdurchschnittlich ist, unterstreicht einmal mehr die Ablehnung des motorisierten Individualverkehrs.

Ökosensibilisierte unter 18 Jahren demonstrieren, wie ein Verkehrsverhalten aussehen kann, dass auf die Nutzung des MIV weitgehend verzichtet. Sie illustrieren ferner, welches Potential dem Umweltverbund innewohnt, wenn er auf Nutzer trifft, die dessen Gebrauch nicht als notwendiges Übel, sondern als selbstgewählte Transportalternative ansehen. Angesichts des Nutzungsmusters und der relativen Ablehnung auch der motorisierten Individualverkehrsmittel, die dieser Gruppe bereits jetzt zur Verfügung stehen, kann davon ausgegangen werden, dass Ökosensibilisierte auch nach dem Erreichen der Volljährigkeit Busse und Bahnen nutzen und das (eigene) Auto bei ihnen bei weitem nicht die Bindungskraft erreichen kann, die es sonst bei den Ab-18jährigen entfaltet.

6.4.3 Technikfans unter 18 Jahren

Mit 3,36 Wegen an Werktagen und 2,35 an Wochenenden sind junge Technikfans weniger mobil als der Durchschnitt der Unter-18jährigen. Auch wenn die Zahl der Wege insgesamt geringer ist, so lassen sich keine Auffälligkeiten in der Verteilung der Wegezwecke erkennen. Erwähnenswert ist lediglich, dass die mit Sport oder Hobby konnotierten Wege häufiger anzutreffen sind als in den entsprechenden Vergleichsgruppen – Mitglieder dieses Typs sind, möglicherweise aufgrund ihres geringeren durchschnittlichen Lebensalters, häufiger Mitglieder von Turn- oder Sportvereinen (vgl. Kap. 5).

Obgleich diese Teilstichprobe bei ihrer Technikorientierung eine Nähe zu den jugendlichen Technik- und Autoorientierten aufweist, besteht deren Affinität zu motorisierten Individualverkehrsmitteln nur bedingt. Zwar besitzen auch zahlreiche Technikfans ein Mofa oder ein Moped, deren Nutzungshäufigkeit liegt allerdings, ebenso wie die Zahl der als Mitfahrer im Auto wahrgenommenen Fahrten, ungefähr im Durchschnitt.

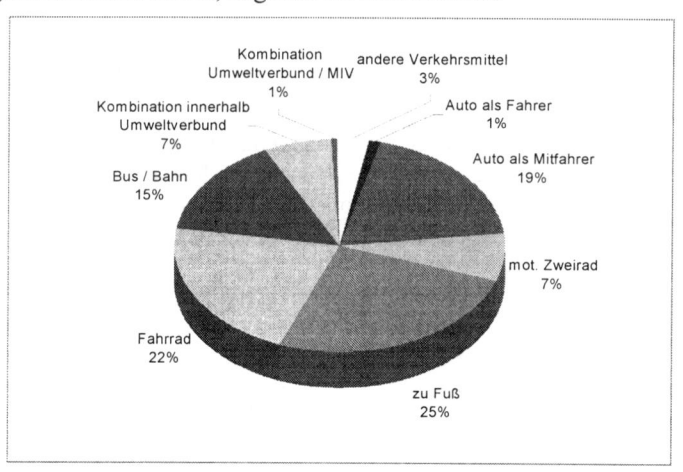

Abbildung 6.15: Verkehrsmittelwahl der Technikfans unter 18 Jahren (N=1.417 Wege)

Die Technikorientierung scheint also anders gelagert zu sein als die der Technik- und Autoorientierten und mündet nicht in der „Faszination Auto".

Demgegenüber mögen und nutzen die Technikfans unter 18 Jahren ihr Fahrrad, mit dem sie gut jeden fünften Weg zurücklegen. Der Anteil der Fußwege ist ähnlich hoch; Fuß- und Radverkehr gemeinsam bilden das Rückgrat des Umweltverbundes, mit dem der überwiegende Teil der Wege bewältigt wird (vgl. Abb. 6.15).

Die Verteilung der Verkehrsträger illustriert die Multimodalität dieser Teilstichprobe, deren Intermodalität als durchschnittlich zu bezeichnen ist. Ob diese Gruppe langfristig an den Umweltverbund gebunden werden kann, wird davon abhängig sein, inwieweit es einerseits gelingt, das Erscheinungsbild des Umweltverbundes durch Technik aufzuladen und es andererseits möglich ist, das Fahrrad weiter als Verkehrsmittel des Umweltverbundes zu etablieren. Ohne eine gezielte Ansprache der Jugendlichen dieses Typs könnte deren Technikorientierung sowie der Wunsch nach einer Pkw-orientierten Freizeitgestaltung, der sich in den Wegezwecken gegenwärtig noch nicht wiederfindet, dazu führen, dass sich das Verkehrsverhalten in Richtung einer monomodalen Pkw-Nutzung entwickelt – und damit gingen die Technikfans in der Gruppe der Technik- und Autoorientierten (über 18 Jahren) auf.

6.4.4 Unauffällige unter 18 Jahren

Die jungen Unauffälligen sind, bezogen auf ihre Wegeanzahl, zunächst auffällig: Mit 4,16 Wegen an Werktagen und 3,14 an Wochenenden sind sie in der Subgruppe der Unter-18jährigen am häufigsten unterwegs – vielleicht deshalb, weil sie die Freizeitangebote ihres Wohnorts nicht zufrieden stellen (vgl. Kap. 5). Ohne Extremwerte ist demgegenüber die Verteilung der Wegezwecke: Ein gutes Drittel der Strecken steht im Kontext pflichtbezogener, zwei Drittel im Kontext freizeitbezogener Wege. Wie bei den zuvor beschriebenen Mobilitätstypen zählen „Freunde besuchen" und „abendliches Ausgehen" zu den beliebtesten Freizeitaktivitäten.

In der Gruppe der Unter-18jährigen hat diese Teilstichprobe den größten MIV-Anteil nach den jugendlichen Technik- und Autoorientierten (vgl. Abb. 6.16). Auf fast jedem dritten Weg lassen sich die jungen Unauffälligen von anderen im Auto mitnehmen; jedes zwölfte Ziel steuern sie per Mofa oder Moped an. Obwohl die Verfügbarkeit von motorisierten Zweirädern im mittleren Bereich der Altersgruppe anzusiedeln ist, liegt die Nutzungshäufigkeit ausgesprochen hoch. So sehr das Sample der jungen Unauffälligen in seiner Verkehrsmittelwahl den Technik- und Autoorientierten unter 18 Jahren zu ähneln scheint, so sehr unterscheiden sich die zwei Typen in der Nutzung des Umweltverbundes: Auch wenn die Unauffälligen mehrheitlich die Anbindung des eigenen Wohnortes an den öffentlichen Verkehr bemängeln

– und damit wiederum im Einklang mit den jugendlichen Technik- und Autofans stehen –, gebrauchen sie auf jedem sechsten Weg den öffentlichen Verkehr. Damit reicht ihre Nutzungsfrequenz fast an die der Unter-18jährigen Ökosensibilisierten heran. Dass der Umweltverbund insgesamt dennoch eine nicht so große Bindungskraft entfalten kann wie in den übrigen Gruppen, erklärt sich dadurch, dass der Anteil der Fußwege – ein einstellungskonformes Ergebnis – unterdurchschnittlich ausfällt und die Verkehrsträger des Umweltverbundes nur zögerlich kombiniert werden.

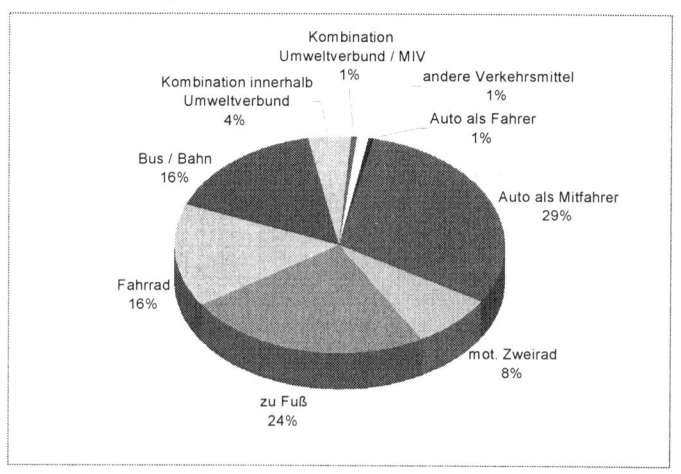

Abbildung 6.16: Verkehrsmittelwahl der Unauffälligen unter 18 Jahren (N=2.612 Wege)

Unauffällige unter 18 Jahren befinden sich in einem Spannungsverhältnis zwischen wahrgenommenem Druck, sich umweltgerecht zu verhalten (vgl. Kap. 5) und dem Wunsch, sich möglichst individuell mit Verkehrsmitteln bewegen zu können. Unter diesen Voraussetzungen bleibt fraglich, ob die gegenwärtig erkennbare Multimodalität im Verkehrsverhalten zeitstabil ist.

6.4.5 Distanzierte unter 18 Jahren

Distanzierte unter 18 Jahren machen ausgesprochen wenig Wege. Zwischen montags und freitags legen sie im Durchschnitt 3,30 und an Wochenenden 2,38 Wege zurück. Vier von zehn Wegen sind Pflichtwege; eine im Kontext der Freizeit realisierte Mobilität stellt also auch bei diesem Typ die Mehrzahl der Wege. Die Betrachtung der Wegezwecke verdeutlicht, dass neben dem abendlichen Treffen die beliebteste Freizeitbeschäftigung der Besuch von Freunden ist; an Wochenenden entfallen mehr als ein Drittel der Wege allein auf diesen Zweck. Damit ähneln die Distanzierten unter 18 Jahren den jugendlichen Technik- und Autoorientierten, mit denen sie ihre Ablehnung gegenüber Hobbys und Sport – nur rund jeder zwanzigste Weg wird dafür aufgewendet – teilen.

Die Verkehrsmittelwahl dieses Typs weist keine Affinität zum Auto auf; vielmehr gehören die jungen Distanzierten zusammen mit den jungen Ökosensibilisierten zu denen, die den Umweltverbund am meisten nutzen. Zwei Drittel ihrer Wege legen sie damit zurück; nur ein Fünftel aller Wege wird mit Hilfe des MIV, vor allem als Beifahrer, abgewickelt (vgl. Abb. 6.17).

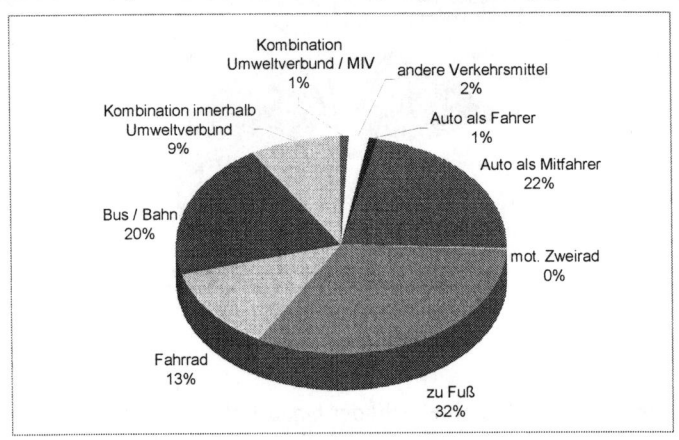

Abbildung 6.17: Verkehrsmittelwahl der Distanzierten unter 18 Jahren (N=1.854 Wege)

Erstaunlich ist der Stellenwert des öffentlichen Verkehrs, den die jugendlichen Distanzierten sogar häufiger nutzen als die jugendlichen Ökosensibilisierten. Jeder fünfte Weg der Distanzierten unter 18 Jahren ist eine Fahrt mit dem Bus oder der Bahn, obwohl sie die Anbindung längst nicht so positiv beurteilen wie die jungen Ökosensibilisierten. Der Fußwegeanteil liegt in beiden Gruppen ungefähr gleich; auch die Nutzungshäufigkeit von Kombinationen innerhalb des Umweltverbundes gleicht der der Ökosensibilisierten. Demgegenüber stößt, wie die Einstellungsmessung bereits ahnen lässt (vgl. Kap. 5), das Fahrrad auf Ablehnung.

Wie die jungen Ökosensibilisierten handeln auch die jugendlichen Distanzierten multimodal und intermodal. Da ihr Verhalten aber weder Ausdruck einer wahrgenommenen Verpflichtung gegenüber der Umwelt noch Resultat eines erlebten sozialen Erwartungsdrucks ist, kann vermutet werden, dass die Nutzung des Umweltverbundes nur aus Mangel an Alternativen geschieht. Es ist zu erwarten, dass sich die Mitglieder dieser Gruppe, die sich bereits jetzt den Autofans, Anti-Fußgängern und Anti-Radfahrern zurechnen, sich mit dem Erwerb des Führerscheins in hohem Maße dem Pkw zuwenden und bei zukünftiger voller Wahlfreiheit ihre Mobilität weder multimodal noch intermodal gestalten werden.

6.4.6 Technik- und Autoorientierte über 18 Jahre

Technik- und autoorientierte junge Erwachsene legen 4,07 Wege an Werktagen und 3,17 Wege an Wochenenden zurück; in der Teilgruppe der Ab-18jährigen ist die Mobilität dieses Typs damit unterdurchschnittlich. Wie auch bei den Jugendlichen hat die Mehrzahl der Wege einen freizeitbezogenen Anlass. Die „Hitliste" der Aktivitäten in der Freizeit führt das Besuchen von Freunden an – dafür wird jeder dritte Weg aufgewendet –, gefolgt von abendlichen Verabredungen in Kneipen.

Gemäß der hohen Auto-Affinität dieser Gruppe dominiert der Pkw, in den bei jedem zweiten Weg eingestiegen wird. Nur jeder fünfte Weg wird mit dem Umweltverbund bewältigt, dessen Anteil sich zur einen Hälfte aus dem Fußverkehr und zur anderen Hälfte aus der Benutzung von Fahrrad, Bus und Bahn (über dessen Netzdichte sich diese Gruppe eher unzufrieden äußert) sowie der Verknüpfung von Verkehrsmitteln zusammensetzt.

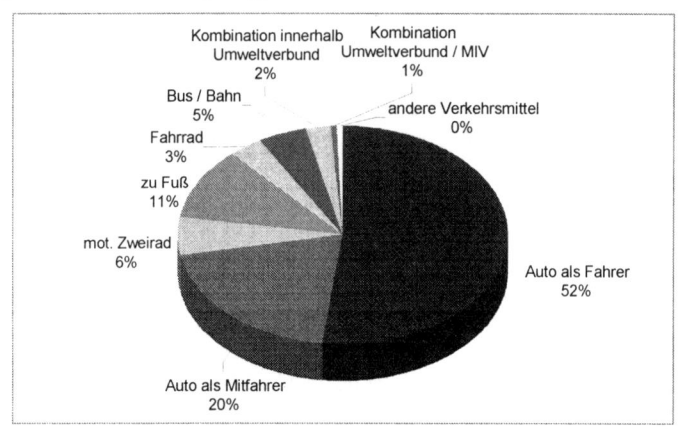

Abbildung 6.18: Verkehrsmittelwahl der Technik- und Autoorientierten über 18 Jahre (N=3.559 Wege)

Die zunehmenden Freiheiten in der Verkehrsmittelwahl dieses Typs äußern sich darin, dass sich die Präferenzen für motorisierte Individualverkehrsmittel auch im Verhalten niederschlagen – eine Möglichkeit, die den jugendlichen Technik- und Autoorientierten noch nicht zur Verfügung stand. Auffällig ist, dass Busse und Bahnen sowie der Radverkehr im Modal Split verlieren, während die Einbußen bei den Fußverkehrsanteilen moderat bleiben – obgleich sich Technik- und Autoorientierte als Antifußgänger wahrnehmen (vgl. Kap 5).

Ein Blick auf die Multimodalität und Intermodalität dieses Typs verdeutlicht, dass zwar nach wie vor noch alle Verkehrsmittel gewählt werden, aber eine deutliche Tendenz zu monomodalem Verhalten beobachtbar ist – obwohl das Durchschnittsalter des Samples eher niedrig liegt und auf das Auto verfestigte Gewohnheiten sich daher in erster Linie aus den Erfahrungen als Mitfahrer zurückführen lassen. Im Zeitverlauf erscheint eine weitere Habitualisierung zu einer sprichwörtlich „automatisierten" Verkehrsmittelwahl wahrscheinlich.

6.4.7 Etablierte über 18 Jahre

Die Mitglieder dieser Gruppe sind – sowohl im Vergleich zur Gesamtstichprobe als auch im Vergleich zur Subgruppe der Ab-18jährigen – außerordentlich mobil. An Werktagen legen sie 4,46, an Wochenenden im Durchschnitt 3,82 Wege zurück. Ein Grund dafür liegt in der vergleichsweise hohen Quote an Pflichtwegen, die die eher älteren Angehörigen dieses Samples im Kontext ihrer beginnenden beruflichen Etablierung bewältigen. Dennoch stellen Freizeitaktivitäten immer noch die Hälfte des Wegeaufkommens; jeder fünfte Weg geht zu Freunden oder steht im Kontext des abendlichen Ausgehens.

Auch bei diesem Mobilitätstyp verliert der Umweltverbund an Bedeutung. Volljährige Etablierte steigen in Busse und Bahnen selten ein; nur für jeden dreißigsten Weg ist der öffentliche Verkehr die gewählte Alternative. Damit steht ihr Nutzungsverhalten zwar im Widerspruch zur Beurteilung der Anbindung des öffentlichen Verkehrs, mit der sie zufrieden sind, aber in Einklang mit dem Selbstbild der erwachsenen Etablierten, die den öffentlichen Verkehr tendenziell ablehnen. Zu Fuß wird jeder fünfte Weg und mit dem Rad jeder zehnte bewältigt. Das Verkehrsmittel Nummer eins ist das Auto, das – ähnlich wie bei den volljährigen Technik- und Autoorientierten – für knapp die Hälfte der Wege genutzt wird. Demgegenüber finden Motorräder so gut wie keine Beachtung (vgl. Abb. 6.19).

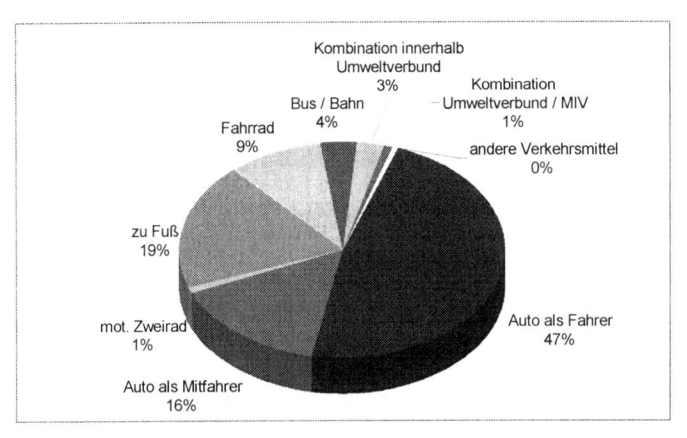

Abbildung 6.19: Verkehrsmittelwahl der Etablierten über 18 Jahre
(N=4.698 Wege)

Etablierte über 18 Jahren agieren noch multimodal, handeln aber kaum intermodal. In der Kombination der Verkehrsträger des Umweltverbundes erreichen sie nicht den Durchschnitt der Altersgruppe; die Kombination von MIV und Umweltverbund ist zwar durchschnittlich, de facto allerdings – wie bei den übrigen Mobilitätstypen auch – nur marginal. Obgleich sich die erwachsenen Etablierten nur teilweise als Autofans sehen, dominiert die Pkw-Nutzung; wenngleich diese nicht so deutlich ausfällt wie in der Gruppe der Technik- und Autoorientierten über 18 Jahre. Die Zahl der zu Fuß und per Rad bewältigten Wege liegt (noch) so hoch, dass angenommen werden kann, dass diese Verkehrsmittel (noch) als tatsächliche Alternative gelten. Da die volljährigen Etablierten dem Rad- und Fußverkehr ohne Vorurteile – wenn auch nicht mit Begeisterung – gegenüberstehen, kann erwartet werden, dass zumindest mittelfristig ein multimodales Verhalten sichergestellt ist. Langfristig steht aber durch die sich immer stärker entwickelnde Selbstverständlichkeit der Pkw-Nutzung zu befürchten, dass die Mitglieder dieser Gruppe – sollten nicht gezielte Angebote für den Fuß- und Radverkehr gemacht werden – ein monomodales Verkehrsmittelwahlverhalten aufbauen werden.

6.4.8 Ökosensibilisierte über 18 Jahre

Umweltbewusste junge Erwachsene sind mobil: An Werktagen machen sie 4,65 Wege; auch an Wochenenden zählen sie zu den aktiveren Personen, deren Wegeanzahl mit 3,78 Wegen über dem Durchschnitt der Teilstichprobe der Ab-18jährigen liegt. Ein Grund dafür könnte sein, dass die Angehörigen dieser Gruppe vergleichsweise viele Pflichtwege absolvieren – rund ein Viertel der Wege sind Einkaufswege. Dennoch lassen sich immer noch etwas mehr als die Hälfte der Wege den Freizeitwegen zurechnen; hier dominiert der Besuch von Freunden und das abendliche Ausgehen, die jeweils etwa jeden fünften Weg binden.

In ihrer Verkehrsmittelwahl ähneln die Ab-18jährigen Ökosensibilisierten den jugendlichen Personen dieses Typs. Der Umweltverbund bleibt auch bei ihnen das Verkehrsmittel der Wahl; rund zwei Drittel der Wege werden so zurückgelegt. Sie gehen ebenso wie die Vergleichsgruppe der Unter-18jährigen gerne zu Fuß und fahren häufig mit dem Rad. Jeder fünfte Weg wird mit dem Fahrrad bewältigt, damit nutzt diese Gruppe das Fahrrad doppelt so häufig wie der Durchschnitt der Ab-18jährigen (vgl. Abb. 6.20).

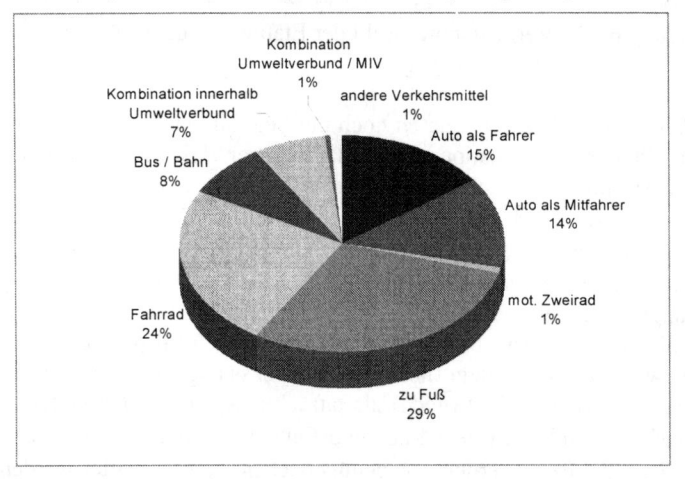

Abbildung 6.20: Verkehrsmittelwahl der Ökosensibilisierten über 18 Jahre (N=5.322 Wege)

Wider Erwarten kann aber der öffentliche Verkehr seinen Stellenwert nicht halten. Auf diesen greifen die Ökosensibilisierten über 18 Jahren nur geringfügig häufiger zurück als der Durchschnitt der Ab-18jährigen, obwohl die Anbindung an den Wohnort als außerordentlich zufriedenstellend wahrgenommen wird. Dieses Wahlverhalten erklärt sich zum Teil daraus, dass die kombinierte Nutzung von Verkehrsmitteln des Umweltverbundes dafür Zuspruch findet. Angesichts des hohen Anteils an Radfahrerinnen und Radfahrern darf gemutmaßt werden, dass vor allem Bike+Ride eine ansprechende Wahlalternative darstellt. Die Autonutzung der Ökosensibilisierten über 18

Jahre ist gering ausgeprägt; sie fahren jeden sechsten Weg mit dem Auto. Motorräder sind als Verkehrsmittel nicht gefragt.

Die dieser Gruppe zugeordneten Personen handeln gleichermaßen multimodal wie intermodal. Dass sie – ebenso wie alle anderen Samples – der Kombination von MIV und Umweltverbund ablehnend gegenüber steht, gilt im Hinblick auf die durchaus vorhandene Nutzung von Verkehrsmittelverknüpfungen im Umweltverbund nicht als Gegenargument. Die beobachtbare Zurückweisung erstgenannter Kombinationsform deutet vielmehr darauf hin, dass ein Wechsel zwischen Verkehrssystemen als zu aufwendig wahrgenommen wird. Für die Zukunft ist davon auszugehen, dass das Verkehrsverhalten dieser Gruppe keine Gefahr läuft, sich zu einem monomodalen Muster zu verändern, da es durch entsprechende Motivstrukturen gedeckt ist (vgl. Kap. 5).

6.4.9 Ab-18jährige in einer Übergangsphase

Diejenigen jungen Erwachsenen, die sich in einer Übergangsphase befinden, legen mit 3,93 Wegen an Wochentagen nur geringfügig weniger Wege zurück als die Gesamtstichprobe; auch am Wochenende verhalten sie sich ähnlich mobil wie der Durchschnitt aller Befragten. Im Vergleich zur Teilgruppe der Ab-18jährigen sind sie damit aber eher wenig mobil. Knapp sechs von zehn Wegen entfallen auf Freizeitaktivitäten, wobei der Besuch von Freunden und das abendliche Ausgehen zum beliebtesten Zeitvertreib dieses Mobilitätstyps gehört.

Die Anteile des Umweltverbundes und des motorisierten Individualverkehrs halten sich bei der Verkehrsmittelwahl dieses Typs die Waage. Damit nutzen die in einer Übergangsphase lebenden Ab-18jährigen den Umweltverbund zwar nicht so häufig wie die erwachsenen Ökosensibilisierten, belegen in der Rangfolge der Ab-18jährigen aber dennoch den zweiten Platz. Bei der Ausdifferenzierung der einzelnen Verkehrsträger fällt auf, dass die Zahl der Fußwege durchschnittlich ist, während Busse und Bahnen doppelt so häufig genutzt werden wie in der Vergleichsgruppe der Ab-18jährigen.[10] Dass diese Frequenz trotz einer nur durchschnittlichen Zufriedenheit mit der Anbindung des eigenen Wohnortes besteht, erscheint erstaunlich, ist aber unter Beachtung der Beurteilung des öffentlichen Verkehrs – dem das Sample positiv gegenüber steht – einstellungskonform (vgl. Kap. 5). Im Kontrast dazu ist der Anteil der mit dem Rad bewältigten Wege unterdurchschnittlich; nur für je-

---

10 Damit liegt die Nutzungshäufigkeit sogar höher als die der Ökosensibilisierten über 18 Jahren.

den fünfzehnten Weg wird das Fahrrad als Transportalternative gewählt. Die Analyse des motorisierten Individualverkehrs gestaltet sich unspektakulär: Etwa die Hälfte der Wege machen die Mitglieder dieses Typs mit dem Pkw, wobei die Anteile der selbst gefahrenen Strecken und der als Mitfahrer erlebten Wege annähernd gleich verteilt sind.

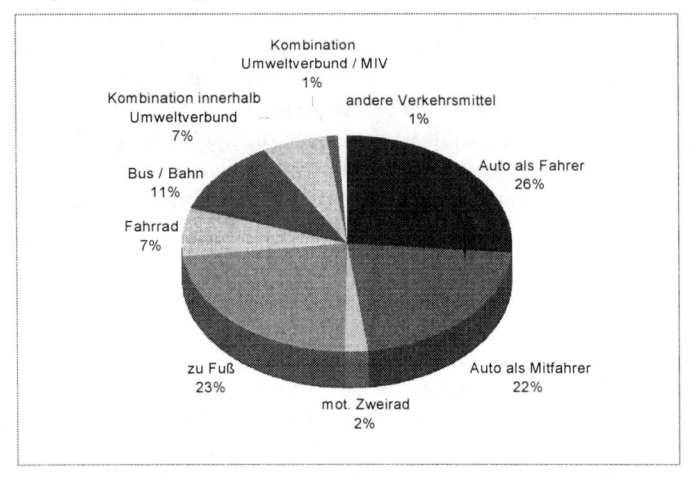

Abbildung 6.21: Verkehrsmittelwahl der Ab-18jährigen in der Übergangsphase (N=4.153 Wege)

Insgesamt verhalten sich die Befragten multimodal, wenn auch einzuschränken bleibt, dass Fahrräder offenbar nicht als adäquates Verkehrsmittel wahrgenommen werden. Kombinationen im Umweltverbund weisen zwar die gleiche Nutzungsfrequenz auf, dieser Häufigkeit erwächst allerdings eine andere Bedeutung: Die in einer Übergangsphase befindlichen Erwachsenen sind überdurchschnittlich häufig intermodal unterwegs. Dass Kombinationen zwischen Umweltverbund und MIV bei dieser Gruppe erneut nicht existent sind, gilt nicht als Gegenbeweis. Deren Fehlen demonstriert einmal mehr, dass der Umstieg zwischen zwei Systemen unabhängig vom Mobilitätsstil als wenig attraktiv eingeschätzt wird. In Bezug auf die weitere Entwicklung des Verkehrmittelwahlverhaltens dieser Teilstichprobe kann prognostiziert werden, dass der öffentliche Verkehr auch in Zukunft seinen Anteil am Modal Split behalten wird, nicht zuletzt deshalb, weil dessen Nutzung einstellungsgedeckt ist. Des Weiteren wird sich die Varianz im Verhalten vermutlich verringern, denn Fahrradwege werden mehr und mehr ersetzt werden. Welches Verkehrsmittel davon profitiert, bleibt abzuwarten. Dass die Mitglieder dieses Typs einen Zusammenhang zwischen der eigenen Verkehrsmittelwahl und der Umweltsituation sehen, lässt hoffen, dass nicht der Pkw als Gewinner aus der antizipierten Verhaltensänderung hervorgeht.

6.4.10 Distanzierte über 18 Jahre

Obgleich bei diesem Mobilitätstyp die Pflichtwege ausgeprägt sind und fast die Hälfte aller Wege stellen, ist dieses Sample mit 3,91 Wegen an Werktagen und 3,29 an Wochenenden weniger mobil als die Vergleichsgruppe aller Ab-18jährigen. Bei den Freizeitaktivitäten entsprechen die Angehörigen dieser Gruppe dem Durchschnitt; wieder einmal zählt der Besuch von Freunden sowie die Teilnahme am Nachtleben zu den beliebtesten Vergnügungen.

Nur bei einem Viertel der Wege greifen die Distanzierten auf den Umweltverbund zurück; damit nutzen sie diesen fast ebenso selten wie die erwachsenen Technik- und Autoorientierten. Die Basis des Umweltverbundes bildet der Fußverkehr, während das Fahrrad und der öffentliche Verkehr eine Nebenrolle spielen. Für beide Verkehrsarten gilt, dass sie für weniger als jede zwanzigste Strecke eingesetzt werden – der öffentliche Verkehr deshalb, weil dessen Versorgungsqualität als wenig zufriedenstellend erlebt wird. Die Ablehnung des Fahrrades ist allerdings nicht aus der Motivstruktur erklärbar (vgl. Kap. 5).

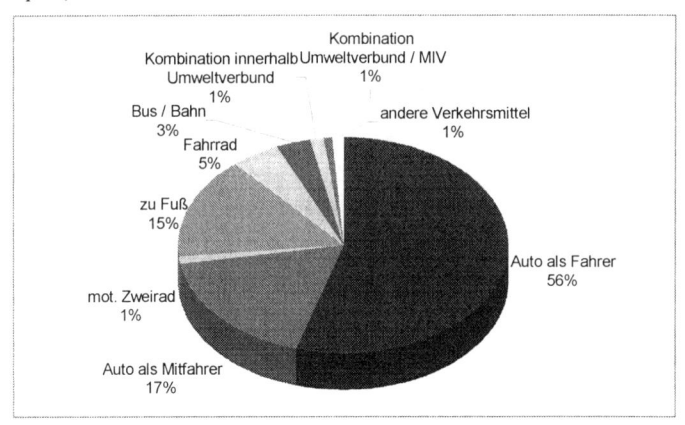

Abbildung 6.22: Verkehrsmittelwahl der Distanzierten über 18 Jahre (N=3.047 Wege)

Obwohl die Teilstichprobe auch dem Pkw gegenüber negativ eingestellt ist, setzt sie umso häufiger auf das und sich selbst ins Auto: Die Hälfte der Wege wird selbst gefahren, jeder sechste Weg aus dem Blickwinkel des Mitfahrers erlebt. Motorräder finden, obgleich ebenfalls Individualverkehrsmittel, keine Beachtung (vgl. Abb. 6.22).

Insgesamt betrachtet demonstrieren Distanzierte über 18 Jahren ein eher monomodales Verkehrsverhalten, in dessen Kontext Wege mit dem Pkw oder zu Fuß zurückgelegt werden. Fahrräder und der öffentliche Verkehr stellen keine Alternative dar. Dass unter diesen Bedingungen auch von Verkehrsmittelkombinationen im Umweltverbund so gut wie kein Gebrauch gemacht wird, verwundert nicht. Verknüpfungen zwischen Umweltverbund und motorisiertem Individualverkehr, die die Auto-Affinität des Samples bedienen könnten, existieren nicht. Angesichts der sichtbaren Einschränkung des Verkehrsmittelwahlverhaltens zugunsten des Pkw kann – ungeachtet der aus der Einstellungsmessung ableitbaren schwachen Ablehnung des Autos – auch für die Zukunft angenommen werden, dass das Auto den Modal Split dieses Typs dominieren wird.

6.5 Fazit

Zu Fuß oder mit dem Bus? Straßenbahn oder Fahrrad? Bahn oder Auto? Auto oder zu Fuß? etc. – nach den Ergebnissen von U.Move formulieren diese Fragen eigentlich keine Wahlentscheidung. Sie werden von den Jugendlichen und jungen Erwachsenen – pointiert formuliert – mit „ja" beantwortet. Obgleich sich die Verkehrsmittelwahl je nach Mobilitätstyp unterschiedlich gestaltet, lassen sich monomodale Mobilitätsmuster kaum identifizieren. Vielmehr agieren die Befragten multimodal, insbesondere die Unter-18jährigen nutzen in erheblichem Umfang die Verkehrsmittel des Umweltverbundes bei der Bewältigung ihrer täglichen Wege. Auch wenn die Gegenüberstellung mit den in der Untersuchung befragten jungen Erwachsenen illustriert, dass die bei Jugendlichen beobachtbare Multimodalität auch durch den altersbedingten Zwang zum Verzicht auf das Auto erklärt werden kann, so illustrieren doch beide Altersgruppen, dass sich ein monomodales Mobilitätsmuster bislang noch nicht verfestigen konnte – wenngleich ebenso zu konstatieren ist, dass zumindest die erwachsenen Technik- und Autoorientierten sowie die Distanzierten über 18 Jahre an der Schwelle eines solchen Verhaltens stehen.

Mit den Jugendlichen besitzt der Umweltverbund eine Kundengruppe, die sich im „System Umweltverbund" bestens auskennt und dessen Systemstärken und -schwächen schon häufig selbst erfahren hat. Wird die bis zur Volljährigkeit der Befragten sichtbare Multimodalität als Chance zur Stärkung des Umweltverbundes verstanden, so impliziert diese Perspektive zunächst, dass Jugendliche als Kundinnen und Kunden nicht gewonnen, sondern (über ihre Volljährigkeit hinaus) gebunden werden müssen. Das könnte durch spezielle Angebote geschehen, die auf eben diese Systemkenntnisse setzen – sich also explizit an geübte Nutzerinnen und Nutzer richten[11] – und weitere Serviceverbesserungen mit zusätzlichen Optionen bieten. Eine solche Vorgehensweise böte zudem den Vorteil, dass Jugendliche und – wenn die Strategie aufgeht – junge Erwachsene als Innovatoren bzw. Trendscouts neue, kombinierte und integrierte Angebote des Umweltverbundes ausprobieren können.

Dabei gilt für die Unter-18jährigen ebenso wie für die Ab-18jährigen, dass Umweltfreundlichkeit als Nutzungsargument für den Umweltverbund weitestgehend ausgedient hat. Da zählt auch nicht, dass den Befragten wie kaum einer anderen Bevölkerungsgruppe Umweltzusammenhänge bekannt sind.

Die Hinwendung junger Erwachsener zum (eigenen) Pkw scheint allerdings allein mit bedarfsgerechten, für einen spezifischen Wegezweck konstruierten Offerten des Umweltverbundes kaum aufgehalten werden zu können – obgleich U.Move auch zeigt, dass Volljährigkeit und Führerschein nicht eine endgültige Abkehr vom öffentlichen Verkehr bedeuten (vgl. dazu auch Schmidt-Freitag 1996: 20). Während es bei den Jugendlichen darum geht, sie als Kundinnen und Kunden des Umweltverbundes zu binden, stehen bei jungen Erwachsenen Maßnahmen zur Rückgewinnung abgewanderter Kunden im Vordergrund. Hier erscheinen intermodale Strategien notwendig, die eine Verknüpfung von MIV und Umweltverbund ermöglichen und über diese Verbindung die Verkehrsmittel des Umweltverbundes in die Wahrnehmung und Nutzung von Autofahrerinnen und Autofahrern zurückführen. Auch wenn der Übergang zwischen Verkehrsmitteln auf einem Weg bisher kaum als Alternative wahrgenommen wird – wie erwähnt geschieht der Wechsel des Verkehrsmittels während eines Weges ausgesprochen selten –, so bietet diese Einbeziehung doch die Möglichkeit, die Auto-Affinität eines Teils der jungen Erwachsenen zu bedienen. Dass dieser Weg mühsam ist, eher bei routinemäßig zurückgelegten Wegen Erfolg verspricht (vgl. auch Canzler 2000: 201) und insbesondere die Schnittstellen weiterentwickelt werden müssen, soll nicht verschwiegen werden.

Oberstes Gebot bleibt allerdings, die Nutzung neuer Mobilitätsangebote – Offerten für einen multimodalen ebenso wie für einen intermodalen Mobilitäts*stil* – so einfach wie möglich zu halten, damit Jugendliche und junge Erwachsene diese „easy" handhaben können. Die Positionierung neuer Mobili-

---

11 Zum Problem der unterschiedlichen Informationsbedürfnisse von Gelegenheitsnutzern und geübten Nutzern vgl. u. a. Rabe 2000; Schmidt-Freitag/ Sistenich 1993.

tätsangebote ist vermutlich besonders erfolgreich, wenn diese unter der Prämisse des „sowohl-als-auch" (anstelle eines „entweder-oder") realisiert werden und die Entscheidung „Zu Fuß oder mit dem Bus?", „Straßenbahn oder Fahrrad?" „Bahn oder Auto?" zu Gunsten von Auto *und* Bus *und* Fahrrad *und* Zufußgehen ausfallen kann.

7 Die Anwenderseite: Mobilitätsangebote im Spiegel der Nutzer

Das folgende Kapitel richtet sich im Besonderen an Anwender, die Mobilitätsangebote für die tägliche Praxis von Jugendlichen konzipieren, einführen und bewerten müssen. In U.Move ist diese Anwendungsperspektive durch die Verkehrsbetriebe Dortmund und Potsdam sowie durch die Deutsche Bahn vertreten worden. Um relevante Informationen für die Angebotsseite zu erhalten, sind Teile der standardisierten Befragung und der vertiefenden Interviews auf regional- und anbieterspezifische Themen bezogen worden (z.B. Nutzung und Akzeptanz von mobilitätsbezogenen Informationsmedien oder von Event- und Nachtverkehrsangeboten). Die Analysen zu konkret existierenden oder geplanten Angeboten bieten vor dem Hintergrund der breiten Datenbasis der gesamten U.Move-Befragung und ihrer Typenbildung die Gelegenheit zu interessanten Quervergleichen und Erkenntnissen, die für die künftige Konzeption jugendspezifischer Mobilitätsangebote von einigem Nutzen sein können.

Im ersten Unterkapitel wird der zentralen Frage nachgegangen, welche Chancen den sogenannten intermodalen Angeboten von den Jugendlichen eingeräumt werden. Ist es so, dass intermodal zurückgelegte Wege einen hohen Vorbereitungsaufwand benötigen und darin der Grund für die mangelnde Nutzung von Verkehrsmittelverknüpfungen liegt? Inwieweit greifen Jugendliche und junge Erwachsene bei der Beschaffung von Informationen auf neue Medien zurück oder nutzen sie weiterhin eher die traditionellen Zugänge?

In der Untersuchungsregion Potsdam sind spezifische Angebote des Nahverkehrs untersucht worden. Dort engagieren sich die Verkehrsbetriebe seit einiger Zeit in Form von speziellen Angeboten für einzelne Zielgruppen, u.a. für Jugendliche und junge Erwachsene. Bei dem hier in der U.Move-Befragung näher untersuchten Angebot „Nightrider" handelt es sich um einen Nachtbus, der in der Region Beelitz-Potsdam-Teltow in den Wochenendnächten bis 6.00 Uhr morgens alle populären Lokalitäten anfährt. Interessant sind hier neben den erwartungsgemäß unterschiedlichen (Vor-)Urteilen von Nutzern und Nichtnutzern ausgeprägte Wünsche der Jugendlichen nach

Sicherheit und Sauberkeit, also Werten, die man nicht unbedingt als wichtigste für diese Zielgruppe vermuten würde.

Der Schwerpunkt der Untersuchung in Dortmund lag auf dem Mobilitätsverhalten von Jugendlichen an Heiligabend und zu Sylvester. In Hinblick auf aktuelle Planungen der Dortmunder Stadtwerke stand dabei die Frage im Vordergrund, ob es sinnvoll sei, das Nachtverkehrsangebot „Nacht-Express" Heiligabend und zu Silvester „durchfahren" zu lassen. Aufgrund der Ergebnisse dieser Studie wurde dieses Angebot erstmalig im Jahr 2000 realisiert und wird infolge der tatsächlich gezählten Fahrgäste voraussichtlich auch zukünftig fortgeführt werden. Daneben wurde untersucht, welche Chancen andere, auch intermodale Angebotsformen wie Carsharing besitzen und welche der existierenden oder zukünftig technisch realisierbaren Informationsmedien für die Zielgruppe am besten geeignet erscheinen.

Im letzten Abschnitt dieses Kapitels wird die Nutzung der Deutschen Bahn durch Jugendliche näher beleuchtet. Hierbei stehen folgende Fragen im Mittelpunkt: Durch welche Merkmale lassen sich jugendliche Bahnnutzer und Bahnnutzerinnen charakterisieren? Welche Bedeutung kommt umweltbewussten Einstellungen bei der Entscheidung zu, die Bahn zu nutzen? Wie informieren sich Jugendliche über die Angebote der Bahn? Welche Bedeutung kommt hier speziell dem Informationsmedium Internet zu?

7.1 Intermodale Mobilitätsangebote – Gegenwärtige Nutzungshäufigkeit und zukünftige Nutzungsbereitschaft

Gernot Miller & Sebastian Rabe

Die Auswertung des Mobilitätsverhaltens illustriert, dass die Voraussetzungen für ein intermodales Verkehrsverhalten an und für sich gegeben sind: Die Befragten verfügen in der Regel über das gesamte Spektrum der Verkehrsträger vom Fahrrad über Bus und Bahn bis hin zum Pkw und nutzen für unterschiedliche Wege verschiedene Verkehrsmittel. Dennoch geschieht – obgleich die in U.Move befragten Personen ihre alltägliche Mobilität bereits multimodal bewältigen – die Verknüpfung von Verkehrmitteln während eines Weges eher selten (vgl. Kap. 6).

Dass der Wechsel zwischen Verkehrsmitteln nur selten gelingt, könnte u. a. darin begründet sein, dass Jugendliche und junge Erwachsene in ihrer Informationsbeschaffung vergleichsweise traditionell vorgehen – und die

Schnittpunkte zweier Verkehrsmittel schlichtweg nicht genügend bekannt sind. So nutzen die Befragten vor allem die Informationswege, die nur über einen Verkehrsträger informieren (können) und wenig integrativ ausgerichtet sind: Fahrtzeiten, Anschlüsse und Ticketpreise werden von rund der Hälfte der Befragten per Fahrplanheft eruiert; auch das Reisezentrum bzw. Kundencenter ist beliebt; auf die Zeitung (mit eingedruckten oder beigelegten Fahrplanauszügen) wird ebenfalls gerne zurückgegriffen.[1] Dagegen findet sich das Internet auf einer Rangliste von neun unterschiedlichen Informationszugängen erst auf Platz sechs; Personal Travel Assistents, die Möglichkeit zu Faxabrufen sowie Mobilitätszentralen werden bei der Informationsbeschaffung kaum berücksichtigt. Auch in Zukunft wollen die Befragten lieber auf bewährte Informationsmedien setzen – auf modernisierte Ticket-Automaten setzen sie stärker als auf das Internet oder die Fahrplananzeige per Handy(display) oder Pager. Allein Mobilitätszentralen gewinnen stark an Bedeutung, nahezu zwei Drittel der U.Move-Teilnehmerinnen und -Teilnehmer möchten dieses Informationsangebot zukünftig nutzen.[2]

Vor dem Hintergrund dieser Art der Informationsbeschaffung kann die Informationstechnik nur einen schwachen Impuls zur Etablierung eines intermodalen Verkehrsverhaltens erzeugen. Eine deutliche Zunahme an intermodal zurückgelegten Strecken ist damit wahrscheinlich stärker von neuen Angebotsformen abhängig, die den schnellen und einfachen Wechsel zwischen den Verkehrsmitteln ermöglichen.

7.1.1 Bekanntheitsgrad und Nutzungshäufigkeit

Der Bekanntheitsgrad intermodaler Mobilitätsangebote (vgl. Abb. 7.1) variiert in Abhängigkeit von der Verweildauer am Markt: So ist beispielsweise die Fahrradmitnahme in Bussen, Straßen- und U-Bahnen sowie in Nah- und Fernverkehrszügen mehr als vier Fünfteln der Befragten bekannt; über Fahrgemeinschaftsbörsen wissen rund drei Viertel der Befragten Bescheid. Dagegen überblicken nur gut die Hälfte der befragten Jugendlichen und jungen Erwachsenen neuere Offerten wie Fahrradschließfächer oder Radstationen.

---

[1] Zum Stellenwert dieser „klassischen" Medien für die Informationsgewinnung vgl. auch Rabe (2000: 32ff).
[2] Dass Mobilitätszentralen und ihre Informationsleistungen nachgefragt werden, zeigt sich u. a. darin, dass 2001 deutschlandweit bereits mehr als 40 solcher Einrichtungen bestehen, während 1995 erst etwa fünf Mobilitätszentralen eröffnet waren (vgl. Müller 2001: 14).

> **Faltfahrräder**, Mitnahme in öffentlichen Verkehrsmitteln gratis
> **AnrufSammelTaxi** in Ergänzung zum Linienverkehr in betriebsschwachen Zeiten
> **CarSharing**
> **Fahrgemeinschaftsbörse/Mitfahrgelegenheit** im Auto für tägliche Wege und Freizeitwege
> **Mitnahme vom eigenen Fahrrad in Bus, Straßen- und U-Bahn**
> **Mitnahme vom eigenen Fahrrad in Nah- und Fernverkehrszügen**
> **Fahrradschließfächer** an Haltestellen (Bike&Ride)
> **Fahrradstationen** am Bahnhof

Abbildung 7.1: Intermodale Mobilitätsangebote

Das Alter der Befragten fungiert als Moderatorvariable: So haben die 15- bis 17jährigen bereits von Falträdern und entsprechenden Abstellmöglichkeiten an Haltestellen und Bahnhöfen gehört, während den 23- bis 26jährigen das Carsharing besser bekannt ist als den Jugendlichen.

In Bezug auf die gegenwärtige Nutzungshäufigkeit ist zunächst zu konstatieren, dass aus einem hohen Bekanntheitsgrad keine überdurchschnittliche Nutzung abgeleitet werden kann – wenngleich die Daten darauf hindeuten, dass am Markt etablierte Angebote (wie die Fahrradmitnahme in Nah- und Fernverkehrszügen) vergleichsweise gut bekannt sind und am ehesten genutzt werden. Dennoch liegen auch bei diesen Offerten zwischen „Wissen und Handeln" erhebliche Unterschiede, die sich in den übrigen Mobilitätsangeboten ebenso manifestieren (vgl. Abb. 7.2).

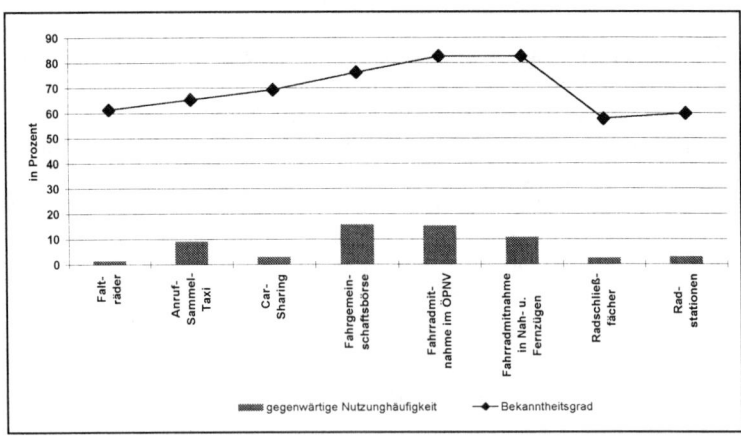

Abbildung 7.2: Bekanntheitsgrad und gegenwärtige Nutzungshäufigkeit intermodaler Mobilitätsangebote

Dabei ist die Nutzungsfrequenz der Angebote von deren Passung mit dem Alter der Befragten abhängig: Auf Fahrradschließfächer und Radstationen greifen eher die jüngeren Befragten zurück; Carsharing wird in erster Linie von jungen Erwachsenen zwischen 18 und 22 Jahren genutzt. Die 23- bis 26jährigen besitzen in der Regel bereits ein eigenes Fahrzeug, so dass sie auf dieses Angebot kaum noch zurückgreifen (müssen). Ein ähnliches Muster zeigt sich bei den Fahrgemeinschaftsbörsen, die überwiegend bei Jugendlichen und den soeben Volljährigen Anklang finden – die eine Gruppe besitzt noch keinen Führerschein, die andere verfügt nur eingeschränkt über ein Fahrzeug. Dagegen sind 22- bis 26jährige nur selten Mitglieder von Fahrgemeinschaftsbörsen, da sie kaum noch auf alternative Mitfahrgelegenheiten angewiesen sind.

7.1.2 Nutzungsbereitschaft

Hinsichtlich der zukünftigen Nutzungsbereitschaft intermodaler Mobilitätsangebote zeigen die Jugendlichen und jungen Erwachsenen Zurückhaltung – wenn auch festzustellen ist, dass die potentielle Nutzungsbereitschaft immerhin über der tatsächlichen Nutzungshäufigkeit liegt. Auffällig ist zunächst, dass Faltfahrrad und Carsharing nicht angenommen werden: Rund vier Fünftel der Befragten wollen diese Angebote auch in Zukunft nicht verwenden. Die Zurückweisung des Faltrades könnte darauf hindeuten, dass dessen Design und Gebrauch noch als gewöhnungsbedürftig wahrgenommen wird; die Ablehnung des Carsharing liegt vermutlich in einer Schwäche der Itemformulierung begründet: Da explizit nach der Mitgliedschaft bei einer Carsharing-Organisation gefragt wurde, mag sich in der Ablehnung auch die Angst vor den Folgen einer Mitgliedschaft wiederspiegeln.

Auf die übrigen zur Diskussion gestellten Mobilitätsangebote wollen die Befragten in Zukunft häufiger zurückgreifen; ein eindeutig favorisiertes Angebot findet sich allerdings nicht (vgl. Abb. 7.3).

Die gegenüber intermodalen Mobilitätsangeboten geäußerte Skepsis wird mit mangelnder Bequemlichkeit, zu hohem Preis und fehlendem Interesse an dem Produkt begründet. Bei einem Teil der Befragten spielen auch Sicherheitsbedenken eine Rolle – Radstationen und Schließfächer verfügen aus Sicht der Befragten nicht immer über ausreichende Sicherheitsvorkehrungen; bei den Fahrgemeinschaften fährt die Angst um die eigene körperliche Unversehrtheit mit.

Zusammenfassend bleibt festzuhalten, dass Jugendliche und junge Erwachsene eher zögerlich auf neue, bisher kaum marktgängige Mobilitätsangebote zugehen und bei intermodalen Mobilitätsangeboten lieber auf die

Weiterentwicklung bereits bestehender und vor allem bekannter Produkte setzen. Dabei steht der Begriff „bekannt" für zweierlei: Seit längerem eingeführte – bekannte – Angebote erhöhen ebenso die Nutzungsbereitschaft wie die Verwendung klassischer – eben bekannter – Verkehrsträger.

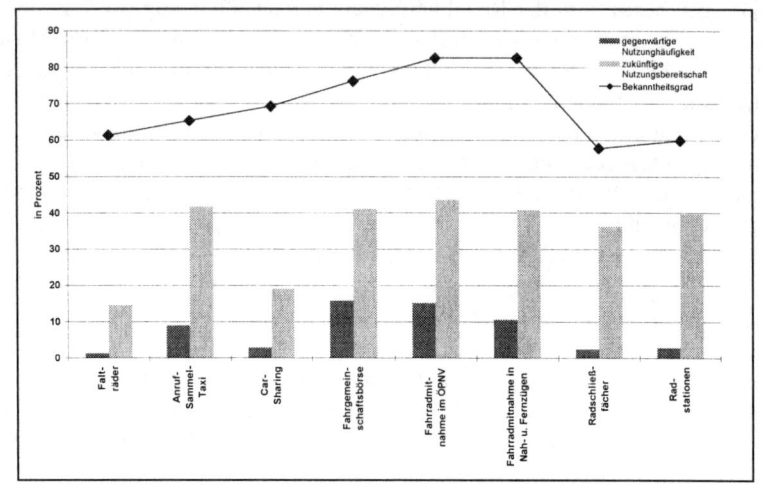

Abbildung 7.3: Bekanntheitsgrad, gegenwärtige Nutzungshäufigkeit und zukünftige Nutzungsbereitschaft intermodaler Mobilitätsangebote

7.1.3 Bekanntheitsgrad und gegenwärtige Nutzungshäufigkeit in Abhängigkeit der Mobilitätstypen

Die Charakteristika der einzelnen Mobilitätstypen spiegeln sich auch in der Nutzung intermodaler Angebote wider: Diejenigen Typen, die bei der Bewältigung ihrer Wege überdurchschnittlich stark auf den Pkw zurückgreifen (vgl. Kap. 6), nutzen auch vom Auto getragene intermodale Angebote häufig: So sind die technik- und autoorientierten Jugendlichen und die Unauffälligen unter 18 Jahren oft Nutzer von Fahrgemeinschaftsbörsen. Dass sich die erwachsenen Technik- und Autofans ihrer ebenfalls bedienen, obgleich sie in der Regel über einen Pkw verfügen und daher nicht auf eine Mitfahrgelegenheit angewiesen sind, ist vermutlich dahingehend zu interpretieren, dass sie die „Angebotsseite" von Fahrgemeinschaften vertreten. Auch das den Linienverkehr ergänzende bzw. ersetzende AnrufSammelTaxi findet vor allem bei den technikaffinen Mobilitätstypen Zuspruch,[3] während es bei den jungen Ökosensibilisierten nicht „punkten" kann. Diese setzen vielmehr auf die Fahrradmitnahme in Bus, Straßen- oder U-Bahn. Auch bei den jungen erwachsenen Mitgliedern dieses Typs kommt das Angebot gut an; darüber hinaus nutzen sie mit Abstand am meisten die Option zur Fahrradmitnahme in Nah- oder Fernverkehrszügen.

Demgegenüber laufen die das Fahrrad miteinbeziehenden Angebote bei den Distanzierten über 18 Jahren ins Leere – ein weiterer Beleg dafür, dass einstellungsbasierte Mobilitätstypen nicht nur die tatsächliche Verkehrsmittelwahl, sondern auch die Nutzung intermodaler Angebote abbilden können. Analog zur Verkehrsmittelwahl der erwachsenen Distanzierten, bei der neben dem Pkw kaum andere Transportmittel existent sind, werden Fahrräder und der öffentliche Verkehr auch als Bestandteil intermodaler Angebote nicht angenommen – die Distanzierten über 18 Jahre verhalten sich diesen Angeboten gegenüber ausgesprochen distanziert.

7.1.4 Nutzungsbereitschaft in Abhängigkeit der Mobilitätstypen

Abgesehen davon, dass gegenwärtige Nutzung und zukünftige Nutzungsbereitschaft weit auseinander liegen – mithin die Aussagen behutsam zu interpretieren sind –, verdeutlicht eine Detailanalyse unter dem Fokus der Mobilitätstypen, dass das Interesse an intermodalen Angeboten und die Bereitschaft, davon Gebrauch zu machen, vom gegenwärtigen Nutzungsverhalten determiniert ist. Unter den identifizierten Mobilitätstypen zeigen die (in Verkehrsmittelkombinationen bereits erfahrenen) ökosensibilisierten jungen Erwachsenen die größte Nutzungsbereitschaft – vor allem gegenüber den Angeboten, die in Zusammenhang mit dem Fahrrad stehen. Im Kontrast dazu wollen die technik- und autoorientierten Jugendlichen lieber Fahrgemeinschaftsbörsen nutzen, die Ab-18jährigen letztgenannten Typs erklären, Mitfahrgelegenheiten offerieren zu wollen.

Bemerkenswert ist, dass (im Vergleich zu anderen intermodalen Angeboten) die Nutzungsbereitschaft für das Carsharing im unteren Mittelfeld liegt. Auch der Verzicht auf eine Einlage bzw. Eintrittsgebühr verringert die Skepsis nicht. Von diesem Ergebnis ist sicher nicht eine generelle Nichteignung des Carsharing für intermodale Angebote abzuleiten – nur für die Zielgruppe der jungen Fahrerinnen und Fahrer scheint es wenig geeignet. Ohnehin gehören diese aufgrund ihrer Unfallgefährdung nicht unbedingt zu

---

3 Den größten Zuspruch hat das AnrufSammelTaxi bei den Unauffälligen unter 18 Jahren; die zweithöchste Nutzungsrate weisen die technik- und autoorientierten jungen Erwachsenen auf, dicht gefolgt von den noch nicht volljährigen Technik- und Autobegeisterten.

den bevorzugten Kundinnen und Kunden der Carsharing-Organisationen – bei einer bundesweiten Befragung gaben 6 % der Carsharing-Betreiber an, junge Erwachsene als eine zu bewerbende Kundengruppe wahrzunehmen (vgl. Bäumer/ Löchl/ Rabe 1999: 15). Für die jungen Erwachsenen wiederum ist die durch die Mitgliedschaft aufgebaute Zugangsbarriere zu hoch. Demzufolge besteht Ablehnung „auf beiden Seiten". Diese kann jedoch nicht als Maßstab für die Gesamtbeurteilung des Carsharing gelten, sondern zeigt lediglich die nur geringe Passung des Angebotes für die Zielgruppe der jungen Erwachsenen.

7.1.5 Fazit: Weiterentwicklung intermodaler Mobilitätsangebote

Die von Jugendlichen formulierten Ansprüche an „Angebote von morgen" sind von ihren Erfahrungen mit dem Öffentlichen Verkehr überlagert. Visionäre Vorschläge sind selten, vielmehr fordern die Befragten in erster Linie mehr Flexibilität, Komfort und Sicherheit ein und sind sich, unabhängig vom Mobilitätstyp, darüber einig, dass die Angebote „cool" gestaltet werden müssen. Wie dieser Prämisse entsprochen werden kann, zeigen die Vorschläge der Jugendlichen: Sie wünschen sich bequeme Sitze in gepflegten Fahrzeugen, fordern eine schnelle Beseitigung von Vandalismusschäden, verlangen enge Taktfolgen und dichtere Liniennetze, wollen sich während der Fahrt mit Getränken und gegebenenfalls mit einem kleinen Imbiss versorgen können und vermissen – ganz wichtig – die Möglichkeit, während der Fahrt Musik hören zu können.

Die genuin auf die intermodalen Angebote zielenden Empfehlungen setzen in erster Linie an den bestehenden Offerten an und thematisieren ihre Weiterentwicklung. Aus der Sicht der Befragten sollten die Abstellmöglichkeiten für Fahrräder an Haltestellen und -punkten noch verbessert sowie ein bequemer Umstieg zwischen den Verkehrsmitteln (auf einer Verteilerebene) gewährleistet werden. Außer dem Sicherheitsaspekt werden weitergehende Anforderungen, etwa in Bezug auf Flexibilität oder Kundenorientierung, allerdings kaum definiert – vermutlich nicht wegen der nahezu erreichten optimalen Angebotsausgestaltung, sondern vielmehr aufgrund der Tatsache, dass der Erfahrungsschatz, aus dem sich ein Optimierungspotential für intermodale Angebote gewinnen ließe, bislang noch gering ausfällt (vgl. Kap. 6).

Dass dieser bei Jugendlichen und jungen Erwachsenen sehr schnell aufgebaut werden kann, macht Berbuir (1999: S. 74) deutlich. Er zeigt, dass intermodale Angebote[4] von jungen Leuten durchaus angenommen werden – selbst wenn die Angebote spontan zustande kommen. Entscheidend sei die Passung zwischen den Angeboten und den Anforderungen der Jugendlichen. Falls es gelingt, durch eine Umsetzung der oben genannten Verbesserungsmöglichkeiten diese Passung zu verbessern, ist ein weiterer Schritt getan, den Mobilitätsbelangen von Jugendlichen und jungen Erwachsenen mehr als bisher Rechnung zu tragen.

7.2 Nachtverkehr in Potsdam: Der Nightrider und andere Angebote des ViP für junge Leute in Potsdam

Kai Lorenz & Claus J. Tully

Der Verkehrsbetrieb in Potsdam (ViP) engagiert sich seit einiger Zeit in Form spezieller Angebote für einzelne Zielgruppen, u.a. für Jugendliche und junge Erwachsene. Die Angebote sollen wie aus der Automobilwelt bekannt unter dem Begriff „Freude am Fahren" mehr Spaß machen und reichen von Dichterlesungen in der Straßenbahn über die „Fahrende Brille für Potsdam" (das ist eine Straßenbahn mit farbigen Scheiben) bis hin zu Tramparties für Studenten in der historischen Gotha-Tram.

Bei dem hier in der U.Move-Befragung näher untersuchten Angebot Nightrider handelt es sich um den Nightrider (Nachtbuslinie N 43). Der Nachtbus fährt in der Region Beelitz-Potsdam-Teltow in den Wochenendnächten zwischen 23.00 und 6.00 morgens alle populären Lokalitäten an.

Abbildung 7.4: Nightrider (Nachtbuslinie N 43)

---

4   Im konkreten Fall die Realisierung eines Diskobusses, der in bereits bestehende AnrufSammel-Taxi-Verkehre eingebunden wurde.

Das Angebot ist im Hinblick auf nächtliche Freizeitangebote in Potsdam für Besucher aus Potsdams südöstlichem Umland konzipiert. Das Besondere: Der Nightrider bringt seine Fahrgäste von der Disco bis fast vor die Haustür (Anhalten auf Wunsch nicht nur an festen Haltestellen). Für den Halt auf Wunsch wird ein Komfortzuschlag von einem Euro fällig. Der Fahrschein berechtigt an vielen Veranstaltungsorten zu zahlreichen Vergünstigungen. Fahrgäste, die in Beelitz aussteigen, können sich darüber hinaus direkt beim Busfahrer für den weiteren Heimweg ein „Fifty-Fifty-Taxi" bestellen.

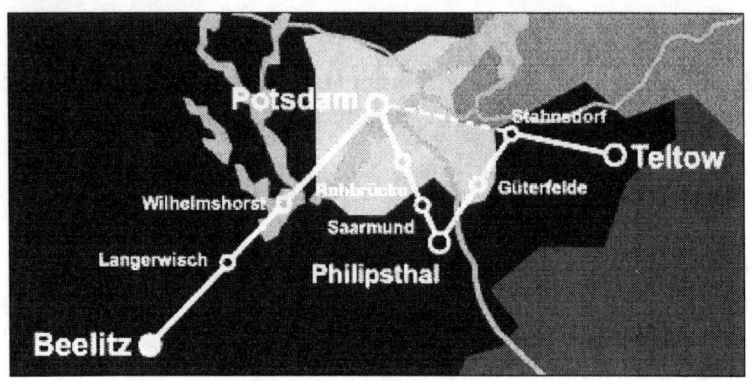

Abbildung 7.5: Streckenplan Nightrider

Ein weiteres Angebot ist das in den Potsdamer Straßenbahnen bereits eingesetzte Mobil-Info, ein digitales Fahrgastinformationssystem, das per Bildschirm Kultur, Politik, Sport, Wetter etc. mit hohem regionalen Anteil bietet. Kernstück des Programms sind jedoch klassische Fahrgastinformationen, die auch in Echtzeit über Störungen, Anschlüsse oder Verspätungen informieren.

Abbildung 7.6: Mobil-Info in der Straßenbahn

7.2.1 Potsdamer Jugendliche im Vergleich zu den vier Untersuchungsräumen

Die U.Move Befragung und die vertiefenden Interviews wurden in den Regionen Potsdam, Dortmund, Passau und Greifswald durchgeführt. Bei den Potsdamer Befragten fällt auf, dass der Anteil der Ökosensibilisierten in beiden Altersgruppen höher liegt als im Durchschnitt aller Befragten. Bei den Älteren fällt zudem der hohe Anteil an Etablierten ins Auge, wohingegen die Technik- und Autoorientierten deutlich geringer vertreten sind. Möglicherweise sind hier die Einflüsse der Trends der Großstadtkultur (Berlin/ Potsdam) auf die Typen erkennbar.

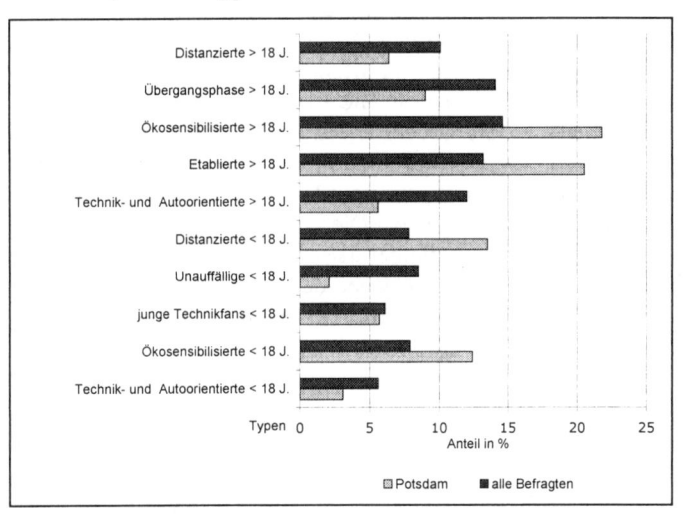

Abbildung 7.7: Zusammensetzung der Potsdamer Stichprobe

Kriterium für die Nutzung öffentlicher Verkehrsmittel besonders in den nutzungsschwachen Zeiten sind die tatsächliche Verfügbarkeit von Transportalternativen. Hierbei ergibt sich folgendes Bild: Die Befragten verfügen etwas seltener über ein eigenes motorisiertes Fahrzeug. Das Fahrrad ist in Potsdam das verbreiteste Verkehrsmittel. Es ist (wäre) fast immer verfügbar (80 %). Mit dem Fahrrad können in Potsdam fast alle Ziele im Stadtgebiet erreicht werden.

7.2.2 Nutzer und Nicht-Nutzer beurteilen den Nachtverkehr des ViP

In Potsdam nutzen gut ein Drittel der Jugendlichen das Nachtangebot nie, jeder vierte selten und immerhin rd. 10 % häufiger. Dabei ist der Nachtverkehr des ViP weithin bei den Jugendlichen bekannt, lediglich die Gruppe der Technik- und Autointeressierten scheint das Nachtverkehrsangebot gar nicht zu kennen. Bei den übrigen Gruppen hat nur etwa ein Fünftel von diesem Angebot noch nichts gehört.

Bei der tatsächlichen Nutzung sieht dieses Bild erwartungsgemäß ganz anders aus. Betrachtet man nur die erklärten Nichtnutzer, so liegt dieser Anteil insgesamt bei knapp 50 % und würde damit den Bekanntheitsgraden entsprechen. Jedoch ist hier eindeutig eine Nichtnutzung derer zu erkennen, die aufgrund ihres Alters und der Möglichkeit Auto zu fahren, faktisch die Wahl zwischen eigenem Auto und öffentlichem Angebot haben. Die größten Ablehner des Nachtverkehrs sind die Etablierten, die Distanzierten (70 %) und erwartungsgemäß die „Technik- und Autoorientierten"[5]. Dagegen sind bei den jüngeren nur 20-30 % Nichtnutzer, obwohl typbedingt bei den jungen „Technik- und Autoorientierten" (unter 18) mehr als die Hälfte angeben, den Nachtverkehr nicht zu kennen. Diese Nutzer sind also offensichtlich Zwangsnutzer im Wortsinn, die bei der erstbesten Möglichkeit ihr Verhalten umstellen werden. Die gleiche Gruppe der „Technik- und Autoorientierten", nun aber die älteren über 18 Jahre, nutzt dann auch erwartungsgemäß das Nachtverkehrsangebot zu 60 % nicht.

Neben der Typzugehörigkeit ist das Geschlecht ein wesentliches Kriterium für die Akzeptanz von nächtlichen ÖPNV-Angeboten. Mädchen und junge Frauen lehnen gelegentlich diese Angebote aus Gründen der persönlichen Sicherheit ab.

Es ist abzulesen, dass der weibliche Anteil bei den Selten- und Nichtnutzern höher ausfällt, jedoch sind die Unterschiede relativ gering. In den vertiefenden qualitativen Interviews wurden jedoch die negativen Aspekte der nächtlichen Rückfahrt mit Nachtbussen deutlich. Wichtig ist, dass ein großer Teil der Bedrohung oder des ungegen Gefühls bereits von anderen jugendlichen Mitfahrern ausgeht. Es handelt sich also nicht vorrangig und exklusiv um eine anonyme potentielle Bedrohung auf dem Weg von der Haltestelle nach Hause. In den Stellungnahmen der *weiblichen Befragten* drückt sich dies z.B. so aus:

> „Ich mag keine dunklen Haltestellen und Wege zum Bus. Ich möchte nicht lange warten und lange fahren"

---

5   Vgl. die Ausführungen im Kapitel 5.2, wo ebenfalls die Technikfreunde als Autofreunde identifiziert sind.

> „Ich will keine randalierenden Leute im Bus, die betrunken sind."
> „Ich will mich nur sicher fühlen. Ich will keine Unsauberkeit, Randalierer."

Jedoch auch bei den *männlichen Befragten* ist das Sicherheitsbedürfnis ausgeprägt, insbesondere spielt hier die als besonders gewaltbereit und Gewalt suchend bekannte rechte Szene eine Rolle:

> „Keine Skins, die randalieren. Der Bus muß oft fahren, damit man nicht so lange in der Nacht warten muß."
> „Keine Betrunkenen oder rechtsradikale 'Technoglatzen'."
> „Ich will keine rechtsradikalen Glatzen im Bus sehen. Ich will sicher und schnell nach Hause. Ich möchte nicht verprügelt werden."
> „Auf der Rückfahrt will ich mich entspannen und schnell nach Hause. Der Bus müßte öfters fahren. Ich möchte keine randalierenden Leute. Kein helles Licht."

Der Schutz der Jugendlichen vor Jugendlichen selbst stellt den Verkehrsbetrieb vor eine kaum lösbare Aufgabe. Bei der Suche nach Verbesserungen und Maßnahmen für eine höhere Akzeptanz des Nachtangebots ist die Bewältigung dieser Anforderung aber unabdingbar. Diese an sich völlig beförderungsunabhängige Aufgabe wird dadurch hervorgerufen, dass die Aufteilung der untereinander nicht verträglichen Jugendgruppen durch das Transportmittel Bus systembedingt nicht möglich ist, anders als bei der Verteilung auf private Pkw je nach Gruppen.

> „Am besten 3 verschiedene Busse für verschiedene Klientel."

7.2.3 Nutzerpräferenzen: Wie es die Befragten gerne hätten

Wie überall, so auch in Potsdam, ist jugendliche Freizeit am Wochenende meistens auch mit Alkohol verbunden. Nicht überraschend sind daher die in den Interviews erfragten Verbesserungsvorschläge für die Nachtbusse selbst:

> „Der Bus müßte 2 Zonen haben, eine zum Feiern und eine zum Ausruhen. Toilette wäre gut."
> „Ich will mich nur ausruhen. Keine Musik.. Schlafecken . Entspannungsmusik über Kopfhörer und Weckdienst."
> „Gut wäre ein Getränkeautomat. Alkoholische Getränke aber nur kontrollierte Abgabe."
> „Der Bus muß sicher und schnell sein. Gut wäre aber Musik und ein Doppeldecker, wo man oben feiern und unten entspannen kann. Rauchverbot. Kostenlose Kopfschmerztabletten."
> „Ich würde mir wünschen: Spuckbeutel, Fahrradmitnahme und sichere Haltestellen."

> „Ich will den Abend mit Bier und Rauchen ausklingen lassen und mit Freunden reden. Will keine Musik und keine Leute, die mich anbaggern. Getränke sollten angeboten werden, aber kein Alkohol. Raucher und Nichtraucherzonen. Sitzecken zum Unterhalten."

Aber auch:

> „Für mich wäre nur ein sauberer Bus wichtig. Nichts weiter."
> „Ich will keine vollgekotzten Sitze, will keinen Partybus".
> „Ich will keine Werbung, möchte Videoschleifen, klassische Musik."

Nicht jede Kritik am bestehenden Service ist gleichermaßen ernst zu nehmen: Gerade die häufigen Nutzer geben oft die besten Noten auch in Hinblick auf Pünktlichkeit, Sauberkeit, Sicherheit und Informationsmöglichkeiten (mitunter aber auch die schlechtesten, das Spektrum der Urteile ist hier stark differenziert). Die Nichtnutzer hingegen tendieren zu eher durchgängig negativen Urteilen, wobei unklar bleibt, ob diese auf tatsächliche Erfahrungen oder Berichte Dritter zurückzuführen sind. In jedem Fall haben sie einen Einfluß auf die Entscheidung über das entsprechende Verkehrsmittelwahlverhalten. Diese Beobachtung lässt sich auch für den Aspekt Sicherheitsgefühl an Haltestellen bestätigen.

7.2.4 Nachtbus nutzen – wann und warum?

Nachtverkehr bedeutet „Weggehen – Disco/ Kneipe". Wird dieser Fahrtzweck auf die Nutzungsintensität umgelegt, so entsteht eine Drittelung: Ein Drittel aller, die nachts unterwegs sind, nutzt den Nachtverkehr nie, ein weiteres Drittel sehr selten und das letzte Drittel immerhin mindestens einmal im Monat. Auch Autonutzer ziehen die Nutzung des Nachtverkehrs in ihr Verhalten ein.

Selbst diejenigen, die angaben, immer mit dem Auto abendliche Freizeitaktivitäten zu unternehmen, greifen zu einem Drittel zumindest gelegentlich auf den Nachtbus zurück. Der Nachtverkehr erweist sich als spezifisches Angebot, auf das dann, wenn (noch) keine andere Möglichkeit zur Beförderung existieren, zurückgegriffen wird.

Was sind Umstiegsgründe? Die dichtere Taktzeit, Vermittlung eines höheren Sicherheitsgefühls (in Fahrzeugen und an Haltestellen), wozu sich vor allem weibliche Teilnehmer geäußert haben. Allerdings gehen die Gefahren zu einem erheblichen Teil von den Jugendlichen (Verhaltensweisen und Rivalitäten) aus. Das heißt aber auch, daß die Noch-nicht-Nutzer Maßnahmen als Verbesserung empfinden würden, die von faktischen Nutzern dann als Gängelung empfunden würden.

Es zeigt sich, dass der Mangel an Sicherheitsgefühl eher bei den Älteren (> 18) als Hemmnis empfunden wird, weniger bei den Jüngeren. Insofern wird die hier kundgetane Äußerung des häufigeren Nutzen des Nachtverkehrs bei dichteren Takten für diese Typen vermutlich zu keiner wirklichen Verhaltensänderung führen, wenn sie das Alter zum Führerscheinerwerb erreicht haben werden.

7.2.5 Unkonventionelle Angebote zur Nutzung von Bus und Bahn – wer will das?

Die bereits angesprochenen unkonventionelle Angebotsformen, die insgesamt auf verhaltenes Interesse stoßen, setzen sich aus folgenden Angeboten zusammen:

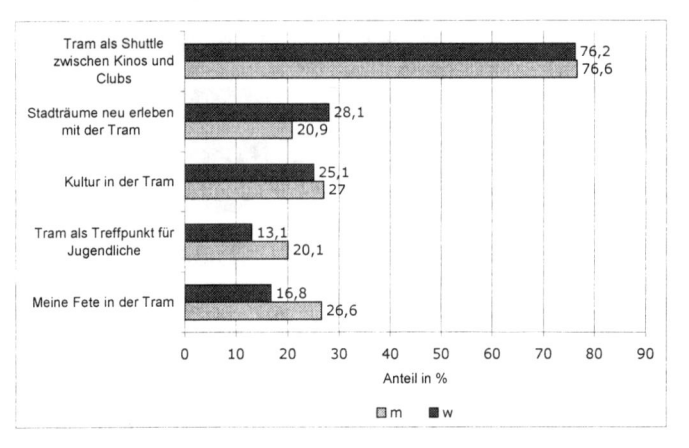

Angebot	m	w
Tram als Shuttle zwischen Kinos und Clubs	76,2	76,6
Stadträume neu erleben mit der Tram	28,1	20,9
Kultur in der Tram	25,1	27
Tram als Treffpunkt für Jugendliche	13,1	20,1
Meine Fete in der Tram	16,8	26,6

Abbildung 7.8: Erklärtes Interesse an der Nutzung neuer Angebote

Das von Verkehrsbetrieben entwickelte „Eventerlebnis"-ÖPNV durch unkonventionelle Angebote findet hier interessanterweise die geringste Resonanz.

Diese Erfahrung wird unterstützt auch durch die Auswertung der speziellen Bahn-Angebote, die im Rahmen von U.Move erhoben wurden. Auch dort wurde der Transport und nicht der „Event" betont: Es ist überall klar zu erkennen, dass das Angebot, welches am ehesten mit der eigentlichen Transportaufgabe zusammenfällt, auch die höchste Zustimmung (ca. 75 %) findet. Die anderen Angebote, z.B. Tram als Partyevent und Freizeit/ Tourismus, stehen seltener auf der Wunschliste der Jugendlichen. Die Antworten mögen allerdings auch dadurch beeinflusst sein, dass es in Berlin seit einigen Jahren die so genannte „Nacht der Clubs" gibt, bei denen mit Bussen ein Ringverkehr entlang der beliebtesten Clubs und Diskotheken der Stadt eingerichtet wird, mit einem pauschalen Gesamtticket für Eintritte und Fahrten.

Ob unkonventionelle Angebote als attraktiv beurteilt werden oder auch nicht, hängt auch vom Bildungsgrad und/ oder vom Alter ab. Party- und Treffpunktfunktion sind eher bei Jüngeren und einfacheren Bildungsstufen beliebt, Kultur und Stadterkundung eher bei den älteren Personen und Personen mit höherem Bildungsabschluß.

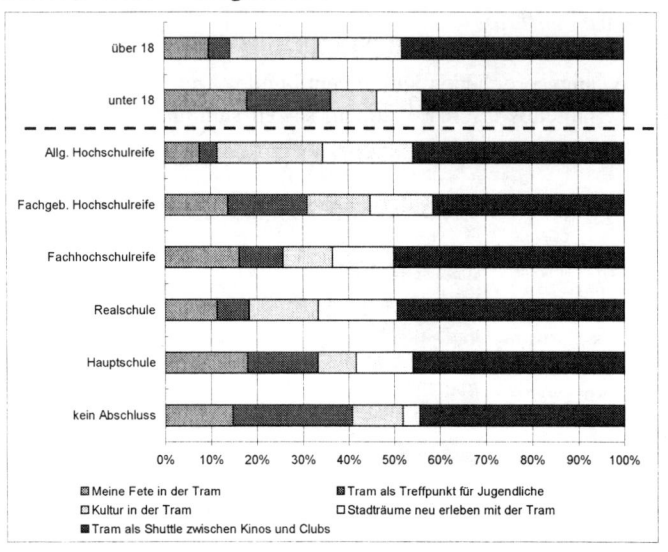

Abbildung 7.9: Erklärtes Interesse an der Nutzung neuer Angebote nach Bildungsstand und Alter

Bei den vertiefenden Interviews wurden die Wünsche an weitere Angebote des ViP im Nachtverkehr noch weiter detailliert. Während das Busfahren als Event wenig Interesse findet, werden vorwiegend Komfortaspekte genannt. Dazu gehört Musik im Nightrider nach der Disco genauso wie das Angebot von Getränken, aber kein Alkohol. Vorgeschlagen wird auch die Aufteilung des Busses in zwei Zonen, eine zum Feiern und eine zum Ausruhen je nach Stimmung, auch eine Toilette wäre gut. Manche Nachtbusnutzer oder -nutzerinnen dagegen möchten sich nur ausruhen und vor allem auch Ruhe vor anderen: kein „Anbaggern", keine Musik, dafür Schlafecken mit Entspan-nungsmusik über Kopfhörer und Weckdienst. Für die Haltestellen oder in den Bussen werden eine Art Grafittiwand mit Abrißbögen angeregt, so bekäme man den Vandalismus in Griff. Auch werden unterschiedliche Ansprüche an Hin- und Rückfahrt gestellt: Auf der Hinfahrt wären Getränke und Musik gut. Auf der Rückfahrt Entspannung und schnell nach Hause. Naturgemäß fehlt auf keiner Wunschliste: Der Bus müßte öfters fahren. Das Wichtigste aber ist die Streckenführung an allen Discos vorbei. Es sollte dann auch die Möglichkeit einer Weiterfahrt ab der Ausstiegshaltestelle organisiert werden (ein Wunsch, der zum Zeitpunkt der Befragung bereits realisiert war). Und: Der Fahrer sollte „flexibel die Fahrtroute organisieren".

Der Schwerpunkt der Jugendlichen liegt dabei auf der Gestaltung des Nachhausewegs. Das liegt auf der Hand, da die Hinfahrt in der Regel noch unter „Tagesbedingungen" organisiert werden kann. Dieses „notwendige Übel" der abendlichen Freizeitgestaltung ist ein kritisches Moment des Abends. Müde, erschöpft, teilweise mehr oder weniger stark alkoholisiert muss der Weg nach Hause bewältigt werden. Die Wünsche nach Verbesserungen gehen daher meist in die Richtung „Komfort und Ruhe", hierin spiegelt sich auch der Wunsch wider, chauffiert zu werden. An der Ausstiegshaltestelle ist dieses Komfortempfinden dann wieder dem typischen unbehaglichen Nachtgefühl gewichen, so dass die Alternativen zum Nachtbus auch bei Erfüllung der Sonderwünsche sicher bei nicht wenigen der hier Befragten bei der tatsächlichen Entscheidung zur Nutzung nur eine untergeordnete Rolle spielen werden.

7.3 Nachtverkehr in Dortmund: Auf dem Weg zu jugendspezifischen Angeboten am Beispiel Heiligabend und Silvester

Andrea Engelke & Christian Trapp

Um das zukünftige Verkehrsverhalten der Jugendlichen besser abschätzen zu können, wurden im ersten Teil des regionalspezifischen Teils des Fragebogens, der für den Raum Dortmund von den Dortmunder Stadtwerken erarbeitet wurde, Einstellungen zur Mobilität bei den Jugendlichen abgefragt, während sich der zweite Teil mit dem tatsächlichen Mobilitätsverhalten befaßte. In Hinblick auf aktuelle Planungen der Dortmunder Stadtwerke stand dabei die Frage im Vordergrund, ob es sinnvoll sei, den NachtExpress Heiligabend und Silvester „durchfahren" zu lassen, was auch aufgrund der Ergebnisse dieser Studie erstmalig im Jahr 2000 praktiziert wurde und infolge der tatsächlich gezählten Fahrgäste voraussichtlich auch zukünftig fortgeführt werden wird.

Insgesamt wurden für den Raum Dortmund 1.194 Fragebögen ausgewertet, die von genauso vielen Männern wie Frauen beantwortet wurden. Altersmäßig waren die drei Klassen der 17- bis 19jährigen, der 20- bis 24jährigen und der 25- bis 27jährigen annähernd gleich besetzt: 32,4 % der Befragten gehörten zur letztgenannten Altersgruppe, 34,1 % zur mittleren und 33,6 % zur erstgenannten. Anders verhielt es sich bei der Zugehörigkeit zu den im Projektverlauf herausgearbeiteten Lebensstiltypen: Bei den Ab-18jährigen, zu denen 66,2 % der für die Dortmunder Stadtwerke ausgewerteten Stichprobe zählen, dominierten mit gut 30 % deutlich Jugendliche in der „Übergangsphase", mit Abstand gefolgt von „Etablierten" und „Ökosensibilisierten"; bei den Unter-18jährigen dominierten hingegen mit knapp 30 % „ökosensibilisierte" sowie „distanzierte" Jugendliche, deren Anteil ebenfalls gut 27 % beträgt.

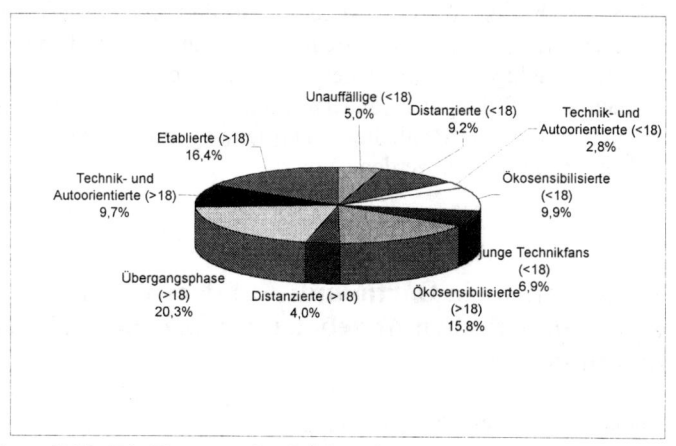

Abbildung 7.10: Die Dortmunder Stichprobe nach Mobilitätstypen

Von den befragten Jugendlichen im Raum Dortmund besitzt mit 52,1 % mehr als die Hälfte einen Führerschein, weitere 31,1 % möchten einen Führerschein erwerben; von denen wiederum sind über 50 % unter 18 Jahre alt. Bemerkenswert erscheint, daß unter diesen wiederum Jugendliche, die den „Ökosensibilisierten unter 18 Jahre" zugerechnet werden, die stärkste Gruppe bilden, würde man doch unterstellen, daß diese den Umweltverbund als Verkehrsträger vorziehen.

Unter den Ab-18jährigen stellen hingegen Jugendliche in der „Übergangsphase" die größte Gruppe derjenigen, die noch einen Führerschein erwerben möchten. Gerade diese Gruppe ist in Hinblick auf ihr Verkehrsverhalten nicht nur für die Dortmunder Stadtwerke von besonderem Interesse, ist sie doch noch am wenigsten auf bestimmte Verhaltensmuster in der Verkehrsmittelwahl festgelegt: Denn einerseits werden Busse und Bahnen von Jugendlichen dieser Gruppe häufig genutzt und es besteht eine gewisse Affinität zum ÖPNV, andererseits aber ist auch in dieser Gruppe der Wunsch groß, einen Führerschein zu erwerben.

Betrachtet man die Verkehrsmittelwahl unter dem Gesichtspunkt der Verfügbarkeit eines Fahrzeuges für die Jugendlichen, so ergibt sich folgendes Bild: Am häufigsten verfügen die befragten Jugendlichen mit 76 % über ein Fahrrad und fast 67 % können über ein Auto – das eigene oder das anderer Familienmitglieder bzw. von Feunden – verfügen, während nur rund 10 % überhaupt kein Fahrzeug zur Verfügung haben:

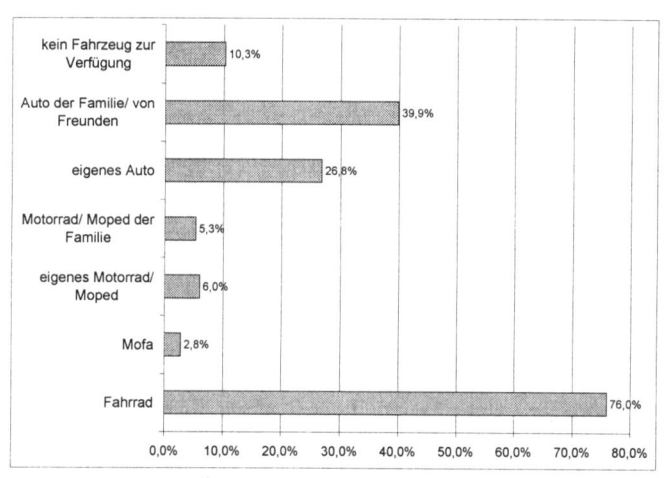

kein Fahrzeug zur Verfügung	10,3%
Auto der Familie/ von Freunden	39,9%
eigenes Auto	26,8%
Motorrad/ Moped der Familie	5,3%
eigenes Motorrad/ Moped	6,0%
Mofa	2,8%
Fahrrad	76,0%

Abbildung 7.11: Verfügbarkeit über Fahrzeuge

Wichtig in Hinblick auf gezielte Mobilitätsangebote für Jugendliche ist das Ergebnis, daß die befragten Jugendlichen sich in der Verkehrsmittelwahl und -kombination deutlich vom allgemeinen Durchschnitt unterscheiden: Denn während die Dortmunder Bevölkerung zu 58 % auf den PKW und nur zu 16 % auf Verkehrmittel des ÖPNV zurückgreift, liegt der Anteil der ÖPNV-Nutzung bei Jugendlichen wesentlich höher. Den höchsten Anteil weisen dabei die Fahrten zur Schule bzw. Universität auf, was sicherlich auf die Altersstruktur bei den Befragten zurückzuführen ist.

Die Anbindung ihrer Wohnlage an den ÖPNV beurteilen die Jugendlichen insgesamt als gut: 65,8 % der Befragten äußerten sich sehr bzw. ziemlich zufrieden und weitere 19,9 % noch als mittelmäßig zufrieden, während 14,3 % mit ihrer ÖPNV-Anbindung wenig bis gar nicht zufrieden sind. Dabei hängt der Grad der Zufriedenheit natürlich zusammen mit der Vorstellung, welche Wegezeit zum nächsten ÖPNV-Anschluß denn zumutbar sei. Für den Busanschluß halten 88,5 % der Jugendlichen eine Wegezeit von bis zu 10 Minuten für zumutbar, für den U-Bahn- bzw. Straßenbahnanschluß mit 86,4 % annähernd gleich viele sogar 15 Minuten Gehzeit – deutlich mehr, als in Dortmund im Einzugsgebiet der Dortmunder Stadtwerke in der Regel nötig; dort werden zur Erreichung der nächsten Bushaltestelle normalerweise nicht mehr als 4 Minuten benötigt, zur Erreichung der nächstgelegenen U- bzw. Straßenbahnhaltestelle 6 Minuten.

Doch die Nutzung von Verkehrsangeboten hängt nicht nur von materiellen Voraussetzungen ab, sondern auch von dem Informationsstand der (potentiellen) Kunden.

Informationsquelle	Anteil
Fahrplanheft	69,2%
Mobilitätszentrale	2,6%
Kundencenter	45,8%
Telefon-Hotline	26,6%
Internet	20,0%

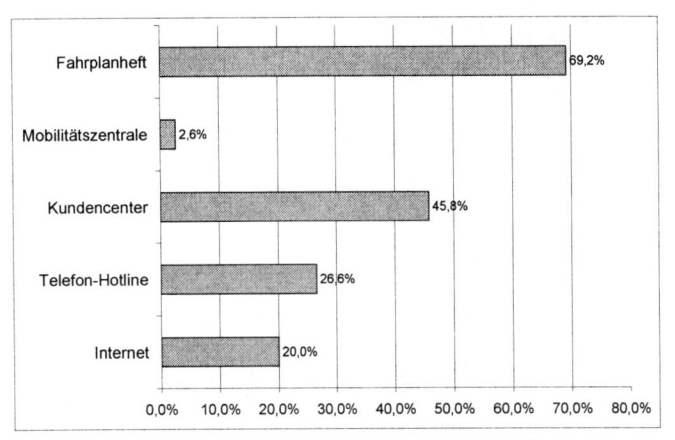

Abbildung 7.12: Die genutzten Informationsquellen zum ÖPNV-Angebot

So nutzen die Befragten zu gut 69 % das Fahrplanheft und zu fast 46 % ein Kundencenter, um sich über das ÖPNV-Angebot zu informieren. Die Nutzung der Telefon-Hotline und des Internetangebotes fallen demgegenüber mit annähernd 27 % bzw. 20 % deutlich ab, obwohl jeweils über 62 % angeben, diese Informationsmöglichkeiten zu kennen. Schließlich gaben fast 3 % der befragten Jugendlichen an, die Dienste einer Mobilitätszentrale in Anspruch zu nehmen, die es in Dortmund selbst allerdings (noch) nicht gibt; als ein mögliches Informationsangebot ist sie aber gut 42 % der Befragten bekannt und 64 % gaben an, ein solches Angebot auch nutzen zu wollen.

Schließlich war für die Dortmunder Stadtwerke noch von Interesse, inwieweit Ergänzungsangebote zum ÖPNV bekannt und auch genutzt würden. Die Möglichkeit der Fahrradmitnahme in Verkehrsmitteln des

ÖPNV ist zwar gut 74 % der Befragten bekannt, wird aber nur von annähernd 21 % auch genutzt. Deutlicher fällt die Diskrepanz zwischen Bekanntheit und Nutzung beim AnrufSammelTaxi aus (AST): Während dieses Angebot fast 63 % der Jugendlichen bekannt ist, nutzen es nach eigenen Angaben nicht einmal 5 %.

Als Mischform zwischen Ergänzung und Alternative zum ÖPNV kann das Carsharing betrachtet werden, das zwar fast 83 % der Jugendlichen bekannt ist, aber nur von 2 % tatsächlich in Anspruch genommen wird. Auf Nachfrage gaben zudem gut 81 % an, Carsharing auch zukünftig nicht nutzen zu wollen! Als Gründe wurde der Preis bzw. die Kosten, Umständlichkeit, aber auch ein allgemeines Desinteresse genannt.

Neben diesen allgemeinen Aussagen zum Verkehrsverhalten der Jugendlichen standen für die Dortmunder Stadtwerke aber auch ganz konkrete Fragen zur Gestaltung des Verkehrsangebotes im Vordergrund.

Gefragt, wie sie Heiligabend verbringen, antworteten 72,5 % der Jugendlichen in der Stichprobe, sie blieben zu Hause, während 16,4 % einen Mitternachtsgottesdienst besuchen und 14,6 % sich privat mit Freunden treffen wollen; 7 % der befragten Jugendlichen wollen in die Innenstadt.[6] Dabei stellen die „ökosensibilisierten" Jugendlichen über 18 Jahre zusammen mit den „Etablierten" den mit Abstand größten Teil derjenigen, die Heiligabend nicht zu Hause verbringen wollen.

Silvester hingegen wollen nur 19,1 % der befragten Jugendlichen zu Hause verbringen, während 11,2 % eine Großveranstaltung und 73 % eine organisierte Party besuchen wollen; in die Innenstadt wollen 11,1 % der befragten Jugendlichen.. Auch zu Silvester stellen „ökosensibilisierte" Jugendliche älter als 18 Jahre und „Etablierte" mit zusammen mehr als 60 % den größten Anteil an jenen, die beabsichtigen, die Nacht nicht zu Hause zu verbringen.

Welche Verkehrsmittel die befragten Jugendlichen dabei für ihre außerhäuslichen Aktivitäten zu nutzen gedenken, zeigt Abbildung 7.13. Auch bei dieser Frage waren Mehrfachnennungen möglich und der Gesamtwert der aufaddierten Einzelwerte von über 220 macht deutlich, daß im Schnitt mehr als zwei Verkehrsmittel zur Bewältigung der Strecken zwischen Start- und Zielpunkt gewählt werden. Unter den einzelnen Verkehrsmitteln führt aber das Auto mit klarem Abstand: Es wird von deutlich über der Hälfte der befragten Jugendlichen als Verkehrsmittel an Heiligabend und Silvester genannt.

---

6 Weil bei den 27,5% der befragten Jugendlichen, die angaben, nicht zu Hause zu bleiben, Mehrfachantworten möglich waren, ergänzen sich die Anteilswerte nicht zu 100%.

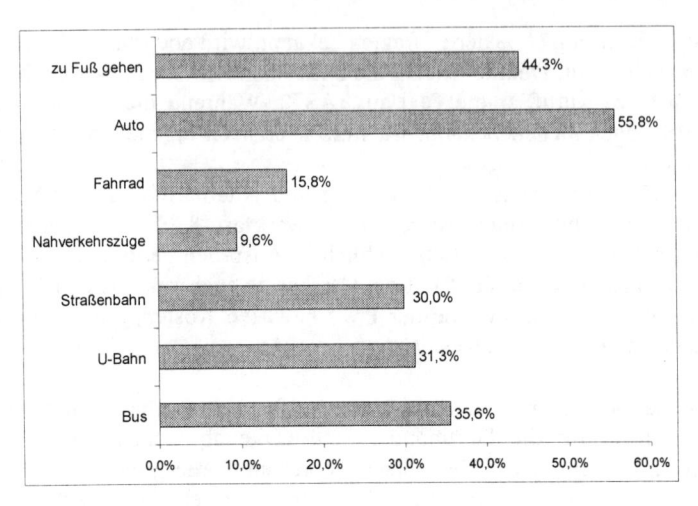

zu Fuß gehen	44,3%
Auto	55,8%
Fahrrad	15,8%
Nahverkehrszüge	9,6%
Straßenbahn	30,0%
U-Bahn	31,3%
Bus	35,6%

Abbildung 7.13: Die beabsichtigte Verkehrsmittelwahl zu Heiligabend und Silvester

Schlüsselt man die Abgaben zur Verkehrsmittelwahl auf nach Mobilitätstypen auf, so zeigt sich: Die Nutzung des Autos findet sich in allen Mobilitätstypen, verstärkt aber in der Gruppe der „Etablierten", wie auch „Zufußgehen" in allen Lebensstilgruppen häufig genannt wurde – mit Ausnahme der „Technik- und Autoorientierten" unter 18 Jahren. Jugendliche über 18, die der „Übergangsphase" zugeordnet wurden, sind hingegen besonders häufig unter den erklärten Bus-, U-Bahn- und Straßenbahnnutzern zu finden, während Nahverkehrszüge in besonderem Maße von den „Ökosensibilisierten" älter als 18 Jahre in Anspruch genommen werden.

Auf die Frage, ob die Jugendlichen den NachtExpress an Heiligabend und Silvester nutzen würden, wenn er durchführe, antworteten 35,6 % der Befragten mit Ja in Hinblick auf Heiligabend und 62,2 % mit Ja in Hinblick auf Silvester. Die deutlichste Zustimmung fand sich dabei in der Gruppe der „Ökosensibilisierten" älter als 18 Jahre und Jugendlichen aus der Gruppe der „Übergangsphase". Auch wenn es sich bei diesen Antworten um Absichtserklärungen handelt, die vom tatsächlichen Handeln deutlich abweichen können, sind schon jetzt unter den Nutzern des NachtExpress die beiden genannten Gruppen besonders stark vertreten. Einen Überblick über die beabsichtigte Nutzungshäufigkeit des NachtExpress unter den Befragten zeigt die folgende Abbildung 7.14:

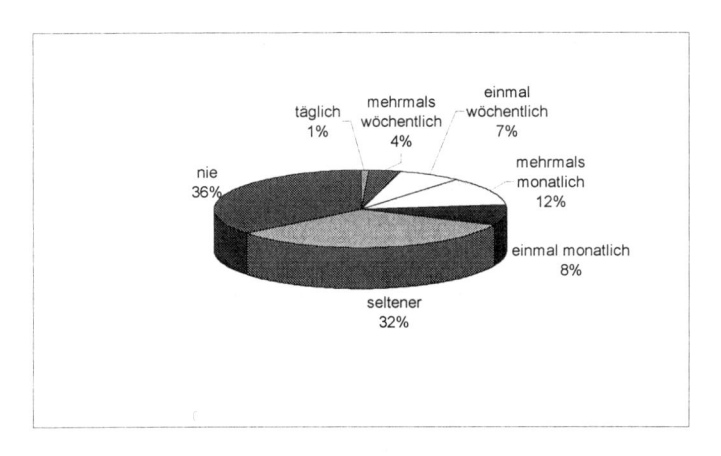

Abbildung 7.14: Nutzungshäufigkeit des NachtExpress-Angebotes

Alles in allem geben die Ergebnisse des regionalspezifischen Teils der Befragung in Dortmund einen deutlichen Einblick in die Verkehrsmittelwahl, das Verkehrsverhalten und die Verkehrseinstellungen Jugendlicher und runden die Erkenntnisse aus anderen Befragungen ab. Sie stellen damit wichtige Informationen für ein zielgruppenspezifisches Marketing zur Verfügung, das darauf zielt, eine hohe Affinität zum ÖPNV und zum Umweltverbund zu erzeugen und damit die Grundlagen für eine langfristige Kundenbeziehung zwischen Verkehrsmittelbetreiber und Jugendlichen zu schaffen. Erste Konsequenz aus dem U.Move-Projekt war die Durchführung einer Zukunftswerkstatt, in der Jugendliche Internetseiten „von Jugendlichen für Jugendliche" entworfen und realisiert haben; das Ergebnis ist unter www.generation-u.de im Internet zu finden. Ein weiteres Projekt, das die Nutzung eines Carsharing-Angebotes durch Führerschein-Neulinge fördern will, ist in Planung.

7.4 Bewertung und Nutzung der Mobilitätsdienstleistungen der Deutschen Bahn AG durch Jugendliche und junge Erwachsene

Susanne Endrulat & Marcel Hunecke

Im Rahmen von U.Move wurden 4.417 Jugendliche im Alter von 15 bis 26 Jahren aus vier deutschen Regionen befragt. Im folgenden Kapitel soll das Bahnnutzungsverhalten der Jugendlichen näher beleuchtet werden. In der Analyse werden folgende Fragen geklärt: Durch welche Merkmale lassen sich jugendliche BahnnutzerInnen charakterisieren? Welche Bedeutung kommt umweltbewussten Einstellungen bei der Entscheidung zu, die Bahn zu nutzen? Wie informieren sich Jugendliche über die Angebote der Bahn? Welche Bedeutung kommt hier speziell dem Informationsmedium Internet zu?

Als BahnnutzerInnen werden dabei jene Jugendliche definiert, die in der standardisierten Befragung zumindest bei einem der erfassten Verkehrszwecke (Ausbildungs- und Arbeitsweg, Weggehen mit Freunden, Tagesausflüge und Urlaubsreisen) angegeben haben, die Bahn gelegentlich und öfter zu nutzen.

7.4.1 Soziodemografie jugendlicher BahnnutzerInnen

Von den befragten Jugendlichen nutzen gut 70 % die Bahn zumindest gelegentlich. In den zwei städtischen Regionen Dortmund und Potsdam ist dieser Anteil mit 83 % bzw. 77 % erwartungsgemäß höher als in den beiden ländlichen Regionen Greifswald und Passau mit 65 % bzw. 62 %.

Insgesamt nutzen mehr weibliche als männliche Jugendliche die Bahn als Verkehrsmittel. So gaben 76 % der weiblichen Befragten an, die Bahn zumindest gelegentlich zu einem Zweck zu nutzen, aber nur 67 % der männlichen Befragten. Keinen gravierenden Einfluss auf die Wahl des Verkehrsmittels Bahn scheint dagegen das Alter zu haben, der Anteil der BahnnutzerInnen liegt sowohl bei den 15 bis 17jährigen als auch bei den 18 bis 26jährigen bei ca. 70 %.

Der Anteil der BahnnutzerInnen steigt deutlich mit dem Bildungsgrad. So zählen nur 65 % der Befragten mit erreichtem Hauptschulabschluss zu den BahnnutzerInnen, aber 73 % der Jugendlichen mit Fachhochschulreife und sogar 81 % mit Allgemeiner Hochschulreife. Bei dem angestrebten höchsten Schulabschluss lässt sich dagegen kein eindeutiger Zusammenhang zwischen Bildungsgrad und Bahnnutzung erkennen. Die Jugendlichen, die die Allgemeine Hochschulreife anstreben, nutzen zwar etwas häufiger die Bahn als jene, die die Fachhochschulreife zu erreichen suchen (74 % bzw. 70 %) und deutlich mehr als solche, die die Mittlere Reife anstreben (66 %), am höchsten ist der Anteil der BahnnutzerInnen jedoch bei den Befragten, die den Hauptschulabschluss erringen wollen (78 %).

Das verfügbare Monatseinkommen scheint im Allgemeinen keinen großen Einfluss auf die Wahl des Verkehrsmittels Bahn zu haben. Der Anteil der jugendlichen BahnnutzerInnen bleibt bis zu einem frei verfügbaren Einkommen von 1.500 DM konstant bei ca. 70 %, danach sinkt er dann allerdings auf 53 % bei den Jugendlichen, die über mehr als 2.000 DM im Monat verfügen.

Von größerer Bedeutung ist dagegen, ob die Jugendlichen noch zu Hause bei den Eltern leben oder schon ausgezogen sind. So nutzen 75 % der Jugendlichen, die nicht mehr zu Hause leben, die Bahn gegenüber nur 69 % derer, die noch bei den Eltern leben.

Bei einer genaueren Betrachtung des Fernverkehrs ergibt sich ein leicht verändertes Bild gegenüber der Gesamtnutzung der Bahn. Knapp 40 % der befragten Jugendlichen nutzen den Fernverkehr zumindest gelegentlich. Dieser Anteil ist in allen vier Untersuchungsregionen gleich hoch und differiert also nicht in ländlichen und städtischen Räumen.

Auch hier geben mehr weibliche als männliche Befragte an, die Bahn zu nutzen (42 % der Frauen gegenüber 37 % der Männer). Dem Alter kommt im Fernverkehr im Vergleich zur sonstigen Bahnnutzung eine größere Bedeutung zu. Hier geben 42 % der Ab-18jährigen an, die Bahn im Fernverkehr gelegentlich und öfter zu nutzen, gegenüber 34 % der Unter-18jährigen.

Der Zusammenhang zwischen Bahnnutzung und Bildungsgrad ist bei der Nutzung des Fernverkehrs noch eindeutiger als bei der Gesamtnutzung. So nutzen 55 % der Jugendlichen, die bereits die Allgemeine Hochschulreife haben, den Fernverkehr gelegentlich und öfter, gegenüber 34 % der Jugendlichen mit Mittlerer Reife und 30 % mit Hauptschulabschluss. Auch beim angestrebten Schulabschluss ist der Zusammenhang hier deutlicher: 38 % der Jugendlichen, die die Allgemeine oder Fachhochschulreife anstreben sind NutzerInnen, aber nur 25 % bzw. 29 % derer, die die Mittlere Reife bzw. den Hauptschulabschluss erreichen wollen.

Eine nicht unbedeutende Rolle nimmt die Höhe des monatlich verfügbaren Einkommens bei der Nutzung des Fernverkehrs ein. Nur die Jugendlichen, die über extrem wenig (unter 200 DM) oder aber extrem viel Geld (über 2.000 DM) im Monat verfügen, nutzen durchschnittlich seltener den Fernverkehr der Deutschen Bahn AG.

Einen großen Unterschied macht es weiterhin, ob die Jugendlichen noch zu Hause bei den Eltern wohnen. Hier geben nur 34 % der Befragten an, den Fernverkehr zu nutzen, gegenüber 49 % derer, die nicht mehr „zu Hause" wohnen.

7.4.2 Nutzungsverhalten der Jugendlichen bei Tagesausflügen und Fahrten in den Urlaub sowie der Einfluss des Umweltbewusstseins

Abseits der Verkehrszwecke Arbeit und Ausbildung und dem Weggehen mit Freunden ist die Bahn als Verkehrsmittel nur mäßig beliebt. So nutzen die befragten Jugendlichen bei Tagesausflügen bevorzugt das Fahrrad und das Auto. Hier ist vor allem der Pkw bei Mitfahrern sehr beliebt: Über 80 % der Befragten geben an, gelegentlich und öfter mit dem Auto bei einem Tagesausflug mitzufahren. Die Bahn nutzen insgesamt noch 34 % der Jugendlichen gelegentlich und öfter für einen Tagesausflug. Nicht so beliebt dagegen ist der DB-Fernverkehr – hier geben nur 11 % der Jugendlichen an, den Zug zu nutzen, dagegen sind es 76,3 %, die niemals einen Ausflug mit dem Fernverkehr machen. Hinsichtlich der Soziodemographie weichen die BahnnutzerInnen bei Tagesausflügen weder im Allgemeinen noch bei der Nutzung des Fernverkehrs von den Merkmalen der Gesamtgruppe der BahnnutzerInnen ab.

Im Urlaubsverkehr ist das Mitfahren im Auto ebenfalls mit Abstand die am häufigsten verbreitete Fortbewegungsart (76,9 % gelegentlich und öfter), gefolgt vom Urlaub im eigenen Auto (44,4 %) und dem Flugzeug (51 %). Bezieht man allerdings die verschiedenen Kombinationsmöglichkeiten mit ein, so nutzen auch 57 % der Jugendlichen die Bahn gelegentlich und öfter, um in den Urlaub zu fahren. Besonders beliebt ist der Zug in diesem Zusammenhang als Zubringer zum Flughafen – hier liegt der Anteil der NutzerInnen bei 28 %. Als alleiniges Fortbewegungsmittel nutzen 30 % der Jugendlichen den DB-Fernverkehr, um in den Urlaub zu fahren.

Eine weitere Frage bezieht sich auf die Bedeutung des Umweltbewusstseins für die Bahnnutzung. Auf Grundlage der Rohdaten sind über die Anwendung von Item- und Faktorenanalysen reliable und trennscharfe Messskalen entwickelt worden, mit denen sich unterschiedliche Aspekte des Umweltbewusstseins erfassen lassen. Korreliert man diese Einstellungen mit der Verkehrsmittelwahl (Kendalls-Tau-b), so zeigt sich, dass ökologischen Aspekten bei der Entscheidung für die Bahnnutzung nur eine untergeordnete Rolle zukommen. So korrelieren das ökologische Gewissen sowie die Umwelteinstellungen – wenn überhaupt – nur zu einem Wert kleiner als r = .01 mit der Bahnnutzung im Ausbildungs- und Arbeitsverkehr sowie beim Weggehen mit Freunden. In diesem Bereich ist anscheinend die symbolische Bewertung des Verkehrsmittels entscheidender. So korreliert die positive Bewertung des öffentlichen Verkehrs auf einem Niveau zwischen r = .10 bis r = .17 mit der Nutzung der S-Bahn im Ausbildungs- und Arbeitsverkehr sowie beim Weggehen mit der S-Bahn, dem DB-Nahverkehr und dem DB-Fernverkehr.

Größeren Einfluss haben dagegen ökologische Gesichtspunkte bei nicht alltäglichen Wegen, die weniger von Gewohnheiten geprägt sind. Bei Tagesausflügen und Urlaubsfahrten gibt es anscheinend eine bewusstere Auseinandersetzung mit der Verkehrsmittelwahl, denn hier finden sich stärkere Zusammenhänge zwischen Bahnnutzung und ökologischem Gewissen sowie Umwelteinstellungen (Korrelationen auf einem Niveau zwischen r = .11 bis r = .20). Auch hier ist die symbolische Bewertung der Verkehrsmittel von Bedeutung, denn es finden sich vergleichbare Zusammenhänge zwischen positiver Bewertung des ÖV und der Bahnnutzung (ebenfalls auf einem Niveau zwischen r = .11 und r = .20). Gleichzeitig findet sich bei Tagesausflügen und im Urlaubsverkehr ein negativer zwischen Wertschätzung des Autos und der Bahnnutzung.

Ein weiterer Analyseschritt widmet sich dem Zusammenhang der Bahnnutzung mit den ermittelten Mobilitätstypen. In U.Move sind für die Altersklassen 15 bis 17 sowie 18 bis 26 Jahre jeweils fünf Mobilitätstypen ermittelt worden, die sich anhand von Lebensstil-Merkmalen und mobilitätsbezogenen Einstellungen charakterisieren lassen.

Vergleicht man die verschiedenen Mobilitätstypen hinsichtlich ihrer Bahnnutzung insgesamt und differenziert nach den Verkehrszwecken Urlaub und Tagesausflug, so zeigen sich weitgehend erwartungskonforme Ergebnisse (vgl. Abb. 7.15-7.17).

So nutzen die Ökosensibilisierten, die sich durch ein ausgeprägtes ökologisches Gewissen sowie durch eine hohe Wertschätzung für den öffentlichen Verkehr auszeichnen, sowohl in der Gruppe der Unter-18jährigen als auch bei den Ab-18jährigen überdurchschnittlich häufig die Bahn als Verkehrsmittel (gestrichelte Linie kennzeichnet den Durchschnittswert). Bei den Ab-18jährigen spiegelt sich diese Tendenz noch stärker im Verhalten wider. Sowohl in der Bahnnutzung insgesamt, als auch bei der Nutzung der Bahn für Tagesausflüge und Urlaub sind die Ökosensibilisierten ab 18 Jahren stets die Gruppe mit der höchsten Nutzung.

Ebenso entspricht den Erwartungen, dass die Gruppen der Auto- und Technikorientierten unter und ab 18 Jahren sowohl insgesamt als auch im Urlaubsverkehr und bei Tagesausflügen die Bahn eher selten nutzen.

Schließlich sehen die Auto- und Technikorientierten keinen Zusammenhang zwischen Verkehrsmittelwahl und Umwelt und lehnen den ÖV im gleichen Maße ab, wie sie den Pkw wertschätzen.

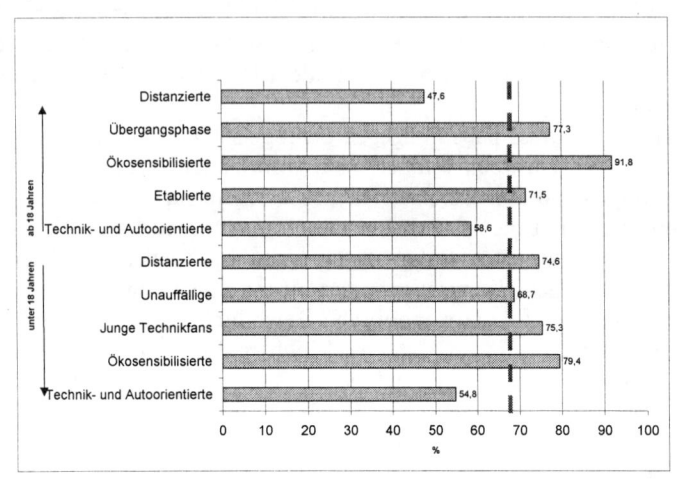

Abbildung 7.15: Anteil BahnnutzerInnen insgesamt

Auch die Distanzierten ab 18 Jahren nutzen die Bahn durchschnittlich weniger. Dies gilt sowohl für die Bahnnutzung insgesamt, als auch für den Urlaubsverkehr und für Tagesausflüge. Zwar hat das Auto für diese Personen nicht so eine hohe Symbolkraft wie bei den Auto- und Technikorientierten, jedoch zeichnet sich dieser Mobilitätstyp durch die höchste Pkw-Verfügbarkeit aller ermittelten Mobilitätsstile aus (68,3 %). Desweiteren ist die Ablehnung bei diesem gegenüber dem öffentlichen Verkehr sehr stark ausgeprägt.

Ein etwas differenzierteres Bild geben dagegen die Distanzierten unter 18 Jahren ab, die im Gegensatz zu den Distanzierten ab 18 Jahren eine leicht überdurchschnittliche Bahnnutzung aufweisen. Das ökologische Gewissen ist bei den Unter-18jährigen allerdings ähnlich gering und die Ablehnung gegenüber dem ÖV ähnlich stark wie bei den Ab-18jährigen ausgeprägt. Neben der fehlenden Pkw-Verfügbarkeit unterscheiden sich diese beiden Gruppen auch in ihrem Wohnort. So wohnen die Unter-18jährigen Distanzierten im Gegensatz zu den ländlich geprägten Ab-18jährigen häufiger in den Städten, wo der ÖV und die Bahn in der Alltagsgestaltung gute Fortbewegungsmöglichkeiten bereitstellt. Hat der Distanzierte unter 18 Jahren allerdings andere Alternativen, wie z.B. bei der Fahrt in den Urlaub, so fällt der Anteil der Bahnnutzung unter den Durchschnitt.

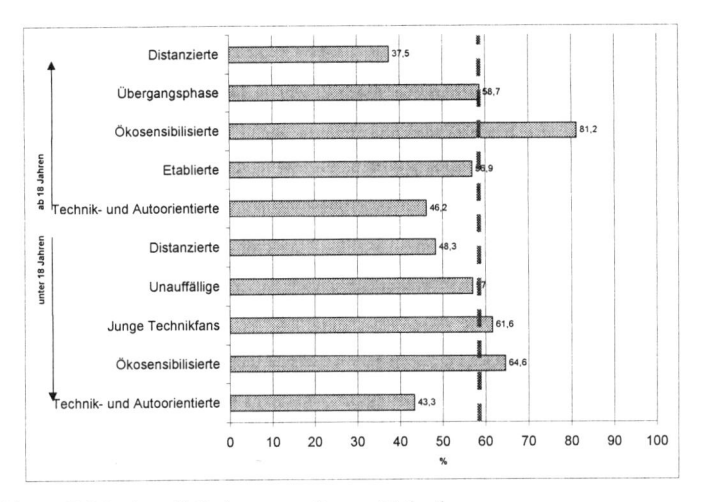

Abbildung 7.16: Anteil BahnnutzerInnen Urlaub

Beim Etablierten wird deutlich, dass eine hohe Pkw-Verfügbarkeit nicht unbedingt mit einer unterdurchschnittlichen Bahnnutzung einhergehen muss.

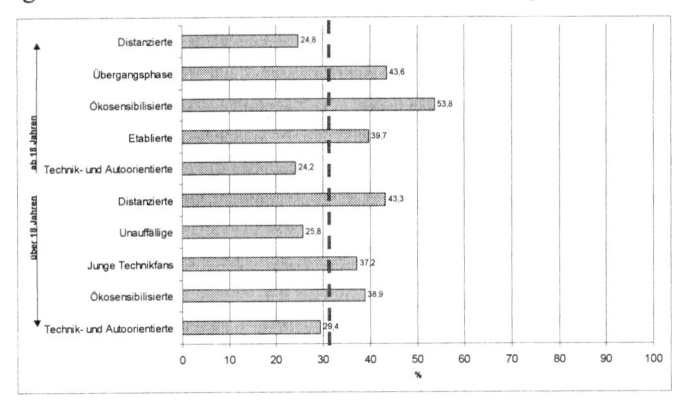

Abbildung 7.17: Anteil BahnnutzerInnen Freizeit

Mit knapp 62 % verfügt dieser Typ ähnlich häufig über einen eigenen Pkw wie die Auto- und Technikorientierten ab 18 Jahren (64,9 %) und die Distanzierten ab 18 Jahren (68,3 %), während der Anteil der BahnnutzerInnen sowohl insgesamt als auch im Urlaubsverkehr und bei Tagesausflügen genau im Durchschnitt liegt. Im Gegensatz zu den beiden genannten Gruppen hat der eigene Pkw für diese Gruppe keine sehr hohe Symbolfunktion und auch die Ablehnung gegenüber dem öffentlichen Verkehr ist nicht sehr stark ausgeprägt. Die Etablierten sind somit eher aus pragmatischen Gründen Pkw-NutzerInnen, d.h. auch wenn sie über ein eigenes Auto verfügen, nutzen sie die Bahn, wenn es ihnen praktischer erscheint.

7.4.3 Nutzung verschiedener Medien zur Gewinnung von Informationen über die Angebote der Deutschen Bahn AG

Um Informationen über die Angebote der Deutschen Bahn AG zu erlangen, nutzen die befragten Jugendlichen überwiegend die 'etablierten' Angebote des Fahrplanheftes (59,5 %), des Reisezentrums bzw. ServicePoints (42,5 %), der Zeitung (28,5 %) sowie der Telefon-Hotline (27,1 %). 26 % der Befragten gaben an, auch zukünftig das Reisezentrum bzw. den ServicePoint nicht nutzen zu wollen, da diese als zu umständlich und zeitaufwendig beurteilt werden. Die Telefon-Hotline würden 45 % der Jugendlichen nicht nutzen, da diese ebenfalls zu umständlich, vor allem aber zu teuer ist.

Das Internet und die neuen Ticket-Automaten werden von gut 20 % der Jugendlichen genutzt. Gut 60 % der Befragten geben an, sie würden das Internet wahrscheinlich in Zukunft nutzen. Das mit Abstand größte Hemmnis ist hier der Preis gefolgt von der Umständlichkeit. Bei den neuen Ticket-Automaten sind es sogar 75 % der Jugendlichen, die ein vorhandenes Angebot nutzen würden. Auch hier ist die umständliche Handhabung ein wichtiges Hemmnis, gefolgt von der Unzuverlässigkeit der Automaten.

Nicht sehr beliebt ist die Möglichkeit des Fax-Abrufs, die zwar 68 % der Jugendlichen kennen, aber nur 3,5 % nutzen. Knapp 72 % würden dieses Angebot auch zukünftig nicht nutzen, da es als umständlich und teuer empfunden wird.

Weniger bekannt und von daher auch kaum genutzt ist die Informationsbeschaffung über einen Personal Travel Assistant sowie über Mobilitätszentralen, die nur von 3,6 % bzw. 2,3 % der Befragten genutzt werden. Knapp 70 % gehen davon aus, dass sie auch zukünftig keinen Personal Travel Assistant nutzen würden, was vor allem mit dem hohen Preis begründet wird. Die Mobilitätszentrale würden dagegen 66 % der Jugendlichen nutzen. Gegen diese spricht in erster Linie, dass sie zu umständlich und zu zeitaufwendig sind.

Bei einer Analyse möglicher Zusammenhänge zwischen der Nutzung neuer Informationsangebote und personenbezogenen Merkmalen finden sich wenig relevante Ergebnisse. Die deutlichsten Zusammenhänge zeigen sich hier noch zu den symbolischen Bewertungen der einzelnen Verkehrsträger. So findet sich bei Personen, die den öffentlichen Verkehr und den Radverkehr positiv bewerten, ein leicht positiver Zusammenhang mit der Nutzung des Internets zur Informationsgewinnung über die Bahn ($r = .04$ bzw. $r = .08$), während sich bei Personen, die das Auto positiv und das zu Fuß gehen negativ bewerten, leicht negative Zusammenhänge ($r = -.07$ bzw. $r = -.05$) finden.

Auch zwischen ökologischen Einstellungen wie dem ökologischen Gewissen und den allgemeinen Umwelteinstellungen lässt sich nur ein leichter Zusammenhang zu der Nutzung neuer Informationsangebote wie dem Internet und neuer Ticket-Automaten nachweisen ($r = .06$ bis $r = .09$).

Die personenbezogenen Einstellungen haben also insgesamt nur einen geringen Einfluss auf das Informationsverhalten. Nur bei Personen, die angeben ihre Freizeit am Computer zu verbringen, findet sich ein deutlicherer Zusammenhang zur Internet-Nutzung ($r = .244$). Die Zugehörigkeit zu bestimmten Jugendkulturen und das Freizeitverhalten zeigen keine Zusammenhänge zur Internet-Nutzung. Soziodemografische Merkmale sind an dieser Stelle von größerer Bedeutung. So nimmt der Anteil von Personen, die das Internet zur Informationsgewinnung über die Bahn nutzen, mit dem Alter stark zu. Während nur 13,6 % der Befragten mit 15 Jahren angeben, das Internet zu nutzen, so sind es mit 22 Jahren schon 27,5 % und mit 26 Jahren sogar 33,4 %. Vermutlich sind diese Ergebnisse darauf zurückzuführen, dass die Verfügbarkeit über einen eigenen PC mit steigendem Alter auch zunimmt.

Ebenso besitzt der Bildungsgrad einen großen Einfluss. So nutzen nur 11,3 % der Jugendlichen mit Hauptschulabschluss und 12,7 % der Jugendlichen mit Realschulabschluss das Internet, aber 39,5 % der AbiturientInnen. Ebenfalls von Bedeutung ist das verfügbare monatliche Einkommen. Nur 12,3 % der Jugendlichen mit einem Einkommen von bis zu 100 DM nutzen das Internet, bei Jugendlichen mit bis zu 500 DM monatlich sind es bereits knapp 25 % und bei einem Einkommen von bis zu 1.500 DM gar knapp 31 %. Das größte Hemmnis „Preis" nimmt also folgerichtig mit steigendem Einkommen ab.

Betrachtet man das Informationsverhalten aus der differenzierteren Perspektive der Mobilitätstypen, so werden die Etablierten und die Ökosensibilisierten ab 18 Jahren auffällig. Wie schon oben beschrieben, werden vor allem die „klassischen" Medien wie Fahrplanheft, Zeitung und Reisezentrum/ ServicePoint am häufigsten genutzt. Bei acht der zehn Mobilitätsstile ist es das Fahrplanheft, welches am häufigsten konsultiert wird, nur die Ökosensibilisierten ab 18 Jahren und die Etablierten ziehen das Reisezentrum vor.

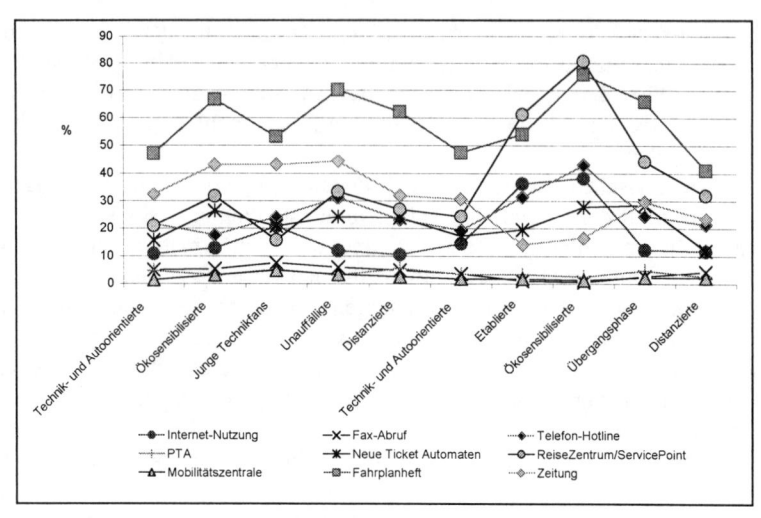

Abbildung 7.18: Nutzung verschiedener Informationsquellen

Auch sonst weicht das Informationsverhalten dieser beiden Gruppen von den anderen Gruppen stark ab. So nutzen diese vermehrt die Telefonhotline und das Internet, aber wesentlich seltener die Zeitung. Dieses kann als Zeichen dafür gedeutet werden, dass diese Gruppen variierende und komplexere Wege mit der Bahn zurücklegen als ihre Altersgenossen, so dass eine interaktive Beratung – sei es persönlich, telefonisch oder auch per Internet – benötigt wird.

Die Ökosensibilisierten unter 18 Jahren, deren Bahnnutzungsverhalten – wenn auch auf niedrigerem Niveau – dem der älteren Ökosensibilisierten ähnelt, zeigen dagegen ein gänzlich anderes Informationsverhalten als die ältere Gruppe. Dieser Befund beweist, dass einem ähnlichen Fahrverhalten nicht unbedingt ein entsprechendes Informationsverhalten zu Grunde liegen muss.

Betrachtet man die Möglichkeit der Internet-Nutzung zur Informationsgewinnung, so wird offensichtlich, dass entgegen der Erwartung nicht die Technikorientierten oder die Technikfans dieses Angebot verstärkt nutzen. Stattdessen sind es wiederum die Ökosensibilisierten ab 18 Jahren und die Etablierten mit Nutzungsanteilen von 36 % bzw. 38 %, die von diesem Angebot am stärksten Gebrauch machen. Damit muss die Annahme einer starken Technikorientierung als Voraussetzung für die Internet-Nutzung zurückgewiesen werden. Die Etablierten weisen nämlich keine auffällige Technikorientierung auf, während die Ökosensibilisierten über 18 Jahren der technischen Entwicklung sogar sehr skeptisch gegenüber stehen. Die technikbegeisterten Mobilitätstypen (Auto- und Technikorientierte unter und ab 18 Jahren, junge Technikfans) erreichen in diesem Zusammenhang nur Nutzungsanteile zwischen 11 % und 21 %. Stattdessen zeigt sich, dass es vor allem die älteren und besser gebildeten Jugendlichen sind, die das Internet überproportional häufig nutzen. Diese Jugendlichen finden sind dementsprechend auch am häufigsten in den beiden Mobilitätstypen der Ökosensibilisierten ab 18 Jahren und der Etablierten.

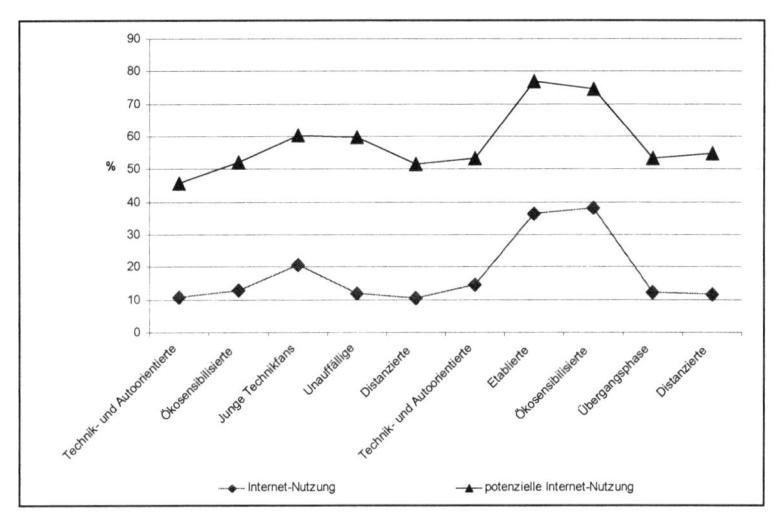

Abbildung 7.19: Vergleich der tatsächlichen mit der potentiellen Internetnutzung.

Auch bezüglich der zukünftigen Nutzung des Internets signalisierten die Ökosensibilisierten ab 18 Jahren und die Etablierten die größte Zustimmung. Im Vergleich hierzu fallen die Anteile der technikorientierten Mobilitätstypen wiederum bedeutend geringer aus.

8 Mobilität von Jugendlichen und jungen Erwachsenen

Marcel Hunecke, Claus J. Tully & Sebastian Rabe

Fasst man die auf den vorangegangenen Seiten dargestellten Befunde zum Mobilitätsverhalten von Jugendlichen und jungen Erwachsenen in pointierter Form zusammen, so ist eine starke Verdichtung der Ergebnisse notwendig. Die getroffene Auswahl orientiert sich dabei in erster Linie an einer planungspraktischen Perspektive und versucht, Empfehlungen für die Verkehrs- und Mobilitätsplanung abzuleiten, die sich an Akteure aus unterschiedlichen gesellschaftlichen Bereichen und Professionen richten: An Politiker und Planer in Verkehrsunternehmen und Kommunen, ebenso an Marketingexperten und Wissenschaftler, die mobilitätsbezogene Interventionsmaßnahmen evaluieren. Sechs Teilbereiche lassen sich bezüglich der Ergebnisse von U.Move differenzieren, auf die im Folgenden näher eingegangen wird: Die alltägliche Mobilitätspraxis von Jugendlichen und jungen Erwachsenen, der Einfluss von umweltbezogenen Einstellungen auf das Mobilitätsverhalten, der Zusammenhang zwischen Technikorientierungen und Mobilitätsverhalten, die Akzeptanz und Nutzung von Mobilitätsdienstleistungen, methodische Empfehlungen für die zukünftige Mobilitätsforschung und eine abschließende Hypothese zur Altersabhängigkeit von Mobilitätstypen.

8.1 Alltägliche Mobilitätspraxis

Die Mobilität im Alltag ist vielfältig und hochgradig differenziert. Die Mobilitätspraxis unterscheidet sich jeweils danach, ob junge Frauen oder junge Männer, jüngere oder ältere Jugendliche bzw. junge Erwachsene, ob Wochentage oder das Wochenende betrachtet werden. Jugendliche und junge Erwachsene sind dabei überdurchschnittlich häufig unterwegs. Sie legen an Wochentagen durchschnittlich 4,0 und am Wochenende 3,17 Wege zurück.[1]

---

1 vgl. Kapitel 6.2.1 in diesem Band zur „Wegeanzahl"

Außerdem steigt die Weganzahl innerhalb des untersuchten Altersauschnitts weiter an. So bewältigen die 23- bis 26jährigen Werktags 4,43 und am Wochenende 3,77 Wege. Bei der Verkehrsmittelwahl überwiegt wochentags der Umweltverbund, was sich auf eine höhere Anzahl von routinisierten Pflichtwegen zu Ausbildungszwecken erklären lässt. Dagegen zeigt sich am Wochenende eine deutliche Dominanz des MIV.[2] Entsprechend den Erwartungen ist in den ländlichen Regionen ein höherer Anteil des MIV zu beobachten (54 %) als in den städtischen Regionen (43 %); diese Stadt/Land-Differenz fällt aber geringer aus als erwartet. Die größten Unterschiede zwischen Stadt und Land finden sich bei der Nutzung von Bussen und Bahnen. Hier schlägt sich die geringere Angebotsdichte im ländlichen Raum deutlich nieder, wo Busse und Bahnen in der Woche nur bei rund jedem zehnten und am Wochenende bei jedem dreißigsten Weg das präferierte Verkehrsmittel darstellen. In den untersuchten städtischen Regionen werden immerhin 12 % der Wege mit Bus und Bahn und weitere 10 % mit Hilfe von Kombinationen innerhalb des Umweltverbundes zurückgelegt; außerdem sinkt dort die Zahl der Nutzer von Bus und Bahn am Wochenende nicht nennenswert.[3]

Trotz ihrer überdurchschnittlichen Weganzahl zeigen die Jugendlichen und jungen Erwachsenen vergleichsweise einfache Mobilitätsmuster, da sich zahlreiche Wege durch eine einfache Start-Ziel-Relation beschreiben lassen. Komplizierte Wegeketten, die hohe logistische Anforderungen an die Verkehrssysteme stellen, sind eher selten bei Jugendlichen zu beobachten. Damit ist eine grundsätzliche Voraussetzung dafür erfüllt, dass die Mobilitätsansprüche von Jugendlichen und jungen Erwachsenen auch mit Angeboten des öffentlichen Verkehrs bedient werden können. Sie fallen mit ihren Wegebeziehungen nicht „aus allen Fahrplänen" heraus und müssen daher als Zielgruppe für den öffentlichen Verkehr ernst genommen werden. Als häufigste Wegekette findet sich bei den Jugendlichen in knapp 20 % der Fälle ein Arbeits- und Ausbildungsweg, an dem sich der Besuch von Geschäften und Einkaufspassagen anschließt. Das Einkaufen an Werktagen scheint daher für Jugendliche und junge Erwachsene offenbar weniger eine Versorgungs- denn eine Freizeitbeschäftigung darzustellen, mit der sie sich von der Arbeit oder der Ausbildung erholen.[4]

Kombinationen von Verkehrsmitteln auf einem Weg finden sich bei Jugendlichen und jungen Erwachsenen relativ selten. Während bei immerhin 4 % der Wege eine kombinierte Nutzung von Verkehrsmitteln innerhalb des

---

2 vgl. Kapitel 6.3.1 „Welche Verkehrsmittel werden genutzt"
3 vgl. Kapitel 6.3.2 zu „Verkehrsmittelwahl im städtisch und ländlich geprägten Raum: Wer fährt wo und wie?"
4 vgl. Kapitel 6.2.3 zu „Wegeketten"

Umweltverbundes stattfindet, lässt sich keine nennenswerte Kombination zwischen den Verkehrsmitteln des ÖV und des MIV beobachten. Gleichzeitig lassen sich die Jugendlichen mit Ausnahme der auto- und technikorientierten Mobilitätstypen nicht auf ein Verkehrsmittel festlegen. Auf unterschiedlichen Wegen werden auch unterschiedliche Verkehrsmittel eingesetzt. Damit agieren die Jugendlichen zwar multimodal, intermodale Verkehrsteilnehmer sind sie aber keineswegs. Hier wird deutlich, dass Multimodalität eine notwendige, aber keine hinreichende Bedingung für ein intermodales Mobilitätsverhalten darstellt. Dies ist in erster Linie auf den erhöhten Organisationsaufwand für intermodal angelegte Wege zurückzuführen, der deshalb entsteht, weil verschiedene Verkehrsträger mit verschiedenen Angeboten von den Nutzerinnen und Nutzern synchronisiert werden müssen. Das Kernproblem liegt also in der Abstimmung der einzelnen Verkehrsträger bezüglich einer nutzergerechten Gestaltung von Informationsangeboten. Für die Förderung intermodaler Formen des Mobilitätsverhaltens empfiehlt es sich daher, den Fokus von Angeboten zuerst auf routinisierte Wege zu konzentrieren, die sich durch einen niedrigeren Planungsaufwand auszeichnen.

Innerhalb der Verkehrsträger des Umweltverbundes kommt „den Füßen" eine besondere Bedeutung zu. So liegt der Anteil der Fußwege, unbeeinflusst davon, ob Werk- oder Wochenendtage, Land- oder Stadtregionen betrachtet werden, immer bei knapp über 20 %.[5] Angesichts der Tatsache, dass die Fußwege die tragende Säule des Umweltverbundes darstellen, fällt nun den Städten und Gemeinden die Aufgabe zu, den Umweltverbund durch attraktive und durchgängige Fußwegnetze zu stärken. Eine denkbare Maßnahme ist etwa die geschickte Anlage von Stadtteilverbindungen; auch sichere, attraktive, kleinräumige, gepflegte und abseits von Hauptstraßen laufende Fußwegnetze können Fußwege attraktiv machen. Ästhetisch ansprechende und fußgängerfreundliche Boulevards sind ebenso geeignet, den Fußverkehr auch sichtbar aufzuwerten. Die Realisierung solcher Maßnahmen ist mit vergleichsweise geringen Kosten verbunden und kann dazu beitragen, dass dem bisher auch in der Verkehrsforschung wenig beachteten Fußverkehr in Zukunft eine größere Aufmerksamkeit gewidmet wird.

---

5 vgl. Kapitel 6.3.3 zur „Verkehrsmittelwahl nach Altersgruppen"

8.2 Einfluss von umweltbezogenen Einstellungen auf das Mobilitätsverhalten

Aus umweltpolitischen Gründen und dem sich aus ökologischer Sicht ergebendem Handlungsbedarf wurde Mobilität, anders als in den Phasen der Nachkriegs- und Wiederaufbauphasen, zu einem politisch bedeutsamen Thema. Vermittelt über den politischen und wissenschaftlichen Diskurs haben die ökologischen Auswirkungen der Mobilität Eingang in den Jugendalltag gefunden und so zu einem grundlegenden ökologischen Problembewusstsein bei Jugendlichen und jungen Erwachsenen geführt. Hierbei unterscheiden sich Jugendliche aus Ost- und Westdeutschland ebenso wenig wie Jugendliche aus ländlichen und städtischen Regionen. Dabei ist ökologisches Problembewusstsein jedoch kein besonderes Merkmal der Befragten an sich, sondern findet sich in allen Altersgruppen der Bevölkerung. Die Ergebnisse von U.Move deuten ganz im Gegenteil darauf hin, dass das Problemfeld Verkehr und Ökologie – wie übrigens das gesamte Themenfeld Ökologie – bei den Jugendlichen im Vergleich zu älteren Bevölkerungsgruppen an Bedeutung verliert.[6] Umweltbezogene Einstellungen und Normen sind gegenwärtig am stärksten in der Generation der Ab-30jährigen anzutreffen. Daher werden zukünftig einige Anstrengungen notwendig sein, die Ökologie- und Nachhaltigkeits-Thematik im Bewusstsein der nachfolgenden Generationen zu verankern.

Selbst diejenigen Personen, die sich durch ein hohes Umweltbewusstsein auszeichnen, verhalten sich nicht konsistent umweltschonend. Letztlich stellt – neben den Einstellungen – der zu leistende Verhaltensaufwand die wesentliche Voraussetzung dafür dar, dass umweltschonendes Verhalten auch tatsächlich praktiziert wird. Dieser in der sozial- und verhaltenswissenschaftlichen Umweltforschung vielfach abgesicherte Befund lässt sich auch anhand der Ergebnisse von U.Move für die Gruppe der Jugendlichen und jungen Erwachsenen bestätigen. Jugendliche sind zwar umweltsensibel und kenntnisreich in Sachen Umwelt – in Hinblick auf ihr Mobilitätsverhalten agieren sie allerdings inkonsistent. Die stärksten Einflussfaktoren der Verkehrsmittelwahl stellen nicht personenbezogene Einstellungen dar, sondern Raumstruktur und MIV-Verfügbarkeit.[7]

Leider bieten die individuumsexternen Einflussfaktoren „Raumstruktur" und „MIV-Verfügbarkeit" keine unmittelbaren Ansatzpunkte für Verände-

---

6 vgl. Kapitel 3.4 zu „Deskriptive Ergebnisse zu den ökologiebezogenen Einstellungen und den symbolischen Dimensionen der Mobilität"
7 vgl. Kapitel 3.5 „Die Erklärung des Mobilitätsverhaltens durch individuumsinterne und individuumsexterne Einflussfaktoren"

rungen in der Verkehrsmittelwahl. Die Verfügbarkeit von Pkws durch steuerliche Maßnahmen so einzuschränken, dass sich nur noch wenige Menschen in Deutschland das Autofahren leisten können, wird ebenso wenig gelingen wie die Transformation der gegenwärtig vorherrschenden, entfernungs- und geschwindigkeitsintensiven Raumstruktur in eine nachhaltige Form. Selbst für den Fall, das dieses gelingen würde, würde dieser Prozess mehrere Jahrzehnte dauern. Daher bieten sich als kurzfristig aktivierbare Ansatzpunkte zur Verhaltensänderung in erster Linie Angebote im Bereich von Mobilitätsdienstleistungen an, die zum einen den Verhaltensaufwand für den Nutzer möglichst gering halten und die zum anderen mit den Einstellungen der potenziellen Nutzergruppen vereinbar sind. In diesem Zusammenhang kommt den Einstellungen erneut eine wichtige Bedeutung zu: Letztlich entscheiden sie darüber mit, welche Angebote als passend und akzeptabel angesehen werden. An dieser Stelle können die Ergebnisse von U.Move wichtige Hinweise dafür liefern, wie die Thematik „Ökologie" in public awareness Kampagnen berücksichtigt werden kann.

So gilt der Pkw bei fast allen Befragten als ein fester Bestandteil ihrer Alltagsmobilität. Diese Haltung ist unabhängig davon, ob schon selbst Auto gefahren wird oder aufgrund des Alters noch kein Führerschein erworben werden konnte. Damit lässt sich die ökologische Problematik nicht durch eine Beschränkung des gegenwärtigen Autoverkehrs lösen. In den Begründungs- und Rechtfertigungsmustern der Jugendlichen und jungen Erwachsenen zeigen sich drei Strategien zur Bewältigung dieses Konfliktes.[8] Praktisch allen Befragten erscheinen technologische Lösungen attraktiv, die keine Verhaltensänderungen notwendig machen und trotzdem die Umweltbelastungen reduzieren. Die zweite Strategie spricht die Notwendigkeit von Verhaltensänderungen im Bereich der Verkehrsmittelwahl an. Hierbei wird stark auf öffentliche Verkehrsmittel fokussiert, die nur dann als eine attraktive Alternative zum MIV gelten, wenn sich ihre Kosten-Nutzen-Relationen deutlich verbessern. Eine kleine Gruppe der Befragten weist als dritte Strategie auf die persönliche Verantwortung für eine umweltschonende Verkehrsmittelwahl hin, die Elemente der Selbstkontrolle und -beschränkung beinhaltet. Diese Haltung wird aber nur auf die eigene Person bezogen und kann anderen Personen nicht verordnet werden.

Hier zeigt sich die Notwendigkeit, die unterschiedlichen Mobilitätstypen zu differenzieren. So wird der Pkw und der MIV zwar von keinem der Mobilitätstypen grundsätzlich in Frage gestellt. In Bezug auf die Ausprägung einer persönlichen Verantwortungsübernahme für die Umwelt zeigen sich aber bedeutsame Unterschiede: Die ökologische Verantwortung ist bei den

---

8 vgl. Kapitel 5.5.1 „Wie kann die verkehrsbedingte Umweltbelastung reduziert werden? – Differenzierung der Argumentationsweisen"

„Ökosensibilisierten" am stärksten ausgeprägt. Ihre Aussagen in den vertiefenden Interviews gründen auf einem tieferen Verständnis des Problemzusammenhangs, welches über das von den meisten anderen Typen benutzte Schema: „Viele Autos = viele Abgase = schlechte Luft" entscheidend hinausgeht. Je weniger die Befragten sich der eigenen Verantwortung stellen (wie z.B. die „Technik- und Autoorientierten", die „Distanzierten" oder die „Etablierten"), desto mehr fokussieren sie auf externe Verantwortungsträger, wie Staat, Politik und Industrie. Die „Ökosensibilisierten" gehen anders vor. Sie stellen zwar eindeutig die Verantwortung des Einzelnen heraus, nehmen aber gleichzeitig auch die Akteure aus Politik, Wissenschaft und Wirtschaft in die Pflicht. Für die zielgruppenspezifische Planung und Durchführung von Kampagnen und Maßnahmen zur Einführung von nachhaltigen Mobilitätsdienstleitungen ist es daher unverzichtbar, bei der Kommunikation von Informationen diese Begründungsunterschiede zwischen den Mobilitätstypen zu berücksichtigen.

8.3 Technikorientierungen und Mobilitätsverhalten

Die in U.Move befragten Jugendlichen und jungen Erwachsenen zeigen – ähnlich wie in anderen Jugendstudien – ein hohes Interesse an der Technik.[9] Im Vordergrund steht eine erlebnisorientierte Nutzung der Technik; eine besondere Bedeutung kommt dabei der technikgestützten Kommunikation im Alltag zu. Handy und besonders Kurzmitteilungen (SMS) bestimmen die Kontaktgestaltung der Jugendlichen mehr als die räumlichen Distanzen. Insgesamt ist eine Veränderung des Verabredungsverhaltens in Richtung erhöhter Flexibilität festzustellen. Neue Informationstechniken werden daraufhin geprüft, ob sie sich im Alltag bewähren und vor allem, ob sie für die Gestaltung der eigenen Erlebniswelten zu gebrauchen sind. Mädchen und Jungen sind der gegenwärtigen Kommunikations- und Informationstechnik gegenüber in gleichem Maße aufgeschlossen. Ökologisch sensibilisierte Jugendliche nutzen entgegen dem gängigen Vorurteil am ehesten technisch avancierte Auskunftssysteme zur Planung ihrer Wege.

Die Ergebnisse von U.Move lassen sich aus der Perspektive der Individualisierungsthese interpretieren, die erklärt, warum den Jugendlichen Kommunikationstechnik so ungemein wichtig ist: Sie ist Möglichkeit und praktizierte Form der Integration in die Clique – ohne Handy wird die soziale

---

9   vgl. Kapitel 4.4.2 zum „Technikinteresse"

Einbettung erschwert. Die Frage nach der Akzeptanz von Technik macht die Notwendigkeit von Differenzierungen einsichtig. Die Affinität zu bestimmten Techniken ist abhängig von sozialstrukturellen Merkmalen wie dem Geschlecht und der Herkunftsregion; weiterhin kommt der individuellen Bewertung von Technik im Kontext der Mobilität eine zentrale Bedeutung zu.

So finden sich bei der kombinierten Analyse von umweltbezogenen Einstellungen und Technikorientierungen vier unterschiedliche Personengruppen: Die „konsistent Umweltbewussten", die „konsistent Technikorientierten", die „Delegierer" und die „Distanzierten".[10] Die beiden konsistenten Typen weisen jeweils eine hohe Ausprägung auf einer der beiden Einstellungsdimenionen auf und lehnen die andere Dimension gegenläufig ab. In beiden Typen spiegelt sich der klassische Gegensatz zwischen Umweltbewußtsein und Technikakzeptanz wider. Doch bereits die beiden Mischtypen der „Delegierer" und der „Desinteressierten" verweisen auf ausdifferenziertere Einstellungsmuster jenseits des alten Gegensatzes von Technik und Ökologie. So scheinen vor allem die „Delegierer" in ihrer positiven Bewertung von Technik und Umweltschutz eine besonders interessante Zielgruppe für technikgestützte Mobilitätsdienstleistungen darzustellen, weil sie es bevorzugen, ihre persönliche ökologische Verantwortung unabhängig von individuellen Einschränkungen an technologische Systemlösungen zu delegieren.

Beim Autofahren lassen sich zwei Grundmuster der Technikbewertung unterscheiden: „to use" and „to control".[11] Die „to use"-Haltung ist für instrumentelle Nutzer charakteristisch, die ihren Pkw als reinen Gebrauchsgegenstand betrachten. Unter diesen finden sich mehr Frauen, mehr Personen mit höherem Alter und Personen mit besserer Bildung (Studenten oder Erwerbstätige). Im Gegensatz dazu stellen für die kontrollierenden Nutzer Technik, Spaß und Automobil eine Einheit dar, wobei der Spaß vor allem durch die selbstbestimmte Kontrolle über das Fahrzeug entsteht. Die kontrollierenden Nutzer lassen eine Faszination für das technische Objekt Automobil erkennen. Das Automobil ist für sie mehr als ein Transportvehikel, es stabilisiert die eigene Persönlichkeit. Der Umweltschutz besitzt hingegen keine große Bedeutung. Verkehrsprobleme lassen sich nach Einschätzung der kontrollierten Nutzer zukünftig durch technische Innovationen wie z.B. die Telematik lösen. Die kontrollierenden Nutzer setzen sich zu 75 % aus Männern zusammen, sind eher jung und zeichnen sich durch einen mittleren Bildungsstatus (Schüler und Azubis) aus.

---

10 vgl. Kapitel 4.5 „Die Verbindung von Technikinteresse und Umweltbewusstsein"
11 vgl. Kapitel 4.3 zur „Technikaffinität Jugendlicher – erste empirische Annäherungen"

Positive Einstellungen zu technikbasierten Mobilitätsdienstleistungen lassen sich für Maßnahmen zur Förderung einer nachhaltigen Mobilität nutzen. So ist es bereits in den letzten Jahren gelungen, die Attraktivität des Fahrrads durch eine Technikaufladung zu steigern. Dies sollte zumindest zum Nachdenken darüber anregen, ob nicht technikorientierte Auto- und Radfahrer mittels gezielter „Technik-Highlights" als Nutzerinnen und Nutzer des öffentlichen Verkehrs angesprochen werden können.

Aus den Ergebnissen von U.Move lassen sich keine Anhaltspunkte dafür finden, dass IuK-gestützte Technologien physische Mobilität substituieren können. Die Technik wirkt zwar in hohem Maße gestaltend auf den Jugendalltag ein, sie wird aber situativ genutzt und substituiert dabei keine Wege. Die Jugend ist in hohem Maße kommunikativ und will die so erschlossenen Welten dann aber auch sinnlich wahrnehmen, wofür eine physische Anwesenheit vor Ort bisher unersetzbar ist. Dieser Wunsch nach direkter Begegnung und Erfahrung erfordert immer noch die Fortbewegung im physikalischen Raum.

8.4 Akzeptanz und Nutzung von Mobilitätsdienstleistungen

Bei der Planung und Entwicklung von Mobilitätsdienstleistungen ist eine genaue Kenntnis der Bedürfnisse und Interessen von potenziellen Nutzern notwendig, um eine angemessene Nutzung der Angebote sicherzustellen. Häufig ist eine größere Latenzzeit zwischen dem Wissen um eine neues Angebot und seiner tatsächlichen Nutzung zu beobachten. Auch die Beobachtungen in U.Move bestätigen, dass Jugendliche und junge Erwachsene neue Mobilitätsangebote nur zögerlich annehmen. So werden beispielsweise mobilitätsbezogene Informationen von den Befragten immer noch am häufigsten auf konventionelle Weise über Fahrplanhefte und die persönliche Auskunft eingeholt.[12]

Aus der eher konventionellen Informationssuche von Jugendlichen muss der Schluss gezogen werden, dass der Einsatz von IuK-gestützten Informationsangeboten zwar als notwendige, aber keineswegs als hinreichende

---

12 vgl. die Kapitel 7.1 „Intermodale Mobilitätsangebote. Gegenwärtige Nutzungshäufigkeit und zukünftige Nutzungsbereitschaft", Kapitel 7.3 zum „Nachtverkehr in Dortmund: Auf dem Weg zu jugendspezifischen Angeboten am Beispiel Heiligabend und Silvester" und Kapitel 7.4.3 zur „Nutzung verschiedener Medien zur Gewinnung von Informationen über die Angebote der Deutschen Bahn AG"

Bedingungen für ein intermodales Mobilitätsverhalten anzusehen ist. Durch die alleinige Bereitstellung von technischen Anwendungen werden sich keine Verhaltensänderungen im Mobilitätsverhalten erzielen lassen. Interessante Einsichten über den Zusammenhang von Iuk-Nutzung und Mobilitätsverhalten lassen sich bei einer näheren Betrachtung der „Ökosensibilisierten" gewinnen. So nutzen von allen ermittelten Mobilitätstypen die „Ökosensibilisierten über 18 Jahren" und die „Etablierten" am häufigsten das Internet als Informationsmedium. Gleichzeitig zeichnen sich die erwachsenen „Ökosensibilisierten" durch ein vergleichsweise hohes Maß an Multi- und Intermodalität in ihrem Mobilitätsverhalten aus und bewerten die Technik eher skeptisch. Aus dieser Merkmalskombination läßt sich der Schluss ziehen, das keineswegs die Technikakzeptanz eine notwendige Voraussetzung für die Nutzung von IuK-Technologien darstellt, sondern vielmehr die Notwendigkeit, die komplexe Alltagsmobilität organisatorisch zu bewältigen. Damit ist ein intermodales Mobilitätsverhalten eher als Folge einer spezifischen Kombination von personenbezogenen Merkmalen und situativen Erfordernissen anzusehen. Iuk-Technologien stellen dann eine Möglichkeit dar, die Organisation von komplexen Mobilitätsmustern zu unterstützen. An dieser Stelle ist einschränkend zu berücksichtigen, dass sich entgegen den Erwartungen nicht viele Jugendliche und junge Erwachsene durch ein multi- oder intermodal angelegtes Mobilitätsverhalten auszeichnen.

Zahlreiche Befragte weisen dagegen eine monomodale Verkehrsmittelwahl auf. Gerade in der Altersgruppe der Erwachsenen lässt sich bei den „Technik- und Autoorientierten", den „Etablierten" und den „Distanzierten" eine latente Tendenz zur alleinigen Nutzung des Pkws beobachten. Für diese Zielgruppen müssen Mobilitätsdienstleistungen angeboten werden, die den Pkw als einen wesentlichen Baustein beinhalten. Carsharing und Cash-Car-Konzepte bieten sich hier als Mobilitätsdienstleistungen an, die in autoorientierten Zielgruppen auf fruchtbaren Boden fallen dürften. Voraussetzung für die kombinierte Nutzung mehrerer Verkehrsmittel ist allerdings eine Verringerung der Identifikation mit dem Automobil. Möglicherweise wird diese durch den gegenwärtig zu beobachtenden Prozess einer Verringerung von Kaufloyalitäten schwächer. So stellen heute vielfach der Erwerb von qualitativ hochwertigen Spitzenprodukten und der Kauf von Billigprodukten keinen Gegensatz mehr da. Ob sich diese Multioptionalität auch auf Mobilitätsdienstleistungen ausweitet, ist gegenwärtig nicht eindeutig abzuschätzen. Ohne Zweifel hingegen ist der Zugang von Jugendlichen zur Nutzung des Carsharings mit zu hohen Barrieren verbunden. Für diese Zielgruppe sollten sich Mobilitätsdienstleister stärker öffnen, um ihr die Möglichkeit zu bieten, eine multimodale Alltagsmobilität ohne Ausgrenzung des Automobils kennenzulernen.

Die Kombination von MIV und Umweltverbund stellt für alle Mobilitätstypen über 18 Jahre bisher keine Alternative dar. Hieraus jedoch die Folgerung zu ziehen, dass Park+Ride-Konzepte grundsätzlich gescheitert sind und daher abgeschafft werden können, wäre fatal. So bietet Park+Ride eine der wenigen Möglichkeiten, ausgesprochen Pkw-orientierte Jugendliche überhaupt mit dem ÖV in Kontakt zu bringen. Verkehrsmittelkombinationen innerhalb des Umweltverbundes werden von Jugendlichen hingegen häufiger praktiziert. Vor allem die „Ökosensibilisierten" kombinieren Bus und Bahn mit dem Fahrrad. Um diese Form der Intermodalität im Umweltverbund zu fördern, sollten die Verkehrsunternehmen in Zukunft verstärkt Möglichkeiten zur Fahrradmitnahme in Bus und Bahnen schaffen.

Das Ausgehen mit Freunden am Abend und in der Nacht ist eine feste Größe im Freizeitverhalten von Jugendlichen und jungen Erwachsenen. Die Wege zu den Kneipen und Discos sind vergleichsweise einfach strukturiert und können daher durch Angebote des ÖV einfach bedient werden. Nachtbusse, die zu den etablierten Kneipenviertel und Discos fahren, sollten in Zukunft eine Selbstverständlichkeit sein. Darüber hinaus gilt es – so ein Ergebnis der vertiefenden Interviews – Sicherheit im Nachtverkehr ganz konkret auch als Sicherheit vor Übergriffen anderer Personen zu verstehen. Gerade für Frauen liegt in der Bedrohung ihrer persönlichen Sicherheit ein schwerwiegender Grund, die Angebote des Nachtverkehrs nicht zu nutzen. Sofern nicht nur in den Fahrzeugen eine Bedrohung der persönlichen Sicherheit antizipiert wird, sondern ebenso auf den Wegen zu den Haltestellen, sind die Verkehrsbetriebe mit ernsthaften Akzeptanzproblemen völlig jenseits ihrer spezifischen Beförderungsaufgabe konfrontiert. Erstaunlich ist, dass sich die Wünsche von Jugendlichen hinsichtlich der Ausgestaltung des Nachtverkehrs in erster Linie auf die Transportfunktion neuer Mobilitätsdienstleistungen richten. An erster Stelle wird eine gute Anbindung gewünscht, die eine möglichst komfortable Beförderung sicherstellen soll. Daher besteht nur ein geringes Interesse an Erlebnis- und Eventaktionen. Komfort ist im ÖV demnach bei Jugendlichen nicht automatisch mit Party gleichzusetzen.[13]

---

13 vgl. Kapitel 7.2.2 „Der Nachtverkehr des ViP"

8.5 Methodische Empfehlungen für die zukünftige Mobilitätsforschung

Das U.Move-Projekt liefert nicht nur inhaltliche Ergebnisse zur Mobilität von Jugendlichen und jungen Erwachsenen, sondern ebenso methodische Erkenntnisse für die Mobilitätsforschung. Dabei sind in U.Move unterschiedliche Methoden der empirischen Sozialforschung in einer abgestimmten Reihenfolge zum Einsatz gekommen.[14] So fand zu Beginn eine Serie von Gruppendiskussionen (round tables) mit Jugendlichen statt, die zur Generierung und Absicherung von Hypothesen zur Jugendmobilität genutzt worden sind. Weiterhin sind im Rahmen dieser round tables die Erhebungsinstrumente für die standardisierte Befragung vorgetestet worden. Im Zentrum von U.Move stand dann in einem zweiten Schritt die standardisierte Befragung von 4.400 Jugendlichen und jungen Erwachsenen in den vier Erhebungsregionen. Nach einer ersten Auswertung der standardisierten Befragung konnten auf statistische Weise zehn Mobilitätstypen identifiziert werden. Mit einzelnen ausgewählten Vertretern der jeweiligen Mobilitätstypen, die bereits an der standardisierten Befragung teilgenommen haben, sind dann Leitfadeninterviews zur vertiefenden Betrachtung und Illustration der jeweiligen Typen durchgeführt worden. Insgesamt ist das methodische Vorgehen in U.Move also durch eine systematische Kombination von offenen und standardisierten Verfahren der Datenerhebung gekennzeichnet. Dieser Methodenmix hat sich in allen Phasen des Projektverlaufs überzeugend bewährt. Wenn in Zukunft Themen mit einem ähnlichen Komplexitätsgehalt in der Mobilitätsforschung untersucht werden, wird die Kombination unterschiedlicher Verfahren der Datenerhebung für die Generierung anwendbarer Ergebnisse unerlässlich sein. Zusätzlich wird diese methodische Forderung durch die Notwendigkeit einer interdisziplinären Mobilitätsforschung gestützt, in der unterschiedliche Methoden aus unterschiedlichen Forschungsbereichen integriert werden müssen.

Eine Einschränkung lässt sich jedoch in Bezug auf die gewählten methodischen Verfahren anführen: Alle in U.Move eingesetzten Verfahren stützen sich auf verbal erhobene Daten. Bei diesen Verbalisierungen fällt auf, dass das berichtete Mobilitätsverhalten rationalisiert wird – unabhängig davon, ob dies in Gruppendiskussionen, standardisierten Befragungen oder offenen Interviews geschieht. In den Befragungen und Interviews werden mit Abstand am häufigsten gut nachvollziehbare und begründete Argumente für das eigene Mobilitätsverhalten genannt. Habitualisierte und emotionale

---

14 vgl. Kapitel 2.1 „Ein Wegweiser der durch die Gesamtstudie"

Aspekte bleiben aus Gründen mangelnder Bewusstheit unerwähnt oder werden bei sozial unerwünschten Inhalten sogar mehr oder weniger bewusst verschwiegen. Um diese Rationalisierungstendenzen zu vermeiden, empfiehlt es sich für die Mobilitätsforschung, verstärkt auf Beobachtungsdaten zurückzugreifen. Hier reichen allerdings die häufig in den Verkehrswissenschaften praktizierten Verkehrszählungen nicht aus, weil sie keine Rückschlüsse auf die Motive des Mobilitätsverhaltens zulassen. Daher ist gegenwärtig die kombinierte Analyse von verbalen Aussagen und Verhaltensbeobachtungen als die Methode der Wahl in der Mobilitätsforschung anzusehen.

Mit einem differenzierten Blick auf das Thema Jugend und Mobilität lässt sich feststellen, dass der Jugendalltag mit seinen vielen jugendkulturellen Facetten nicht ohne Mobilität vorstellbar ist. Mobilität ist für Jugendliche zugleich Mittel und Ziel. Alle Dimensionen, mit denen sich Jugend beschreiben lässt – wie z.B. Bildung, Partnerschaft, Ablösung von der Familie, Peers, Freizeit, ökonomische Einbindung –, sind mit der individuellen Mobilität verknüpft. Um diese Komplexität an Einflussfaktoren auf ein überschaubares Maß zu reduzieren, sind in U.Move handlungstheoretisch fundierte Mobilitätstypen ermittelt worden. Die Ergebnisse von U.Move bestätigen dieses Verfahren der Typenbildung als praktikable Methode der sozial- und verhaltenswissenschaftlichen Mobilitätsforschung. Zum einen gelingt es durch die Bildung der Mobilitätstypen, eine überschaubare Menge an mobilitätsrelevanten Zielgruppen zu benennen. Zum anderen liefern diese Zielgruppen wesentlich mehr Informationen über Ansatzpunkte zur Veränderung des Mobilitätsverhaltens als Zielgruppenmodelle, die alleine auf Verhalten oder soziodemographischen Merkmalen basieren.

Gegenüber den bereits im CITY:mobil-Projekt ermittelten „Mobilitätsstilen" zeichnen sich die Mobilitäts*typen* in U.Move durch fünf Vorteile aus: Erstens weisen die U.Move-Typen eine handlungstheoretische Fundierung auf, während die der CITY:mobil-Studie auf weitgehend explorative Weise gebildet wurden. Zweitens fallen die Verhaltensunterschiede zwischen den Mobilitätstypen bei U.Move größer aus. Dies ist umso mehr zu gewichten, weil es sich bei den Jugendlichen und jungen Erwachsenen im Vergleich zur Gesamtbevölkerung um eine homogenere Personengruppe handelt und dadurch eher geringere Unterschiede im Verhalten zu erwarten sind. Drittens wurde in U.Move eine „Ökolastigkeit" bei der Operationalisierung der Mobilitätstypen vermieden. Zwar kommt den umweltbezogenen Einstellungen auch in U.Move eine wichtige Bedeutung bei der Bildung der Mobilitätstypen zu, allerdings sind hier noch andere wesentliche Einstellungsdimensionen mitberücksichtigt worden (wahrgenommene Verhaltenskontrolle, Technikorientierungen, Freizeitverhalten usw.). Viertens ist der

Bereich zur Ermittlung der Mobilitätstypen im standardisierten Fragebogen von U.Move weniger umfangreich als in der CITY:mobil-Studie. Hierdurch ist es gelungen, ein ökonomischeres Messinstrument für Mobilitätstypen zu konstruieren. Und fünftens konnten die ermittelten Mobilitätstypen bereits für mobilitätsbezogene Interventionsmaßnahmen genutzt werden. Auch wenn es sich bei den hier durchgeführten Maßnahmen um kleinere Projekte handelte (Gestaltung von Internetseiten für die Verkehrsbetriebe), so ist die durch die Mobilitätstypen vorgenommene Zielgruppendifferenzierung von den beteiligten Praxispartnern doch als zielführend und praktikabel bewertet worden.

8.6 Eine abschließende Hypothese: Vom „jungen Technikfan" zum „Ökosensibiliserten über 18 Jahre"

Die abschließende methodische Folgerung ist eng mit einer inhaltlichen Hypothese verbunden, die aus den Ergebnissen von U.Move generiert werden konnte. So kann vermutet werden, dass ein Individuum in seiner persönlichen Entwicklung mehrere Mobilitätstypen durchläuft, von denen die mittleren Typen durch eine besonders positive Bewertung des Automobils gekennzeichnet sind. Eine mögliche Reihenfolge an Mobilitätstypen könnte folgendermaßen aussehen: „junge Technikfans" – „Auto- und Technikorientiere (unter und über 18)" – „Etablierte" oder „Ökosensibiliserte" – „Übergangsphase" – „Ökosensibiliserte". Offenbar stellt der 18. Geburtstag – oft verbunden mit dem unmittelbar bevorstehenden Erwerb der Pkw-Fahrerlaubnis – ein derartig einschneidendes Ereignis dar, dass es das Gefüge der psychologischen Variablen nachhaltig verändert. Während einige Variablen eher einen linearen Zuwachs oder Verlust über die beobachtete Zeit verzeichnen (z.B. die Einstellung zu Umweltschutzmaßnahmen), zeigen sich für andere Variablen in diesem Zeitraum Spitzenwerte. Vor allem die positive Bewertung des Automobils erreicht im Alter von 18 Jahren ihren Höhepunkt.[15] Eine Aufgabe der zukünftigen Forschung sollte darin bestehen, diese Hypothesen zur Altersabhängigkeit der Mobilitätstypen empirisch zu überprüfen. Notwendig wäre hierzu eine Betrachtung der mobilitätsbezogenen Einstellungen im Längsschnitt von mehreren Jahren.

---

15 Vgl. Kapitel 5.6 zur „Altersabhängigkeit der Mobilitätstypen"

Anhang: Die Bildung der Mobilitätstypen

Christian Klöckner & Marcel Hunecke

Auf der Basis der im Fragebogen erhobenen Daten wurden in mehreren Analyseschritten zehn unterschiedliche Mobilitätstypen gebildet. Zunächst wurde das Datenmaterial nach inhaltlichen Kriterien strukturiert und anschließend nach Blöcken getrennt Faktorenanalysen unterzogen. Diese Faktorstrukturen waren die Grundlage der gebildeten Skalen, deren interne Reliabilität zusätzlich geprüft wurde. Um eine Auswahl von verhaltenskorrelierten Prädiktoren zu bekommen, gingen anschließend alle Skalen und ausgewählte Einzelitems in eine Serie von Regressionsanalysen auf das mit der Stichtagsmethode erhobene Verkehrsmittelwahlverhalten ein. Diese Prädiktoren bildeten schließlich die Grundlage der Typenbildung mittels einer Clusteranalyse. Die Tabelle 9.1 zeigt alle Typen, die im Folgenden näher erläutert werden.

Tabelle 9.1: Mobilitätstypen der U.Move-Typologie.

Teilgruppe "unter 18 Jahre"	Teilgruppe "18 Jahre und älter"
Typ 1: "Technik- und Autoorientierte"	Typ 6: "Technik- und Autoorientierte"
	Typ 7: "Etablierte"
Typ 2: "Ökosensibilisierte"	Typ 8: "Ökosensibilisierte"
Typ 3: "junge Technikfans"	
Typ 4: "Unauffällige"	
	Typ 9: "Übergangsphase"
Typ 5: "Distanzierte"	Typ 10: "Distanzierte"

Typen, deren Profile sich stark ähneln sind einander in der Tabelle zugeordnet.

Die zur Typisierung herangezogenen Merkmale sind für die Typen in Tab.9.2 und 9.3 dargestellt. Dabei ist zur Orientierung der Mittelwert der jeweiligen Bezugsgruppe (unter 18 Jahre; 18 Jahre und älter) ebenfalls angegeben. Zur besseren Übersicht ist für den höchsten bereits erreichten Schulabschluss nur ein Wert in der Tabelle erfasst. Es ist jeweils der Anteil des am häufigsten vertretenen Schulabschlusses angegeben. Unter „Stadt-Land" ist der Anteil der in den städtischen Bereichen (Dortmund, Potsdam) lebenden Befragten, bei Turn- & Sportverein sowie alternativen Jugendkulturen der Anteil derer, die einem solchen Verein oder einer solchen Gruppe angehören, aufgeführt.

Tabelle 9.2: Ausprägung der konstituierenden Merkmale bei den einzelnen Typen der unter 18jährigen

	Technik- und Auto- orientierte	Ökosensi- bilisierte	junge Technikfans	Unauffällige	Distanzierte	GESAMT
bereits erreichter höchster Schulabschluss (Modalwert)[a]	57,6 % RS	46,7 % RS	43,5 % KA	67,3 % RS	39,1 % RS	49,3 % RS
Alter	16,5	15,8	15,4	16,3	15,9	16,0
Stadt-Land (Anteil „Stadt")	24,6 %	66,0 %	49,8 %	20,7 %	67,9 %	46,5 %
Turn- & Sportverein (Anteil "Ja")	57,8 %	70,7 %	90,8 %	76,0 %	54,0 %	72,4 %
Relaxen	6,8	7,0	7,1	7,3	7,1	7,1
häuslich orientiert	10,0	12,0	11,2	11,7	10,2	11,1
PKW orientiert	7,0	3,0	5,0	3,9	3,3	4,2
Alternative Jugendkult.(Anteil "Ja")	27,0 %	34,9 %	42,0 %	31,9 %	15,9 %	30,0 %
Technikorientierung	7,1	5,0	6,7	4,9	4,7	5,5
Zufr. m. Freizeitangebot	2,1	3,0	3,3	1,9	2,2	2,5
Handl.-Konsequenzen	6,6	8,4	6,9	8,3	5,9	7,3
Soziale Norm	4,9	7,3	6,5	6,9	4,4	6,0
Handlungskontrolle	5,0	8,7	7,3	6,7	7,0	7,0
Ökonorm	5,4	9,1	7,1	7,4	5,1	6,9
ÖV-Fan	7,6	11,6	9,9	9,2	8,8	9,5
Antifußgänger	12,0	7,2	10,5	11,0	10,5	10,1
Radfan	9,9	15,8	14,6	10,9	11,2	12,5
Autofan	17,7	14,4	16,7	16,7	16,3	16,3

[a] KA = kein Abschluss; HS = Hauptschulabschluss; RS = Realschulabschluss; FH = Fachhochschulreife; FA = Fachabitur; Abi = Abitur

Tabelle 9.3: Ausprägung der konstituierenden Merkmale bei den einzelnen Typen der ab 18jährigen

	Technik- und Autoorientierte	Etablierte	Ökosensi- bilisierte	Übergangs- phase	Distanzierte	GESAMT
bereits erreichter höchster Schulabschluss (Modalwert)[a]	65,1 % RS	81,7 % ABI	76,7 % ABI	61,2 % RS	57,6 % RS	38,9 % ABI
Alter	19,6	24,1	23,9	19,9	22,4	22,0
Stadt-Land (Anteil „Stadt")	31,3 %	65,8 %	59,8 %	51,9 %	23,9 %	48,3 %
Turn- & Sportverein (Anteil "Ja")	63,6 %	65,2 %	46,0 %	71,3 %	55,8 %	60,0 %
Relaxen	7,3	6,7	6,0	7,1	6,4	6,7
häuslich orientiert	10,4	12,9	13,1	11,2	10,3	11,7
PKW orientiert	6,6	4,9	3,5	4,4	5,0	4,8
Alternative Jugendkult (Anteil "Ja")	27,9 %	17,4 %	30,7 %	24,3 %	21,9 %	24,6 %
Technikorientierung	6,4	4,9	4,8	4,9	4,7	5,1
Zufr. m. Freizeitangebot	2,2	3,2	3,5	2,5	2,1	2,7
Handl.-Konsequenzen	7,0	7,6	9,0	8,2	6,5	7,8
Soziale Norm	5,3	4,9	6,4	6,6	4,4	5,6
Handlungskontrolle	5,0	5,9	8,4	7,4	4,5	6,4
Ökonorm	5,3	6,2	9,9	7,8	5,8	7,2
ÖV-Fan	7,0	7,9	11,0	10,1	6,9	8,8
Antifußgänger	11,8	9,3	7,2	8,8	8,8	9,1
Radfan	9,6	12,7	16,3	13,6	12,8	13,2
Autofan	18,2	17,0	13,3	16,6	15,6	16,1

[a] KA = kein Abschluss; HS = Hauptschulabschluss; RS = Realschulabschluss; FH = Fachhochschulreife; FA = Fachabitur; Abi = Abitur

Auf den folgenden Seiten werden die Profile der einzelnen Typen vorgestellt, die auffälligen Merkmale in den typkonstituierenden Variablen und darüber hinaus einige demografische Kriterien der Typen präsentiert. Für die grafische Darstellung der Typprofile wurden die Merkmale z-standardisiert. Damit entspricht der jeweilige Mittelwert der Bezugsgruppe (unter 18; 18 Jahre und älter) dem Nullpunkt in der Grafik und der Wert 1 einer Standardabweichung. Als auffällig werden Mittelwertabweichungen von mehr als 0,25 Standardabweichungen betrachtet. Entsprechend sind diese in den Grafiken hervorgehoben.

Tabelle 9.4: Übersicht über die Rangfolge der Bereiche, für die die Typen ihr frei verfügbares Geld ausgeben

Rang	Technik- & Autoorientierte (<18)	Ökosensibilisierte (<18)	junge Technikfans	Unauffällige	Distanzierte (<18)	Technik- & Autoorientierte (>=18)	Etablierte	Ökosensibilisierte (>=18)	Übergangsphase	Distanzierte (>=18)
1	Ausgehen	Kleidung	Kleidung	Kleidung	Kleidung	PKW, Krad	Kleidung	Kleidung	Kleidung	Kleidung
2	Kleidung	CDs, Videos	CDs, Videos	Ausgehen	Ausgehen	Kleidung	Ausgehen	Ausgehen	Ausgehen	PKW, Krad
3	PKW, Krad	Konzerte	Ausgehen	CDs, Videos	CDs, Videos	Kleidung	PKW, Krad	Reisen	CDs, Videos	Ausgehen
4	CDs, Videos	Öffentl. Verk.	Konzerte	Konzerte	Konzerte	CDs, Videos	Reisen	Konzerte	Konzerte	Konzerte
5	Konzerte	Ausgehen	Computer	Öffentl. Verk.	Öffentl. Verk.	Kommunikat.	Konzerte	Öffentl. Verk.	PKW, Krad	CDs, Videos
6	Computer	Reisen	Fahrrad	Kommunikat.	Kommunikat.	Konzerte	Kommunikat.	Kommunikat.	Öffentl. Verk.	Reisen
7	Kommunikat.	Fahrrad	Öffentl. Verk.	Reisen	Reisen Computer	Reisen	CDs, Videos	CDs, Videos	Reisen	Kommunikat.
8	Öffentl. Verk.	Computer	PKW, Krad	Computer		Computer	Computer	PKW, Krad	Kommunikat.	Öffentl. Verk.
9	Reisen	Kommunikat.	Kommunikat.	PKW, Krad Fahrrad	Fahrrad	Öffentl. Verk.	Öffentl. Verk.	Fahrrad	Computer	Computer
10	Fahrrad	PKW, Krad	Reisen		PKW, Krad	Fahrrad	Fahrrad	Computer	Fahrrad	Fahrrad

Typ 1 ("Technik- und Autoorientierte"):

'Technik- und Autoorientierte (unter 18 Jahre)' (249 Fälle/ 15,6%)

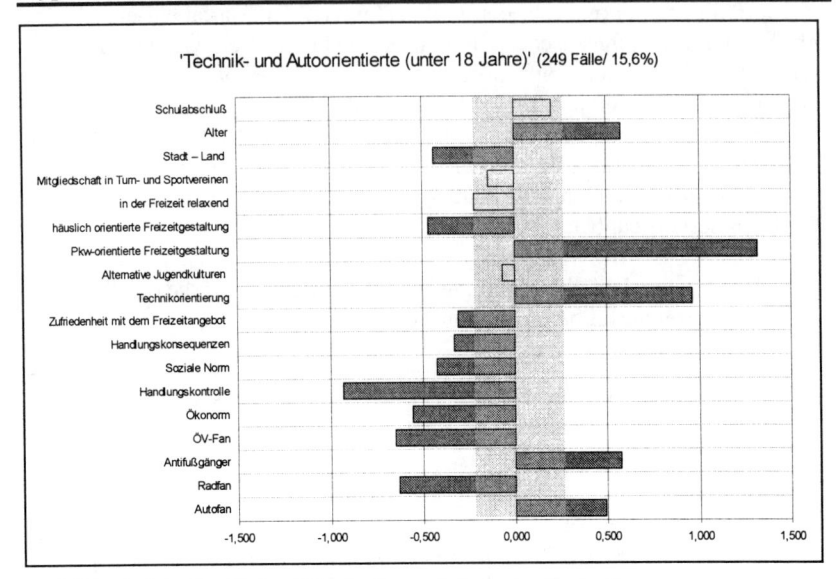

Schulabschluß
Alter
Stadt – Land
Mitgliedschaft in Turn- und Sportvereinen
in der Freizeit relaxend
häuslich orientierte Freizeitgestaltung
Pkw-orientierte Freizeitgestaltung
Alternative Jugendkulturen
Technikorientierung
Zufriedenheit mit dem Freizeitangebot
Handlungskonsequenzen
Soziale Norm
Handlungskontrolle
Ökonorm
ÖV-Fan
Antifußgänger
Radfan
Autofan

Abbildung 9.1: Profil des "Technik- und Autorientierten"

Umfang: n=248 entspricht 15,6 % der Stichprobe unter 18 Jahre

Altersschnitt: 16,5 Jahre

Verteilung auf die Befragungsgebiete:
  11,3 % Potsdam
  44,4 % Greifswald
  31,0 % Passau
  13,3 % Dortmund

Geschlechterverteilung: 81,0 % männlich; 19,0 % weiblich

höchster Schulabschluss:

angestrebt	*erreicht*
11,2 % Hauptschule	24,1 % Hauptschule
26,7 % Realschule	57,6 % Realschule
11,8 % Fachhochschulreife	11,2 % Fachhochschulreife
13,7 % fachgeb. Hochschulr.	1,2 % fachgeb. Hochschulreife
angestrebt	*erreicht*
36,5 % allg. Hochschulr.	1,2 % allg. Hochschulreife
	4,7 % kein Abschluss

momentane Beschäftigung:
  59,8 % Schulausbildung
  38,2 % Berufsausbildung
  2,0 % sonstiges

Wohnsituation:	94,2 % bei den Eltern
	1,2 % Wohnheim
	2,9 % eigene Wohnung
	0,8 % Wohngemeinschaft
	0,8 % sonstiges
frei verfügbares Geld pro Monat:	29,8 % bis 100DM
	21,5 % bis 200DM
	14,9 % bis 300DM
	22,7 % bis 500DM
	6,6 % bis 1000DM
	0,4 % bis 1500DM
	0 % bis 2000 DM
	4,1 % mehr als 2000DM
Mofa zur Verfügung:	12,1 %
Moped/Motorrad zur Verfügung:	57,1 %
Führerscheinbesitz:	56,0 %
möchte (weiteren) Führerschein:	98,4 %

Typ 2 ("Ökosensibilisierte"):

'Ökosensibilisierte (unter 18 Jahre)' (351 Fälle/ 22,1 %)

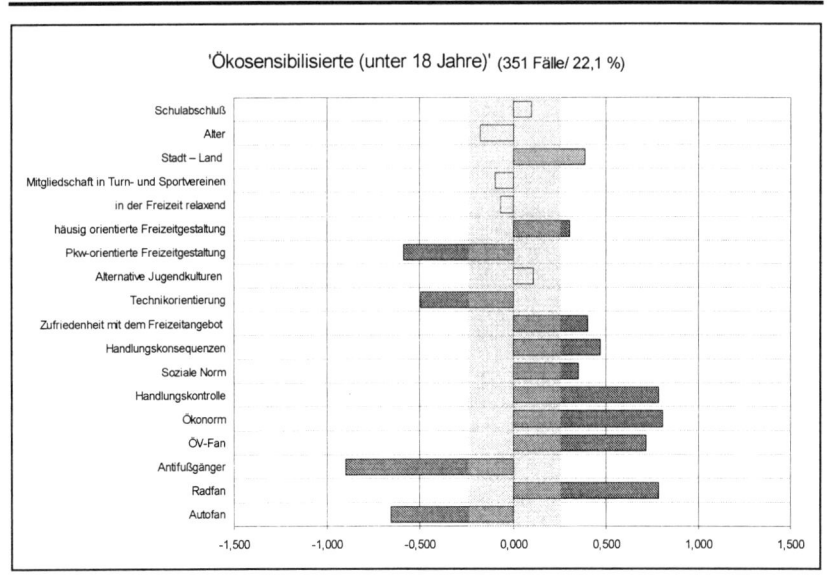

- Schulabschluß
- Alter
- Stadt – Land
- Mitgliedschaft in Turn- und Sportvereinen
- in der Freizeit relaxend
- häusig orientierte Freizeitgestaltung
- Pkw-orientierte Freizeitgestaltung
- Alternative Jugendkulturen
- Technikorientierung
- Zufriedenheit mit dem Freizeitangebot
- Handlungskonsequenzen
- Soziale Norm
- Handlungskontrolle
- Ökonorm
- ÖV-Fan
- Antifußgänger
- Radfan
- Autofan

Abbildung 9.2: Profil des "Ökosensibilisierten"

Umfang: n=350 entspricht 22,0 % der Stichprobe unter 18 Jahre

Altersschnitt: 15,8 Jahre

Verteilung auf die Befragungsgebiete: 32,6 % Potsdam
20,6 % Greifswald
13,4 % Passau
33,4 % Dortmund

Geschlechterverteilung: 35,4 % männlich; 64,6 % weiblich

höchster Schulabschluss:

<u>angestrebt</u>
7,7 % Hauptschule
17,3 % Realschule
6,4 % Fachhochschulreife
8,3 % fachgeb. Hochschulr.
60,3 % allg. Hochschulr.

<u>erreicht</u>
21,2 % Hauptschule
46,7 % Realschule
12,1 % Fachhochschulreife
1,8 % fachgeb. Hochschulreife
3,6 % allg. Hochschulreife
14,5 % kein Abschluss

momentane Beschäftigung: 94,2 % Schulausbildung
5,5 % Berufsausbildung
0,3 % sonstiges

Wohnsituation: 95,9 % bei den Eltern
2,3 % Wohnheim
1,5 % eigene Wohnung
0,3 % Wohngemeinschaft
0 % sonstiges

frei verfügbares Geld pro Monat: 69,0 % bis 100DM
18,2 % bis 200DM
6,3 % bis 300DM
4,8 % bis 500DM
0,9 % bis 1000DM
0,3 % bis 1500DM
0 % bis 2000 DM
0,6 % mehr als 2000DM

Mofa zur Verfügung: 1,2 %

Moped/Motorrad zur Verfügung: 2,3 %

Führerscheinbesitz: 3,5 %

möchte (weiteren) Führerschein: 82,5 %

Typ 3 ("junge Technikfans"):

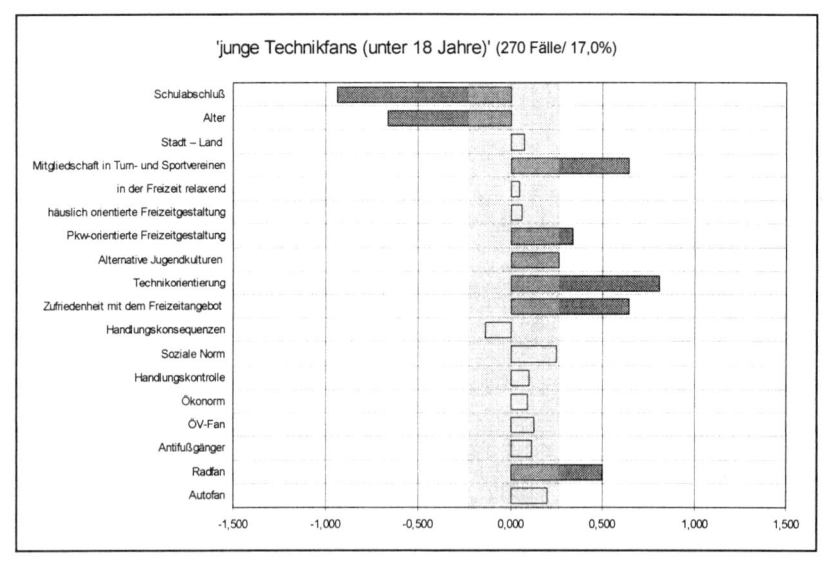

Abbildung 9.3: Profil des "jungen Technikfans"

Umfang: n=269 entspricht 16,9 % der Stichprobe unter 18 Jahre

Altersschnitt: 15,4 Jahre

Verteilung auf die Befragungsgebiete: 19,7 % Potsdam
27,1 % Greifswald
23,0 % Passau
30,1 % Dortmund

Geschlechterverteilung: 76,1 % männlich; 23,9 % weiblich

höchster Schulabschluss:

angestrebt
11,8 % Hauptschule
26,1 % Realschule
10,9 % Fachhochschulreife
6,3 % fachgeb. Hochschulr.
angestrebt
45,0 % allg. Hochschulr.

erreicht
39,8 % Hauptschule
14,8 % Realschule
0,9 % Fachhochschulreife
0,0 % fachgeb. Hochschulreife
erreicht
0,9 % allg. Hochschulreife
43,5 % kein Abschluss

momentane Beschäftigung: 93,6 % Schulausbildung
6,1 % Berufsausbildung
0,4 % sonstiges

Wohnsituation:	99,2 % bei den Eltern
	0,0 % Wohnheim
	0,4 % eigene Wohnung
	0,0 % Wohngemeinschaft
	0,4 % sonstiges
frei verfügbares Geld pro Monat:	61,9 % bis 100DM
	18,7 % bis 200DM
	8,3 % bis 300DM
	4,0 % bis 500DM
	3,2 % bis 1000DM
	1,2 % bis 1500DM
	0,4 % bis 2000 DM
	2,4 % mehr als 2000DM
Mofa zur Verfügung:	8,2 %
Moped/Motorrad zur Verfügung:	15,0 %
Führerscheinbesitz:	15,3 %
möchte (weiteren) Führerschein:	97,7 %

Typ 4 ("Unauffällige"):

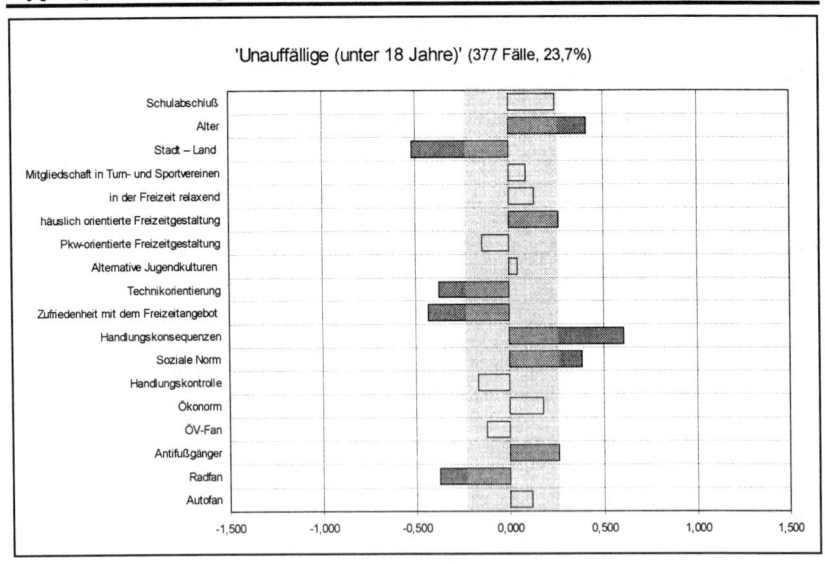

Abbildung 9.4: Profil des "Unauffälligen"

Umfang: n=376 entspricht 23,7 % der Stichprobe unter 18 Jahre

Altersschnitt: 16,3 Jahre

Verteilung auf die Befragungsgebiete: 5,1 % Potsdam
39,4 % Greifswald
39,9 % Passau
15,7 % Dortmund

Geschlechterverteilung: 38,6 % männlich; 61,4 % weiblich

höchster Schulabschluss:

angestrebt	*erreicht*
5,0 % Hauptschule	12,0 % Hauptschule
15,8 % Realschule	67,3 % Realschule
6,9 % Fachhochschulreife	8,4 % Fachhochschulreife
13,2 % fachgeb. Hochschulr.	0,8 % fachgeb. Hochschulreife
59,0 % allg. Hochschulr.	2,0 % allg. Hochschulreife
	9,6 % kein Abschluss

momentane Beschäftigung: 84,3 % Schulausbildung
15,7 % Berufsausbildung
0,0 % sonstiges

Wohnsituation: 95,4 % bei den Eltern
2,7 % Wohnheim
1,6 % eigene Wohnung
0,3 % Wohngemeinschaft
0,0 % sonstiges

frei verfügbares Geld pro Monat: 53,4 % bis 100DM
21,3 % bis 200DM
11,4 % bis 300DM
10,4 % bis 500DM
3,5 % bis 1000DM
0,0 % bis 1500DM
0,0 % bis 2000 DM
0,0 % mehr als 2000DM

Mofa zur Verfügung: 3,3 %

Moped/Motorrad zur Verfügung: 13,0 %

Führerscheinbesitz: 16,9 %

möchte (weiteren) Führerschein: 98,1 %

Typ 5 ("Distanzierte"):

'Distanzierte (unter 18 Jahre)' (345 Fälle/ 21,7%)

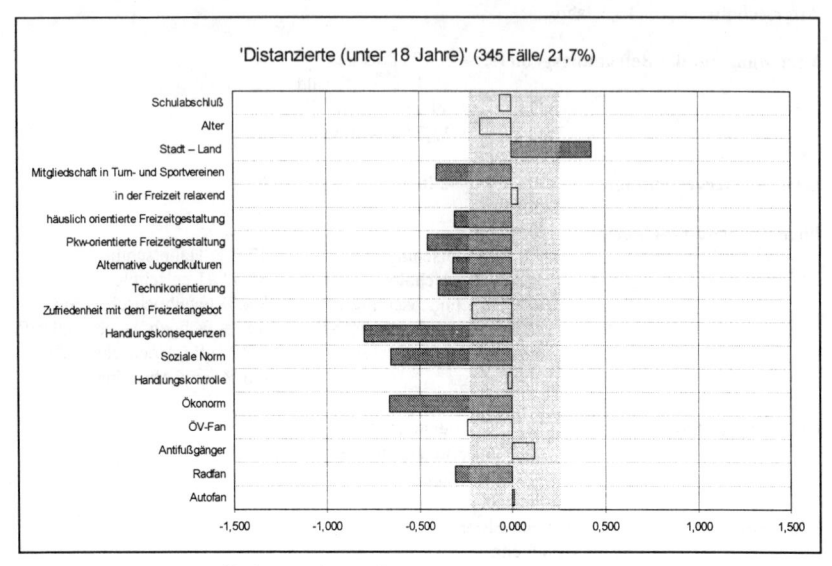

[Balkendiagramm mit den Kategorien: Schulabschluß, Alter, Stadt – Land, Mitgliedschaft in Turn- und Sportvereinen, in der Freizeit relaxend, häuslich orientierte Freizeitgestaltung, Pkw-orientierte Freizeitgestaltung, Alternative Jugendkulturen, Technikorientierung, Zufriedenheit mit dem Freizeitangebot, Handlungskonsequenzen, Soziale Norm, Handlungskontrolle, Ökonorm, ÖV-Fan, Antifußgänger, Radfan, Autofan; Skala von -1,500 bis 1,500]

Abbildung 9.5: Profil des "Distanzierten"

Umfang: n=346 entspricht 21,8 % der Stichprobe unter 18 Jahre

Altersschnitt: 15,9 Jahre

Verteilung auf die Befragungsgebiete: 36,1 % Potsdam
20,5 % Greifswald
11,8 % Passau
31,5 % Dortmund

Geschlechterverteilung: 40,9 % männlich; 59,1 % weiblich

höchster Schulabschluss:
angestrebt
7,8 % Hauptschule
19,6 % Realschule
10,7 % Fachhochschulreife
11,7 % fachgeb. Hochschulr.
50,2 % allg. Hochschulr.
angestrebt

erreicht
26,8 % Hauptschule
39,1 % Realschule
13,4 % Fachhochschulreife
1,7 % fachgeb. Hochschulreife
1,7 % allg. Hochschulreife
erreicht
17,3 % kein Abschluss

momentane Beschäftigung: 87,1 % Schulausbildung
12,0 % Berufsausbildung
0,3 % sonstiges

Wohnsituation:	97,4 % bei den Eltern
	0,6 % Wohnheim
	1,5 % eigene Wohnung
	0,3 % Wohngemeinschaft
	0,3 % sonstiges
frei verfügbares Geld pro Monat:	55,6 % bis 100DM
	19,6 % bis 200DM
	11,2 % bis 300DM
	8,2 % bis 500DM
	2,4 % bis 1000DM
	0,3 % bis 1500DM
	0,0 % bis 2000 DM
	2,7 % mehr als 2000DM
Mofa zur Verfügung:	0,3 %
Moped/Motorrad zur Verfügung:	2,9 %
Führerscheinbesitz:	11,8 %
möchte (weiteren) Führerschein:	98,5 %

Typ 6 ("Technik- und Autoorientierte"):

'Technik- und Autoorientierte (über 18 Jahre)' (528 Fälle/ 18,7%)

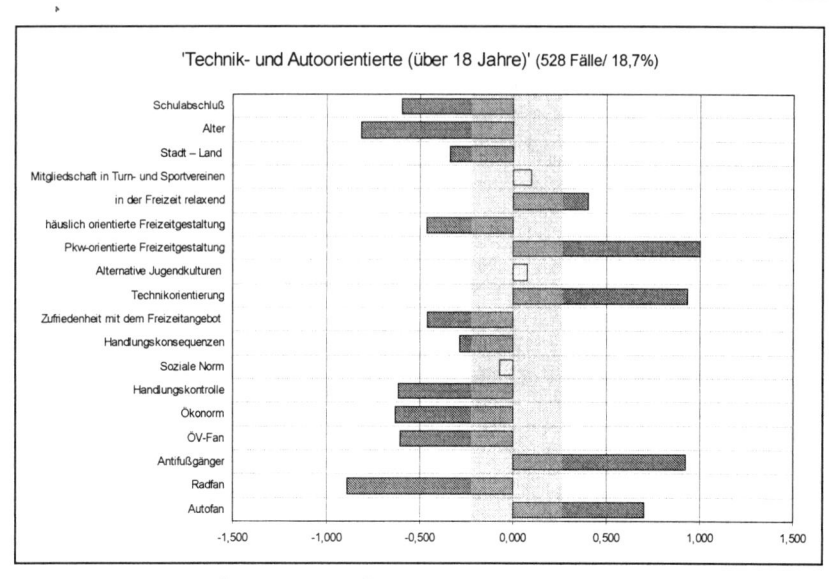

Abbildung 9.6: Profil des "Technik- und Autoorientierten"

Umfang:	n=528	entspricht 18,7 % der Stichprobe 18 Jahre u. älter

Altersschnitt: 19,6 Jahre

Verteilung auf die Befragungsgebiete: 9,7 % Potsdam
35,4 % Greifswald
33,3 % Passau
21,6 % Dortmund

Geschlechterverteilung: 69,5 % männlich; 30,5 % weiblich

höchster Schulabschluss:

angestrebt	*erreicht*
2,8 % Hauptschule	11,3 % Hauptschule
4,8 % Realschule	65,2 % Realschule
12,5 % Fachhochschulreife	9,7 % Fachhochschulreife
37,5 % fachgeb. Hochschulr.	4,9 % fachgeb. Hochschulreife
42,3 % allg. Hochschulr.	8,7 % allg. Hochschulreife
	0,2 % kein Abschluss

momentane Beschäftigung: 32,8 % Schulausbildung
52,6 % Berufsausbildung
1,7 % Studium
0,6 % Wehr-/Zivildienst
9,7 % Berufstätigkeit
2,7 % sonstiges

Wohnsituation: 79,2 % bei den Eltern
1,9 % Wohnheim
17,1 % eigene Wohnung
1,2 % Wohngemeinschaft
0,6 % sonstiges

frei verfügbares Geld pro Monat: 10,7 % bis 100DM
12,3 % bis 200DM
15,5 % bis 300DM
30,6 % bis 500DM
21,1 % bis 1000DM
5,2 % bis 1500DM
1,1 % bis 2000 DM
3,3 % mehr als 2000DM

eigener PKW zur Verfügung: 64,9 %

Moped/Motorrad zur Verfügung: 27,7 %

Führerscheinbesitz: 87,1 %

möchte (weiteren) Führerschein: 53,3 %

Typ 7 ("Etablierte"):

'Etablierte (über 18 Jahre)' (582 Fälle/ 20,6%)

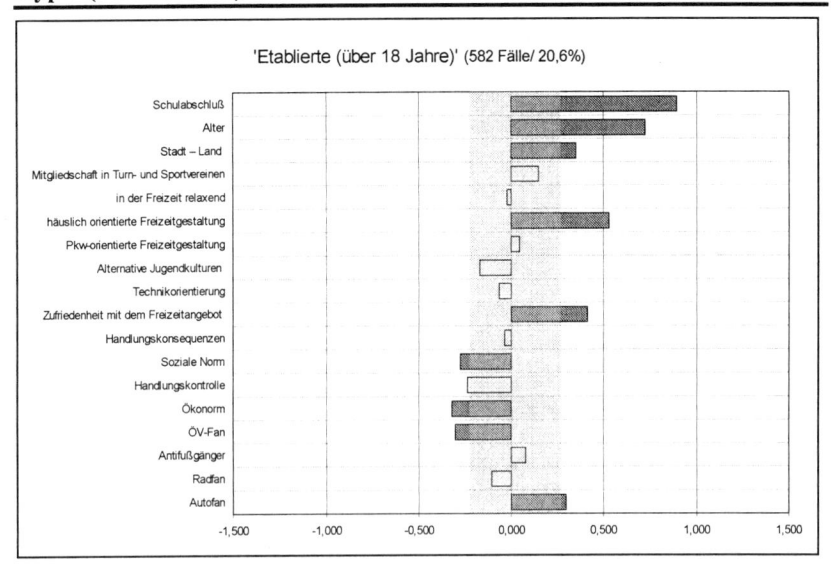

Schulabschluß
Alter
Stadt – Land
Mitgliedschaft in Turn- und Sportvereinen
in der Freizeit relaxend
häuslich orientierte Freizeitgestaltung
Pkw-orientierte Freizeitgestaltung
Alternative Jugendkulturen
Technikorientierung
Zufriedenheit mit dem Freizeitangebot
Handlungskonsequenzen
Soziale Norm
Handlungskontrolle
Ökonorm
ÖV-Fan
Antifußgänger
Radfan
Autofan

Abbildung 9.7: Profil des "Etablierten"

Umfang: n=582 entspricht 20,6 % der Stichprobe 18 Jahre u. älter

Altersschnitt: 24,1 Jahre

Verteilung auf die Befragungsgebiete: 32,5 % Potsdam
19,1 % Greifswald
15,1 % Passau
33,3 % Dortmund

Geschlechterverteilung: 45,6 % männlich; 54,4 % weiblich

höchster Schulabschluss:

angestrebt
4,7 % Hauptschule
2,3 % Realschule
11,6 % Fachhochschulreife
51,2 % fachgeb. Hochschulr.
30,2 % allg. Hochschulr.

erreicht
0,2 % Hauptschule
5,9 % Realschule
6,0 % Fachhochschulreife
6,2 % fachgeb. Hochschulreife
81,7 % allg. Hochschulreife
0,0 % kein Abschluss

momentane Beschäftigung:
2,9 % Schulausbildung
13,6 % Berufsausbildung
50,6 % Studium
0,5 % Wehr-/Zivildienst
27,5 % Berufstätigkeit
4,8 % sonstiges

Wohnsituation: 26,4 % bei den Eltern
7,5 % Wohnheim
50,6 % eigene Wohnung
14,3 % Wohngemeinschaft
1,2 % sonstiges

frei verfügbares Geld pro Monat: 3,4 % bis 100DM
6,6 % bis 200DM
14,8 % bis 300DM
26,7 % bis 500DM
28,4 % bis 1000DM
7,6 % bis 1500DM
5,3 % bis 2000 DM
7,1 % mehr als 2000DM

eigener PKW zur Verfügung: 61,9 %

Moped/Motorrad zur Verfügung: 8,8 %

Führerscheinbesitz: 96,7 %

möchte (weiteren) Führerschein: 22,6 %

Typ 8 ("Ökosensibilisierte"):

'Ökosensibilisierte (über 18 Jahre)' (645 Fälle/ 22,8%)

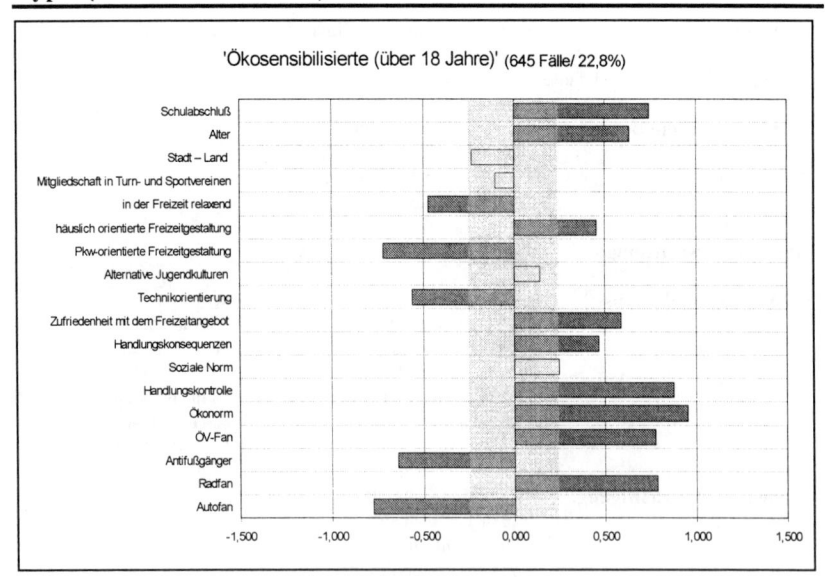

- Schulabschluß
- Alter
- Stadt – Land
- Mitgliedschaft in Turn- und Sportvereinen
- in der Freizeit relaxend
- häuslich orientierte Freizeitgestaltung
- Pkw-orientierte Freizeitgestaltung
- Alternative Jugendkulturen
- Technikorientierung
- Zufriedenheit mit dem Freizeitangebot
- Handlungskonsequenzen
- Soziale Norm
- Handlungskontrolle
- Ökonorm
- ÖV-Fan
- Antifußgänger
- Radfan
- Autofan

Abbildung 9.8: Profil des "Ökosensibilisierten"

Umfang:	n=645	entspricht 22,8 % der Stichprobe 18 Jahre u. älter

Altersschnitt: 23,9 Jahre

Verteilung auf die Befragungsgebiete: 31,0 % Potsdam
25,3 % Greifswald
14,9 % Passau
28,8 % Dortmund

Geschlechterverteilung: 38,3 % männlich; 61,7 % weiblich

höchster Schulabschluss:

angestrebt	*erreicht*
1,2 % Hauptschule	2,3 % Hauptschule
1,2 % Realschule	11,6 % Realschule
20,5 % Fachhochschulreife	4,7 % Fachhochschulreife
37,3 % fachgeb. Hochschulr.	4,4 % fachgeb. Hochschulreife
39,8 % allg. Hochschulr.	76,7 % allg. Hochschulreife
	0,3 % kein Abschluss

momentane Beschäftigung: 6,6 % Schulausbildung
9,4 % Berufsausbildung
58,4 % Studium
0,0 % Wehr-/Zivildienst
19,9 % Berufstätigkeit
5,8 % sonstiges

Wohnsituation: 18,0 % bei den Eltern
10,0 % Wohnheim
45,7 % eigene Wohnung
24,2 % Wohngemeinschaft
2,2 % sonstiges

frei verfügbares Geld pro Monat: 6,3 % bis 100DM
7,2 % bis 200DM
15,0 % bis 300DM
32,1 % bis 500DM
25,5 % bis 1000DM
8,5 % bis 1500DM
3,5 % bis 2000 DM
1,9 % mehr als 2000DM

eigener PKW zur Verfügung: 26,4 %

Moped/Motorrad zur Verfügung: 4,8 %

Führerscheinbesitz: 82,5 %

möchte (weiteren) Führerschein: 26,4 %

Typ 9 ("Übergangsphase")

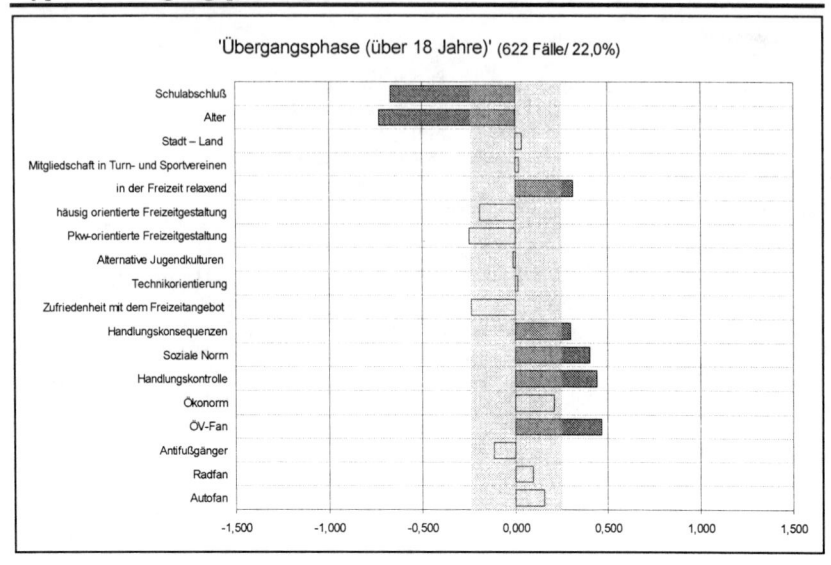

'Übergangsphase (über 18 Jahre)' (622 Fälle/ 22,0%)

Schulabschluß
Alter
Stadt – Land
Mitgliedschaft in Turn- und Sportvereinen
in der Freizeit relaxend
häusig orientierte Freizeitgestaltung
Pkw-orientierte Freizeitgestaltung
Alternative Jugendkulturen
Technikorientierung
Zufriedenheit mit dem Freizeitangebot
Handlungskonsequenzen
Soziale Norm
Handlungskontrolle
Ökonorm
ÖV-Fan
Antifußgänger
Radfan
Autofan

Abbildung 9.9: Profil der "Übergangsphase"

Umfang: n=622 entspricht 22,0 % der Stichprobe 18 Jahre u. älter

Altersschnitt: 19,9 Jahre

Verteilung auf die Befragungsgebiete: 13,3 % Potsdam
28,1 % Greifswald
19,9 % Passau
38,6 % Dortmund

Geschlechterverteilung: 42,3 % männlich; 57,7 % weiblich

höchster Schulabschluss:

angestrebt
2,6 % Hauptschule
5,5 % Realschule
13,5 % Fachhochschulreife
30,9 % fachgeb. Hochschulr.
47,6 % allg. Hochschulr.

erreicht
12,6 % Hauptschule
61,1 % Realschule
13,8 % Fachhochschulreife
4,9 % fachgeb. Hochschulreife
5,2 % allg. Hochschulreife
2,4 % kein Abschluss

momentane Beschäftigung: 44,6 % Schulausbildung
34,9 % Berufsausbildung
1,5 % Studium
0,5 % Wehr-/Zivildienst
11,9 % Berufstätigkeit
6,7 % sonstiges

Wohnsituation:	69,1 % bei den Eltern
	2,9 % Wohnheim
	25,0 % eigene Wohnung
	2,4 % Wohngemeinschaft
	0,5 % sonstiges
frei verfügbares Geld pro Monat:	21,0 % bis 100DM
	14,7 % bis 200DM
	18,4 % bis 300DM
	26,8 % bis 500DM
	14,6 % bis 1000DM
	2,2 % bis 1500DM
	1,3 % bis 2000 DM
	1,0 % mehr als 2000DM
eigener PKW zur Verfügung:	31,0 %
Moped/Motorrad zur Verfügung:	5,1 %
Führerscheinbesitz:	58,6 %
möchte (weiteren) Führerschein:	56,3 %

Typ 10 ("Distanzierte"):

'Distanzierte (über 18 Jahre)' (448 Fälle / 15,9%)

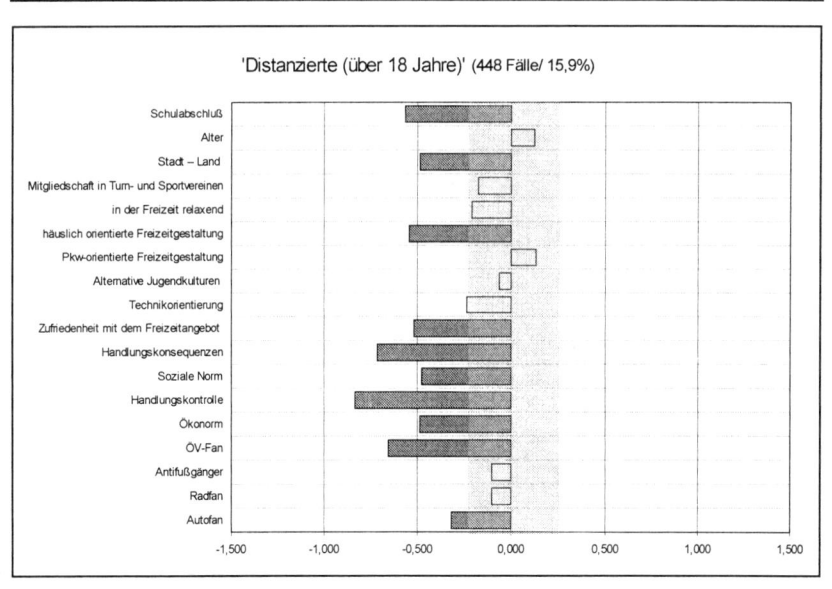

[Balkendiagramm mit folgenden Kategorien: Schulabschluß, Alter, Stadt – Land, Mitgliedschaft in Turn- und Sportvereinen, in der Freizeit relaxend, häuslich orientierte Freizeitgestaltung, Pkw-orientierte Freizeitgestaltung, Alternative Jugendkulturen, Technikorientierung, Zufriedenheit mit dem Freizeitangebot, Handlungskonsequenzen, Soziale Norm, Handlungskontrolle, Ökonorm, ÖV-Fan, Antifußgänger, Radfan, Autofan; Skala von -1,500 bis 1,500]

Abbildung 9.10: Profil des "Distanzierten"

Umfang:	n=448	entspricht 15,9 % der Stichprobe 18 Jahre u. älter

Altersschnitt: 22,4 Jahre

Verteilung auf die Befragungsgebiete: 13,4 % Potsdam
46,4 % Greifswald
29,7 % Passau
10,5 % Dortmund

Geschlechterverteilung: 46,5 % männlich; 53,5 % weiblich

höchster Schulabschluss:

angestrebt
1,8 % Hauptschule
7,3 % Realschule
14,7 % Fachhochschulreife
angestrebt
34,9 % fachgeb. Hochschulr.
41,3 % allg. Hochschulr.

erreicht
14,8 % Hauptschule
57,6 % Realschule
9,3 % Fachhochschulreife
erreicht
4,6 % fachgeb. Hochschulreife
12,7 % allg. Hochschulreife
0,9 % kein Abschluss

momentane Beschäftigung:
13,5 % Schulausbildung
33,2 % Berufsausbildung
4,7 % Studium
0,7 % Wehr-/Zivildienst
40,2 % Berufstätigkeit
7,4 % sonstiges

Wohnsituation:
47,4 % bei den Eltern
3,2 % Wohnheim
44,2 % eigene Wohnung
3,9 % Wohngemeinschaft
1,4 % sonstiges

frei verfügbares Geld pro Monat:
8,3 % bis 100DM
10,6 % bis 200DM
14,4 % bis 300DM
27,8 % bis 500DM
20,6 % bis 1000DM
6,9 % bis 1500DM
6,4 % bis 2000 DM
5,0 % mehr als 2000DM

eigener PKW zur Verfügung: 68,3 %

Moped/Motorrad zur Verfügung: 11,8 %

Führerscheinbesitz: 86,9 %

möchte (weiteren) Führerschein: 33,3 %

Literaturverzeichnis

Achatz, J. u.a. (2000): Heranwachsen im vereinten Deutschland. Lebensverhältnisse und private Lebensformen, in: Gille, M./ Krüger, W. (Hg.): Unzufriedene Demokraten. Politische Orientierungen der 16- bis 29jährigen im vereinigten Deutschland, Opladen

Ajzen, I. (1991): The Theory of Planned Behavior. Some unresolved issues. Organizational Behavior and Human Decision Processes, 50, S. 179-211

Bäumer, D. (2000): Das Projekt U.MOVE – Jugend und Mobilität. Mobilitätsstilforschung zur Entwicklung zielgruppenorientierter, intermodaler Mobilitätsdienstleistungen für Jugendliche, in: Institut für Landes- und Stadtentwicklungsforschung des Landes Nordrhein-Westfalen (Hg.): U.MOVE. Jugend und Mobilität, ILS-Schrift 150, Dortmund, S. 24-28

Bäumer, D./ Löchl, M./ Rabe, S. (1999): Mobilitätsdienstleistungen für Jugendliche und junge Erwachsene. Ergebnisse einer Umfrage zu jugendspezifischen Mobilitätsdienstleistungen bundesdeutscher Verkehrsverbünde und CarSharing-Organisationen. Monatsberichte des Instituts für Landes- und Stadtentwicklungsforschung des Landes Nordrhein-Westfalen, Nr. 3. Dortmund.

Bäumer, D./ Löchl, M./ Rabe, S. (2000): Mobilitätsdienstleistungen für Jugendliche und junge Erwachsene, in: Institut für Landes- und Stadtentwicklungsforschung des Landes Nordrhein-Westfalen (Hg.): U.MOVE. Jugend und Mobilität, ILS-Schrift 150, Dortmund, S. 47-54

Bahrdt, H.P. (1974): Soziologische Betrachtungen über den Beitrag des Subjekts zur Konstitution der Umwelt, München

Bamberg, S./ Schmidt, P. (1993): Verkehrsmittelwahl - eine Anwendung der Theorie des geplanten Verhaltens, in: Zeitschrift für Sozialpsychologie, 24, S. 25-37

Barthelmes, J./ Sander, E. (1999): Erst die Freunde, dann die Medien. Medien als Begleiter in Pubertät und Adoleszenz, Deutsches Jugendinstitut, München

Bauer, K./ Karg, G./ Schulze, A./ Zängler, T. (2001): Mobilität aus Verbrauchersicht. Ansätze zur Verkehrsverlagerung auf den ÖPNV, in: Der Nahverkehr, Heft 4, S. 28-33

BBR (Bundesamt für Bauwesen und Raumordnung) (Hg.) (2000): Raumordnungsbericht 2000, Berichte, Bd 7, Bonn
Beck, U. (1986): Risikogesellschaft. Auf dem Weg in eine andere Moderne, Frankfurt a.M.
Beckmann, J./ Klewe, H. (1998): Intermodal und multimobil. Theoretische Überlegungen zum Mobilitätsmanagement, in: Verkehrszeichen, Heft 1, Mülheim a. d. Ruhr, S. 4-6
Berbuir, A. (1999): Mobilität, Verkehrsverhalten und Verkehrsunfälle junger Menschen. Ansätze für die Verkehrssicherheitsarbeit von Kommunen und Verkehrsunternehmen, in: Schriftenreihe für Verkehr und Technik, Bd. 87, Bielefeld
BMU (Bundesministerium für Umweltschutz und Reaktorsicherheit) (Hg.) (2000): Umweltbewußtsein in Deutschland 2000 (bearb. Von U. Kukkartz), BUA Berlin
BMV (Bundesministerium für Verkehr, Bau- und Wohnungswesen) (2001): Verkehr in Zahlen 2001/ 2002, Hamburg
Böhnisch, L./ Münchmeier, R. (1993): Pädagogik des Jugendraums. Zur Begründung und Praxis einer sozialräumlichen Jugendpraxis, Weinheim
Bortz, J./ Döring, N. (1995): Forschungsmethoden und Evaluation für Sozialwissenschaftler, Berlin/ Heidelberg
Brög, W./ Erl, E. (2000): Quantitatives: Kenngrößen des Fuß- und Fahrradverkehrs und einige methodische Anmerkungen zu ihrer Ermittlung, in: Institut für Landes- und Stadtentwicklungsforschung des Landes Nordrhein-Westfalen (Hg.): Zu Fuß mobil. Praktisches, Förderliches und Forderndes zum Fußverkehr, Dortmund, S. 9-21
Canzler, W. (1996): Das Zauberlehrlingssyndrom. Entstehung und Stabilität des Automobil-Leitbildes, Berlin
Canzler, W. (2000): Das Auto im Kopf und vor der Haustür. Zur Wechselbeziehung von Individualisierung und Autonutzung, in: Soziale Welt, 51, S. 191-208
Chlond, B./ Lipps, O. (2000): Multimodalität im Personenverkehr im intrapersonellen Längsschnitt, in: K. J. Beckmann (Hg.): Tagungsband AMUS 2000, Aachen: Institut für Stadtbauwesen, S. 171-182 (Schriftenreihe Stadt Region Land, Heft 69)
Csikszentmihalyi, M. (1997): Finding Flow. The psychology of engagement with everyday life, New York
De Haan, G./ Kuckartz, U. (1996): Umweltbewußtsein. Denken und Handeln in Umweltkrisen, Opladen
de Rijke, J. (1995): Zur Stichprobe des Jugendsurveys, in: U. Hoffmann-Lange (Hg.): Jugend und Demokratie in Deutschland, Opladen, S. 399-414,

Diekmann, A./ Preisendörfer, P. (1992): Persönliches Umweltverhalten. Diskrepanzen zwischen Anspruch und Wirklichkeit, in: Kölner Zeitschrift für Soziologie und Sozialpsychologie, 44, S. 226-251

Eisenstadt, S. N. (1966): Von Generation zu Generation. Altersgruppen und Sozialstrukturen, München

Erikson, E.H. (1976 [1956/57]): Identifikation und Identität, in: L. v. Friedburg (Hg.): Jugend in der modernen Gesellschaft, Köln, S. 277-287

Esser, H. (1996): Soziologie. Allgemeine Grundlagen, Frankfurt/ New York

Fend, H. (2000): Entwicklungspsychologie des Jugendalters. Ein Lehrbuch für pädagogische und psychologische Berufe, Opladen

Ferchhoff, W. (1997): Pluralisierte Lebensstile von Jugendlichen zwischen Armut und Reichtum, in: E.-U. Huster (Hg.): Reichtum in Deutschland. Die Gewinner der sozialen Polarisierung, Frankfurt a.M., S. 217-260

Fischer, A. (1985): Technik, in: Jugendliche und Erwachsene '85. Generationen im Vergleich, Bd. 2: Freizeit und Jugendkultur, Opladen

Flade, A. (1997): Mobilität und verkehrsbezogene Einstellungen 11- bis 15-jähriger. Studien und Texte zur Mobilitätsforschung Nr. 2, Institut für Wohnen und Umwelt, Darmstadt

Flade, A. (1999): Einstellungen zur Verkehrsmittelnutzung von Mädchen und Jungen, in: C. J. Tully (Hg.): Erziehung zur Mobilität. Jugendliche in der automobilen Gesellschaft, Frankfurt/ New York, S. 107-128

Flade, A./ Limbourg, M. (1997): Das Hineinwachsen in die motorisierte Gesellschaft, Institut für Wohnen und Umwelt, Darmstadt

Flade, A./ Limbourg, M. (1999): Frauen und Männer in der mobilen Gesellschaft, Opladen

Fuhrer, U./ Wölfing, S. (1997): Von den sozialen Grundlagen des Umweltbewußtseins zum verantwortlichen Umwelthandeln. Die sozialpsychologische Dimension globaler Umweltproblematik, Bern

Gaßner, R./ Keilinghaus, A./ Nolte, R. (1994): Telematik und Verkehr – Elektronische Wege aus dem Stau?, Weinheim/ Basel

Gebauer, M. (1994): Kind und Umwelt, Frankfurt

Geißler, R. (1990): Technikakzeptanz in der Bundesrepublik Deutschland – Unterschiede zwischen Jugendlichen und Erwachsenen und der Einfluß von Parteipräferenzen, in: E. Kistler und D. Jaufmann (Hg.): Mensch Technik Gesellschaft. Orientierungspunkte in der Technikakzeptanzdebatte, Opladen, S. 141-166

Geißler, R. (1996): Die Sozialstruktur Deutschlands, Opladen

Giddens, A. (1997): Die Konstitution der Gesellschaft, Frankfurt a.M./ New York

Gille, M./ Krüger, W. (Hg.) (2000): Unzufriedene Demokraten. Politische Orientierungen der 16- bis 29jährigen im vereinigten Deutschland, Opladen

Gillis, J.R (1980): Geschichte der Jugend. Tradition und Wandel im Verhältnis der Altersgruppen und Generationen in Europa von der 2. Hälfte des 18. Jahrhunderts bis zur Gegenwart, Weinheim

Götz, K. (1995): Leitbilder der Mobilität in Freiburg und Schwerin, in: Stadtwege 1/1995, S. 22-26

Götz, K./ Jahn, T./ Schulz, I. (1998): Mobilitätsstile. Ein sozial-ökologischer Untersuchungsansatz. Arbeitsbericht Subprojekt 1, Freiburg

Hauck, M.G. (2000): Fragen nach der Genußmoral, in: BAG Handelsmagazin, Heft 7-8, S. 12-13.

Hauf, O. (1996): Die Informationsgesellschaft. Anatomie einer Lebenslüge, Frankfurt a.M.

Heckhausen, H. (1989): Motivation und Handeln, Berlin/ Heidelberg

Hines, J.M./ Hungerford, H.R./ Tomera, A.N. (1986): Analysis and Synthesis of Research on Responsible Environment Behavior: A Meta-Analysis, in: Journal of Environmental Education, 18 (2), S. 1-8

Hoffmann-Lange, U. (Hg.) (1995): Jugend und Demokratie in Deutschland, Opladen

Homburg, A./ Matthies, E. (1998): Umweltpsychologie. Umweltkrise, Gesellschaft und Individuum, Weinheim

Hornstein, W. (1999): Generation und Generationsverhältnis in der „radikalen Moderne", in: Zeitschrift für Pädagogik, Beiheft 39, S. 51-68

Hunecke, M. (2000a): Ökologische Verantwortung, Lebensstile und Umweltverhalten, Heidelberg

Hunecke, M. (2000b): Gestaltungsoptionen für eine zukunftsfähige Mobilität – eine empirische Studie zum Zusammenwirken von Raumstruktur und Lebensstil im Mobilitätsverhalten von Frauen und Männern in vier Kölner Stadtquartieren. WerkstattBericht 27, Sekretariat für Zukunftsforschung, Gelsenkirchen

Hunecke, M./ Greger, V. (2001). „Total abgefahren": Die Darstellung von Automobilität in Musikvideos, in: Umweltpsychologie, 5, 2, S. 50-69

Hunecke, M./ Matthies, E./ Blöbaum, A./ Höger, R. (1999): Die Umsetzung einer persönlichen Norm in umweltverantwortliches Handeln, in: Umweltpsychologie, 3, 2, 1999, 10-22

Hunecke, M./ Matthies, E./ Blöbaum, A./ Höger, R. (2001): Responsibiliy and environment – Ecological norm orientation and external factors in the domain of travel mode choice behavior, in: Environment and Behavior, 33, S. 845-867

Hunecke, M./ Tully, C. J./ Klöckner, C. (2001): Quantitative und qualitative Methoden zur Erforschung der Mobilität von Jugendlichen und jungen Erwachsenen, in: G. Heinickel/ H.L. Dienel (Hg.): Mobilitäts- und Verkehrsforschung – Neure empirische Methoden im Vergleich, S.41-52, Berlin: Technische Universität Berlin, Zentrum für Umwelt und Technik

Jahn, T./ Wehling, P. (1999): Das mehrdimensionale Mobilitätskonzept – Ein theoretischer Rahmen für die stadtökologische Mobilitätsforschung, in: J. Friedrichs/ K. Hollaender (Hg.): Stadtökologische Forschung. Theorien und Anwendungen, Berlin, S. 127-141

Jaufmann, D. (1990): Technik und Wertewandel – Jugendliche und Erwachsene im Widerstreit?, Frankfurt a.M.

Jugendwerk der Deutschen Shell (Hg.) (1992): Lebenslage, Orientierungen und Entwicklungsperspektiven im Vereinigten Deutschland. 11. Shell Jugendstudie, Opladen

Jugendwerk der Deutschen Shell (Hg.) (1997): Zukunftsperspektiven, gesellschaftliches Engagement, politische Orientierungen. 12. Shell Jugendstudie, Opladen

Jugendwerk der Deutschen Shell (2000): Jugend 2000. 13. Shell Jugendstudie, Opladen

Kaiser, F./ Scheiber, E./ Fuhrer, E. (1994): Mobilität und die emotionale Bedeutung des Autos. Ein Extremgruppenvergleich zwischen Viel- und Wenigfahrern, in: A. Flade (Hg.): Mobilitätsverhalten. Bedingungen und Veränderungsmöglichkeiten aus umweltpsychologischer Sicht, Weinheim, S. 113-130,

Kals, E. (1996): Verantwortliches Umweltverhalten. Umweltschützende Entscheidungen erklären und fördern, Weinheim

Klocke, U./ Gawronski, B./ Scholl, W. (2001). Einstellungen zu Umwelt und Mobilität bei Jugendlichen. Gesellschaftliche Trends, Generationsunterschiede und Alterseffekte, in: Umweltpsychologie, 5, 2, S. 10-33

Klocke, A./ Hurrelmann, K. (Hg.) (2000): Kinder und Jugendliche in Armut: Umfang, Auswirkungen und Konsequenzen, Opladen

Klühspies, J. (1999): Stadt – Mobilität – Psyche. Mit gefühlsbetonten Verkehrskonzepten die Zukunft urbaner Mobilität gestalten?, Basel

Kösterke, A. (Hg.) (2000): Urlaubsreisen und interkulturelle Begegnung. Untersuchung zur Ansprechbarkeit der Deutschen auf Aspekte von interkultureller Begegnung im Urlaub unter besonderer Berücksichtigung von Jugendlichen und jungen Erwachsenen, Ammeland

Krönig, D./ Radermacher, F. J. (Hg.) (1997): Mobilität durch Telematik. Chancen für die Wirtschaftsstandorte Deutschland und Europa, Ulm

Kuckartz, U. (2000): Umweltbewusstsein in Deutschland 2000. Ergebnisse einer repräsentativen Bevölkerungsumfrage, Berlin: Bundesministerium für Umwelt, Naturschutz und Reaktorsicherheit

Kutter, E. (1972): Demographische Determinanten städtischen Personenverkehrs, Braunschweig

Läpple, D. (1991a): Gesellschaftszentriertes Raumkonzept. Zur Überwindung von physikalisch-mathematischen Raumauffassungen in der Gesellschaftsanalyse, in: M. Wentz (Hg.): Stadt-Räume, Frankfurt a.M. S. 36-46

Läpple, D. (1991b): Essay über den Raum. Für ein gesellschaftswissenschaftliches Raumkonzept, in: H. Häußermann et al. (Hg.): Stadt und Raum. Soziologische Analysen, Pfaffenweiler, S. 157-207

Lamnek, S. (1995a): Qualitative Sozialforschung. Bd 1: Methodologie. Weinheim

Lamnek, S. (1995b): Qualitative Sozialforschung. Bd 2: Methoden und Techniken, Weinheim

Lange, E. (1997): Jugendkonsum im Wandel. Konsummuster, Freizeitverhalten, soziale Milieus und Kaufsucht 1990 und 1996, Opladen

Langeheine, R./ Lehmann, J. (1986): Die Bedeutung der Erziehung für das Umweltbewusstsein, Kiel: Institut für Pädagogik der Naturwissenschaten der Universität Kiel (Schriftenreihe Nr. 101).

Lanzendorf, M. (2000): Freizeitmobilität. Unterwegs in Sachen sozialökologischer Mobilitätsforschung. Materialien zur Fremdenverkehrsgeographie, Heft 56, Trier

Lappe, L./ Tully, C. J./ Wahler, P. (2000): Das Umweltbewußtsein von Jugendlichen. Eine qualitative Befragung Auszubildener, München

Larsen, R. S. (1993): Technological Generation and the Spread of social Definition of New Technology, Diss., University of Oregon

Latour, B. (1995): Wir sind nie modern gewesen. Versuch einer symmetrischen Anthropologie; Berlin

Limbourg, M./ Flade, A./ Schönharting, J. (2000): Mobilität im Kindes- und Jugendalter, Opladen

Luhmann, N. (1992): Beobachtungen der Moderne, Opladen

Luhmann, N. (1998): Die Gesellschaft der Gesellschaft, Frankfurt

Maurer, J. (2000): Mobilität ohne Grenzen?, Frankfurt a.M.

McLuhan, M. (1968): Die magischen Kanäle. Understanding Media, Düsseldorf

Müller, G. (2001). Zwischen dem Notwendigen und machbaren: Standards für Mobilitätszentralen, in: In Institut für Landes- und Stadtentwicklungsforschung des Landes Nordrhein-Westfalen (Hg.): Qualitätsgeprüft: Standards für Mobilitätszentralen. ILS-Schrift 178, Dortmund, S. 13-24

Münch, R. (1995): Dynamik der Kommunikationsgesellschaft, Frankfurt a.M.

Münchmeier, R. (1998): Entstrukturierung der Jugendphase. Zum Strukturwandel des Aufwachsens und den Konsequenzen für Jugendforschung und Jugendtheorie, in: Aus Politik und Zeitgeschehen, B 31/ 98, S. 3- 13

Muchow, M./ Muchow, H. (1935): Der Lebensraum des Großstadtkindes. Reprint 1978, Bensheim. Päd extra.

Nissen, U. (1998): Kindheit, Geschlecht und Raum. Sozialisationstheoretische Zusammenhänge geschlechtsspezifischer Raumaneignung. Weinheim/ München

Nobis, Ch. (1997): Mobilitätsverhalten von Schülerinnen und Schülern. Eine empirische Untersuchung in den Städten Freiburg i. Br. und Schwerin. Unveröffentlichte Magisterarbeit: Universität Lüneburg.

Oerter, R./ Dreher, E. (1995): Jugendalter; in: R. Oerter/ L. Montada (Hg.): Entwicklungspsychologie, Weinheim, S. 310 - 395

Opaschowski, H. (1999): Umwelt. Freizeit. Mobilität. Konflikte und Konzepte, Opladen

Opaschowski, H. W./ Stubenvoll, R. (o.J.: 1995): Freizeit und Mobilität. Analyse einer Massenbewegung vom B.A.T. Freizeit-Forschungsinstitut, B.A.T., Hamburg (o.O.)

Perrow, C. (1987): Normale Katastrophen. Die unvermeidbaren Risiken der Großtechnik, Frankfurt/ New York

Pfaff, M. (1991): Einstellungen zur Technik – Zielsetzungen der Untersuchung für den BMFT und zentrale Ergebnisse im Überblick, in: D. Jaufmann/ E. Kistler (Hg.): Einstellungen zum technischen Fortschritt. Technikakzeptanz im nationalen und internationalen Vergleich, Frankfurt/ New York, S. 13-20

Preisendörfer, P. (1999): Umwelteinstellungen und Umweltverhalten in Deutschland, hg vom Bundesumweltamt, Opladen

ProKids/ Ministerium für Wirtschaft und Mittelstand, Technologie und Verkehr (1999): Wege sollen sicher sein. Ein Projekt zum Thema Sicherheit im Straßenverkehr, Unveröffentlichte Ergebnisdokumentation

Rabe, S. (2000): Maßnahmen zur Akzeptanzsteigerung von mobilé – Wahrnehmung und Bewertung der Mobilitätszentrale Münster. Gutachten (in Kurz- u. Langfassung) im Auftrag des Instituts für Landes- und Stadtentwicklungsforschung des Landes Nordrhein-Westfalen, Dortmund

Reitzle, M./ Riemenschneider, U. (1996): Gleichaltrige als Bezugsperson, in: R. K. Silbereisen/ L. Vascovics/ J. Zinnecher: Jungsein in Deutschland, Opladen, S. 301-318

Ropohl, G. (1985): Die unvollkommene Technik, Frankfurt a.M.

Rotter, J. B. (1975): Problems and misconceptions concerning the construct of internal versus external control of reinforcement, in: Journal of Consulting and Clinical Psychology, 43, S. 56-67
Sackmann, R./ Weymann A. (1994): Die Technisierung des Alltags, Frankfurt a.M.
Schad, H./ Riedle, H. (1999): Neue integrierte Mobilitätsdienstleistungen. Hohes Kundenpotential in Agglomerationsräumen, in: Der Nahverkehr, Heft 7-8, S. 8-12
Schäfers, B. (1994): Soziologie des Jugendalters. Eine Einführung, Opaden
Schäfers, B. (1998): Soziologie des Jugendalters, 6.Aufl., Opladen
Schlaffer, A./ Hunecke, M./ Dittrich-Wesbuer, A./ Freudenau, H. (im Druck): Erfolgreiche Strategien zur Sicherung einer nachhaltigen Verkehrsentwicklung. Vorstudie zur Bedeutung psychologischer und sozialer Einflussfaktoren, Berlin: Umweltbundesamt
Schmidt-Freitag, W. (1996): Zielgruppe Jugendliche. Entwicklung und Umsetzung eines Marketing-Konzepts, in: Der Nahverkehr, Heft 4, S. 14-20
Schmidt-Freitag, W./ Sistenich, H.-J. (1993): Ein differenziertes Kundeninformationssystem im VRS, in: Der Nahverkehr, Heft 11, S. 28-34
Schulze, G. (1992): Die Erlebnisgesellschaft. Kultursoziologie der Gegenwart, 2. Aufl., New York/ Frankfurt a.M.
Schulze, H. (1999): Risikobereites Fahrverhalten Jugendlicher. Ausdruck jugendlichen Freizeitstils, in: C. J. Tully: Erziehung zur Mobilität, Frankfurt/ New York, S. 85-106
Schwartz, S.H. (1977): Normative influences on altruism, in: L. Berkowitz (Hg.): Advances in experimental social psychology, New York, S. 189-211
Simmel, G. (1968): Soziologie. Untersuchungen über die Formen der Vergesellschaftung, Darmstadt
Six, B. (1992). Neuere Entwicklungen und Trends in der Einstellungs- und Verhaltensforschung. in: E. Witte (Hg.): Einstellung und Verhalten, Braunschweig, S. 13-33
Spada, H. (1990). Umweltbewußtsein: Einstellung und Verhalten. in: L. Kruse/ C.-F. Graumann/ E.-D. Lantermann (Hg.): Ökogische Psychologie, München, S. 623-631
Statistisches Bundesamt (1977): Statistisches Jahrbuch 1977, Wiesbaden
Statistisches Bundesamt (1995): Tourismus in Zahlen, Stuttgart
Statistisches Bundesamt (2000): Statistisches Jahrbuch 2000, Wiesbaden
Stern, P.C. (2000): Toward a coherent theory of environmentally significant behavior, in: Journal of Social Issues, 56, S. 407-424

Szagun, G./ Mesenholl, E./ Jelen, M. (1994): Umweltbewusstsein bei Jugendlichen. Emotionale, handlungsbezogen und ethische Aspekte, Frankfurt a.M.

Tenbruck, H. F. (1962): Jugend und Gesellschaft, Freiburg i.B.

Trapp, C./ Schulz, U./ Tully, C. J./ Bäumer, D. (2000): You talk about the way U.MOVE. Ergebnisse der Round Table-Gespräche, in: Institut für Landes- und Stadtentwicklungsforschung des Landes Nordrhein-Westfalen (Hg.): U.MOVE. Jugend und Mobilität, ILS-Schrift 150, Dortmund, S. 40-46

Tully, C. J. (1998): Rot, Cool und was unter der Haube. Jugendliche und ihr Verhältnis zu Auto und Umwelt, München

Tully, C. J. (Hg.) (1999): Erziehung zur Mobilität. Jugendliche in der automobilen Gesellschaft, Frankfurt a.M.

Tully, C. J. (2000): Konsequenz inkonsistent – Umwelthandeln, Mobilitätspraxis und Mobilitätsstile Jugendlicher, in: H. Lange (Hg.): Ökologisches Handeln als sozialer Konflikt. Umwelt im Alltag, Bd. 4 in der Reihe *„Soziologie und Ökologie"*, herausgegeben von K.-W. Brand und E. Hildebrandt, Opladen, S. 163-182.

Tully, C. J. (2000b): Mobilität Jugendlicher auf dem Lande und in der Stadt. Angleichung der Lebensstile - differenzierte Mobilitätsbedürfnisse, in: Institut für Landes- und Stadtentwicklungsforschung des Landes Nordrhein-Westfalen (Hg.): U.MOVE. Jugend und Mobilität, ILS-Schrift 150, Dortmund, S. 9-23

Tully, C. J. (2002): Mensch-Maschine-Megabyte. Sozialisation in ungleichen technischen Welten – Ein Beitrag zur Technik als konstruktives Element kulturellen Alltags

Tully, C. J./ Schulz, U. (1999): Sozialisation zur Mobilität – Unterwegssein als Baustein jugendkulturellen Alltags, in: C. J. Tully (Hg.): Erziehung zur Mobilität. Jugendliche in der automobilen Gesellschaft, Frankfurt, S. 13-37

Tully, C. J./ Wahler, P. (1983): Ausbildung als Lebenslage. Das Ausbildungsverhältnis als Fokus jugendspezifischer Problemlagen, in: Soziale Welt, 34, H. 3, S. 372-397

Tully, C. J./ Wahler; P. (1995): Engagement oder Nebenjob? Neue Bedingungen für die Lebensphase Jugend, in: Deutsche Jugend, H.3, S. 105-109

Tully, C. J./ Wahler, P. (1996a): Umweltbewußt, aber mobil. Von den Widersprüchen des Hineinwachsens in die Mobilitätsgesellschaft, in: Deutsche Jugend, 44, H1, S. 20-27

Tully, C. J./ Wahler, P. (1996b): Leben und Aufwachsen in der Mobilitätsgesellschaft. Ein soziales Muster im Umbruch, in: Österreichische Zeitschrift für Soziologie, Heft 1/1996, S. 25-58

Urry, J. (2000): Sociology beyond Societies. Mobilities for the twenty-first century, London/ New York

Vascovics, L. A./ Schneider, N. F. (1989): Ökonomische Ressourcen und Konsumverhalten, in: M. Markefka/ R. Nave-Herz (Hg.): Handbuch der Familien- und Jugendforschung, Neuwied, S. 403 - 418.

Vailiant, K. (1995): Vom "Ervolkswagen" zum Designerschmuckstück. Automobilwerbung in Publikumszeitschriften (1952-1994), Berlin: Wissenschaftszentrum Berlin für Sozialforschung, FS II, S. 95-106

VCÖ Verkehrsclub Österreich (1999): Jugend & Mobilität, in: Reihe Wissenschaft & Verkehr, Wien

Wagner, R. (1996): Die Informationsgesellschaft. Chancen für eine neue Lebensqualität am Beginn des dritten Jahrtausends, Münster

Wahler, P. (2000): Jugend in Berufsausbildung und Arbeit, in: U. Sander/ R. Vollbrecht (Hg.): Jugend im 20. Jahrhundert. Sichtweisen – Orientierungen – Risiken. Neuwied,

Wahler, P./ Tully, C. J. (1991): Young peoples attitudes to technology, in: European Journal of Education, Vol. 26, H. 3, S. 261-272

Zeiher, H./ Zeiher, H. (1993): Organisation von Raum und Zeit im Kinderalltag, in: Marefka, M./ Nauck, B. (Hg.): Handbuch der Kindheitsforschung, Neuwied, S. 389-401

Zimbardo, P. G. (1992): Psychologie, Berlin/ Heidelberg

Autorenverzeichnis

DORIS BÄUMER, Dipl.-Ing. Raumplanung, ist seit 1997 wissenschaftliche Mitarbeiterin des Forschungsbereichs Verkehr des Instituts für Landes- und Stadtentwicklungsforschung des Landes Nordrhein-Westfalen. Forschungsschwerpunkte: Mobilität von Kindern und Jugendlichen, zielgruppenspezifische Mobilitätskonzepte, Mobilitätsmanagement, Förderung des Umweltverbundes. (Kontakt: doris.baeumer@ils.nrw.de)

SUSANNE ENDRULAT, Dipl.-Ing. Raumplanung, war studentische Mitarbeiterin am Sekretariat für Zukunftsforschung (SFZ) im Projekt U.Move und ist seit Oktober 2001 Regierungsbaureferendarin bei der Bezirksregierung Arnsberg, Schwerpunkte Stadtplanung, Städtebau, Stadtentwicklung.

ANDREA ENGELKE, Betriebswirtin (VWA) und Marketingbetriebswirtin (VWA/DMV), ist seit 1997 im Marketing der Dortmunder Stadtwerke AG tätig. Ihre Aufgabengebiete umfassen u.a. Kundenbindung, Jugendmarketing und Marktforschung.

MARCEL HUNECKE, Dr. phil., Dipl.-Psych., ist wissenschaftlicher Assistent am Lehrstuhl für Kognitions- und Umweltpsychologie an der Ruhr-Universität Bochum und leitet dort u.a. die Mobilitätsprojekte StadtLeben und MOBILANZ. Weiterhin ist er wissenschaftlicher Berater am Sekretariat für Zukunftsforschung (SFZ), wo er das das U.Move-Projekt geleitet hat. Forschungsschwerpunkte: Mobilitätspsychologie, Lebensstile und Nachhaltigkeit, Strategien zur Förderung umweltschonenden Verhaltens. (Kontakt: marcel.hunecke@ruhr-uni-bochum.de)

CHRISTIAN KLÖCKNER, Dipl.-Psych., war bis 2001 wissenschaftlicher Mitarbeiter am Sekretariat für Zukunftsforschung (SFZ) im Forschungsschwerpunkt Mobilität. Seitdem am Lehrstuhl für Kognitions- und Umweltpsychologie der Ruhr-Universität Bochum und ab 2000 am ProKids-Institut Herten im Forschungsbereich Kindheits- und Jugendforschung als wissenschaftlicher Mitarbeiter tätig. Forschungsschwerpunkte: Mobilitätspsychologie, Einflüsse von Gewohnheiten auf umweltrelevantes Verhalten, Wohlbefindensforschung bei Kindern und Jugendlichen.

SHIH-CHENG LIEN, Dipl.-Ing. Raumplanung, war bis 2001 studentische Mitarbeiterin des Forschungsbereichs Verkehr des Instituts für Landes- und Stadtentwicklungsforschung des Landes Nordrhein-Westfalen. Seit September 2001 ist sie wissenschaftliche Mitarbeiterin des Lehrstuhls Raumordnung und Landesplanung der Fakultät Raumplanung an der Universität Dortmund mit den Forschungsschwerpunkten Grundlagen der Raumordnung und Landesplanung sowie ländlicher Raum.

KAI LORENZ, Dipl.- Ing. Verkehrswesen, ist Gesellschafter des Ingenieurbüros „VIA Beratende Ingenieure" in Berlin, Arbeits- und Forschungsgebiete: Verkehrsplanung, Straßenverkehrstechnik, Infrastrukturplanung, Projektsteuerung sowie Assessment Studies (Wirkungsanalysen, Folgenabschätzungen), verkehrsbeeinflussende Strategien „Traffic Demand Management" und „Traffic System Management", Mobilität und Stadtverkehr.

GERNOT MILLER, Dipl.-Geogr., war bis 2001 wissenschaftlicher Mitarbeiter des Forschungsbereichs Verkehr des Instituts für Landes- und Stadtentwicklungsforschung des Landes Nordrhein-Westfalen mit den Forschungsschwerpunkten Jugend und Mobilität und betriebliches Mobilitätsmanagement. Seit 2002 ist er wissenschaftlicher Mitarbeiter des Planungsbüros VIA eG, Köln, mit dem Arbeitsschwerpunkt Radverkehr.

SEBASTIAN RABE, Dipl.-Psych., war 1998 wissenschaftlicher Mitarbeiter des Forschungsbereichs Verkehr des Instituts für Landes- und Stadtentwicklungsforschung des Landes Nordrhein-Westfalen mit den Forschungsschwerpunkten Verkehrssicherheit und Mobilitätsmanagement. Seit 1999 freiberufliche Tätigkeit mit den Arbeitsschwerpunkten Verkehrspsychologie, Mobilitätspsychologie, Jugend und Mobilität, Kundenzufriedenheit und Evaluation.

ULRIKE SCHULZ, Dipl.-Geogr., war bis Ende 2001 als wissenschaftliche Referentin am Deutschen Jugendinstitut (DJI) tätig. Zu den Arbeitsschwerpunkten zählen Jugend, Mobilität und Raum. Seit 2002 Fertigstellung der Promotionsvorhabens „Bedeutung von Mobilität und Raum im jugendkulturellen Alltag" an der Fakultät Raumplanung der Universität Dortmund.

CHRISTIAN TRAPP, Dipl.-Volksw., leitete in den Jahren 1998 bis 2001 am Sekretariat für Zukunftsforschung (SFZ) den Arbeitsschwerpunkt „Zukunftsentwicklung in Städten und Regionen" und betreibt seitdem ein eigenständiges Büro für Forschung und Wissensvermittlung in Bielefeld. Arbeitsschwerpunkte: Strukturelle Veränderungen der Gesellschaft insbesondere in den Themenfeldern Arbeitswelt, Bürgergesellschaft und Theorie, Bedeutung und Folgen der "Globalisierung". (Infos: http://www.trapp-und-partner.de)

CLAUS J. TULLY, Dr. rer. pol., Diplom Soziologe und Wirtschaftsingenieur, ist am Deutschen Jugendinstitut (DJI) als Wissenschaftlicher Referent und als Lehrbeauftragter am Lehrstuhl für Soziologie an der Technischen Universität tätig. Er ist Autor zahlreicher Aufsätze und Bücher, darunter viele zu Jugend, Umwelt und Mobilität sowie zu Bildung und Technik. Er hat diverse Projekte zu diesen Themenbereichen konzipiert und koordiniert.
(Kontakt: tully@dji.de)